D1702465

MEMORIE DELLA SOCIETÀ GEOGRAFICA ITALIANA
VOLUME LXXVIII

PEDRO GARCÍA MARTÍN

IMAGINES PARADISI STORIA DELLA PERCEZIONE DEL PAESAGGIO NELL'EUROPA MODERNA

Introduzione e cura di
GIOVANNA MOTTA

traduzione di
GIORDANO ALTAROZZI

SOCIETA' GEOGRAFICA ITALIANA

Roma - 2005

INDICE

INTRODUZIONE ALL'EDIZIONE ITALIANA

Il continuo ripetersi di disastri ambientali imputabili ora ai cambiamenti climatici ora all'opera insensata dell'uomo ha riproposto dibattiti e polemiche fra ecologisti, politici, economisti che, tra mille distinguo, si confrontano su un punto centrale rappresentato dal difficile rapporto fra sviluppo e conservazione dell'ambiente. L'accettazione di un sistema economico basato esclusivamente sulle logiche di mercato non può offrire alcuna garanzia per delineare un confine accettabile tra lecito e illecito, tra giusta fruizione del territorio e saccheggio delle risorse, dunque è necessario insistere nell'opera di sensibilizzazione delle forze politiche e intellettuali affinché si mobilitino per la crescita di una coscienza ecologica in grado di impedire danni ulteriori e sempre più irreversibili.

I molteplici problemi in materia hanno riportato l'attenzione a temi propri degli specialisti di settore, facendo arrivare alla cognizione del grande pubblico questioni complesse come la diversità biologica, l'inquinamento, l'identità territoriale, questioni insomma di natura tecnica ma anche di profondo significato culturale e antropologico. Ormai anche nella *communis opinio*, per esempio, è un dato acquisito che le risorse disponibili non siano illimitate e che si debba far ricorso a fonti energetiche rinnovabili poiché la forte accelerazione capitalistico-industriale degli ultimi secoli ha forzato i ritmi della crescita fisiologica, intaccando equilibri produttivi e caratteri climatici e ambientali.

Va detto inoltre che il territorio ha una grande rilevanza anche per quanto attiene alla sua rappresentazione simbolica, perché quell'immagine che lo descrive ne racconta pure il forte legame con gli abitanti, diventa parte integrante dell'identità individuale e collettiva. Il processo di trasformazione a ritmi sostenuti ha comportato uno spaesamento difficile da superare, perché la cultura di ciascun popolo oltre che della sua storia si nutre dell'immagine di sé e del proprio luogo di riferimento, si riconosce in una comune dimora, come una foresta o un deserto, condivide bisogni materiali, etici, estetici.

I caratteri dell'ambiente – naturali, produttivi, funzionali – vengono percepiti come elementi costitutivi, e non esterni, legati alle modalità di vita – la necessità di nutrirsi, di abitare, di produrre – e alla peculiarità del lavoro che, secondo sistemi tradizionali o innovativi, ha contribuito a determinare quella tipologia ambientale.

La valenza del paesaggio non è più solo estetica, la sua configurazione, geografica, ecologica, di esercizio, ne rende sempre più complessa la concettualizzazione inducendo in maniera più che giustificata un metodo assolutamente interdisciplinare nel dibattito scientifico che si avvale del contributo di filosofi, storici, architetti, economisti, ecologisti.

Nella più recente storiografia gli studiosi si sono allontanati dall'esclusiva dimensione letteraria e naturalistica del paesaggio esaltato nella sua bellezza, grazia, armonia, e hanno considerato l'uomo come parte integrante di esso riconoscendo dunque al paesaggio una dimensione sociale. Un paesaggio fortemente antropizzato, perciò, è quello che è sotto i nostri occhi, non più e non solo fissato dai suoi dati fisici, descrivibili oggettivamente, ma proposto, indicato, riconosciuto, come luogo che l'uomo, con la sua presenza e il suo lavoro, ha contribuito a definire. Particolarmente dai settori della geografia e dell'ecologia è stata attuata la «riduzione» del paesaggio ad ambiente, sminuendone gli aspetti soggettivi che sovrintendono alla sua percezione a tutto vantaggio di quelli oggettivi, facendo prevalere la configurazione di un paesaggio non più estetizzante come luogo letterario e immaginifico per antonomasia, ma come territorio fatto di elementi materiali e forze umane, insieme di realtà fisica (tecnico-produttiva) e presenza dell'uomo.

Alle complesse argomentazioni su paesaggio-territorio-ambiente si sono aggiunte, in un recente lavoro da me coordinato – uno degli ultimi cosiddetti «progetti strategici» del Consiglio Nazionale delle Ricerche i cui risultati sono stati editi per i tipi di Franco Angeli – le riflessioni di un nutrito gruppo di specialisti che, movendo da ambiti disciplinari i più diversi, hanno voluto offrire il loro contributo, frutto di ricerche maturate su fonti differenti e qualche volta persino inusitate (G. MOTTA, *Paesaggio, territorio, ambiente*, Milano, F. Angeli, 2004). In quell'occasione Pedro García Martín metteva a disposizione dell'analisi in oggetto le sue conoscenze sul tema, già presenti nel suo volume che qui piace presentare all'attenzione del pubblico italiano *Imagines Paradisi*. *Historia de la percepción del paisaje en la Europa moderna* (Madrid, Caja Madrid, 2000).

Nel suo bel lavoro, documentato, ricco, avvincente, García Martín presenta una molteplicità di paesaggi, dando profondità storica al processo di formazione della loro morfologia. Disegna così l'aspetto dei luoghi, quelli tipici della pastorizia nomade e dell'allevamento «borghese», i campi coltivati e terre incolte, «costruisce» l'immagine spirituale del paesaggio medievale e quella realistica delle città del Rinascimento. A grande effetto, secondo il *Genesi*, ipotizza la rappresentazione di Dio come «divino hortelano de la creación».

Ripensando il paesaggio non solo come semplice equivalenza di «veduta», di panorama, bensì – è questa la sua proposta – quale identità storica e culturale dei luoghi, García Martín ripercorre fasi importanti nel processo di formazione dell'idea di paesaggio, momenti utili alla comprensione dei concetti epistemologici, tappe significative nel dispiegarsi di una rete teorico-concettuale, che guidano il lettore nel dedalo di possibili ipotesi.

Nella concezione dell'autore la bellezza naturale del paesaggio non può solo coincidere pienamente con lo sguardo dell'osservatore, su un piano ontologico; essa è sì «soggettiva» – in quanto strettamente connessa alla percezione di colui che guarda, alle sue esperienze, alla sua personalità, complessivamente alla sua cultura e alla sua sensibilità – ma si aggiunge anche a tratti «oggettivi» che quel paesaggio caratterizzano contribuendo a fissarne la fisionomia. In tal modo percepire il senso estetico del paesaggio equivale a coglierne le valenze storiche e culturali, avvertire gli elementi essenziali, quell'identità estetica che, in un nesso inseparabile fra bellezza e accadimento del passato si nutre insieme di natura e di storia.

Non si può dimenticare – sottolinea l'autore – quanto il paesaggio possa mutare nel corso del tempo sia per motivi climatici che per l'azione dell'uomo. E non è detto che il cambiamento debba assumere necessariamente il significato di perdita del valore estetico. Quando i grandi principi rinascimentali deviavano i fiumi per stupire i loro ospiti in giardino con giochi d'acqua sorprendenti o bonificavano le paludi per acquisire nuove terre da far coltivare, indubbiamente davano luogo a una nuova forma del paesaggio, ne mutavano la struttura e la destinazione. Allo stesso modo, siccità, alluvioni, eruzioni vulcaniche sono diventate parte sostanziale della sua storia, del suo vissuto, ne hanno determinato immagine e funzioni; ma non è cambiato solo il territorio fisico: anche le azioni e i comportamenti degli uomini si sono modificati in ragione delle vicende di quel territorio e il suo impoverimento biologico e produttivo può avere indotto le popolazioni a cambiare tipo di allevamento o di colture, anzi addirittura a emigrare, cancellando la loro appartenenza a quel luogo.

Le catastrofi e i disastri ambientali distruggono per sempre l'immagine di un paesaggio e in seguito ai loro effetti i nuovi viaggiatori, quale che sia la loro cultura o il loro modo di rapportarsi alla conoscenza di ciò che stanno vedendo, non possono prescindere da quei cambiamenti. Vedranno un luogo del tutto diverso – penso agli attuali sconvolgimenti apportati nel continente asiatico dallo *tsunami* – e la percezione di quel paesaggio offeso non potrà che essere differente da quella antecedente che aveva portato nel suo ricordo chi li aveva preceduti. Non può esistere un paesaggio metastorico – sostiene García Martín; ciò che è cambiato nel corso dei secoli ha costruito quello che oggi si offre alla nostra percezione e che sarà ancora diverso da quanto verrà colto dagli uomini di domani. Il paesaggio non esiste di per sé, esso vive e si evolve attraverso la sua *storia*, politica, economica, idrogeologica.

Paesaggio percepito, territorio antropizzato, ambiente ecologico danno luogo a pluralità di concetti e di forme, nel dibattito storiografico come nell'attualità sociale e politica e ancora a lungo saranno oggetto di analisi su uno scenario internazionale in cui sarà necessario elaborare nuovi modelli per una tutela che non diventi musealizzazione, ma che al tempo stesso abbia la forza di ostacolare ogni tentazione speculativa.

A questo e a molto altro fa pensare il bel libro di Pedro García Martín ridotto nella versione italiana di Giordano Altarozzi, che spero diventerà per molti una piacevole lettura.

Giovanna Motta
Università di Roma «La Sapienza»

IL GIARDINO NELL'EDEN

In principio vi era un giardino nel Paradiso. Lo raccontano fin dall'antichità le geografie cosmogoniche, lo consacra l'antica massima che avvolge di significato metaforico la genesi biblica, concetto e parola originati da Adamo che si trasformò in presagio per le grandi religioni indoeuropee. Il linguaggio verbale, nel suo doppio senso trino e linguistico, apparve all'ombra dell'albero della conoscenza e al rumore della fonte della vita, mentre per uno storico laico e scettico alla svolta di un millennio si incarnò in forma grammaticale nel transitivo «percepire» e nel sostantivo «paesaggio»: in origine dunque era la percezione del paesaggio ideale nell'Eden.

No hay virtud sin contrario, recita l'emblema di alcuni canoni enigmatici composti da un tale Juan del Vado, e lasciati a riposare nel solaio della Biblioteca Nacional de Madrid. E, in fede, è una saggia affermazione quando si collega al polittico delle età dell'uomo e queste con la velleità della ruota della fortuna. L'idea di riflettere un po' sulla storia del paesaggio mi catturò molto presto, durante il mio *temps de cerises* di studente parigino quando, con lo sguardo limpido e appassionato della gioventù, osservavo assorto la rivoluzione della luce e del colore nei dipinti impressionisti che affollavano il piacevole museo di Jeu de Paume. Ma se era per me facile far affiorare i sentimenti e possedevo un animo permeabile alle nuove sensazioni, mi mancava il tempo, con i suoi richiami e i suoi corteggiamenti, per viverle.

Di conseguenza, viaggiai lungo i sentieri dei mirabili luoghi ameni raccogliendo album di spazio e di tempo: dal mostruoso Bomarzo delle meraviglie all'imperiale Schönbrunn con i suoi valzer danubiani, dalla lacustre e boscosa Lapponia alle vulcaniche ed esuberanti Isole Fortunate, dalla pittoresca Riviera di un azzurro cupo tra aranci e limoni alla poesia dell'Andalusia imbiancata di alberi e fiori d'arancio, da Rodi arrossata dalla rosa di Siria a Malta rinverdita dal comino medicinale, dal familiare Giardino Botanico di Madrid alle oasi di latte e miele della Palestina, dai piacevoli giardini di Aranjuez alla crociata pacifica nella *Civitate Dei* di Gerusalemme, da ultimo, dalla ispanica Ceca all'orientale Mecca. E nonostante tutto questo lungo viaggiare, il progetto di trasformare in un volume la serie di immagini e letture così raccolte non si è concretizzato che in quest'ultimo decennio, nel momento in cui mi perdetti dentro l'ordine del neonato Musée d'Orsay, mi trovai a passeggiare per le sale funzionali del Marmotan, mi tuffai tra i riquadri di ninfee dell'Orangerie e naufragai nella florida riviera di Giverny. Si può quindi dire che il verbo «percepire» e il sostantivo «paesaggio» si fecero impressione in prima persona.

Il dizionario della Real Academia Española de la Lengua fa derivare la parola «paesaggio» dalla voce «paese» (dal francese *pays* e dal latino *pagensis*), attribuendole con chiara convinzione estetica le seguenti accezioni: «quadro o disegno che rappresenta una certa estensione di territorio» e «porzione di terreno considerata nel suo aspetto artistico». Mentre assegna al verbo «percepire» (dal latino *percipere*), tra i tanti altri significati, quello di apprendimento materiale e di costruzione mentale: «ricevere attraverso uno dei sensi le qualità o impressioni di un oggetto» e «comprendere e conoscere una cosa».

L'obiettivo che ci proponiamo di perseguire unifica, dunque, questo mosaico di significati, relativamente alla percezione del paesaggio nell'Europa dell'età moderna.

Si ottiene così una percezione integrale della storia della natura e dell'umanità nell'età moderna tra i secoli XV e XIX ovvero, il che è poi lo stesso, un'analisi del passaggio da una visione delle cose piana e frontale a un'altra dinamica e laterale; in altri termini il passaggio dal viandante all'automobilista, dall'artista chiuso nel suo studio a quello *en plein air*, dal carro trainato da animali alla ferrovia. Campi, fiumi, strade, luoghi abitati, costruzioni, arti e manifatture si chiariscono in una visione unitaria: il paesaggio come mescolanza di elementi fisici negli orizzonti successivi di una panoramica. La stessa idea è condivisa da Bernard Lassus quando analizza la transizione operata nel pensiero da paesaggio orizzontale (del passato) a paesaggio verticale (dei nostri giorni) [1].

L'impossibilità fisica della vista a trattenere tutti gli elementi, molti dei quali fugaci e mutevoli, che entrano in gioco nella contemplazione, è presente nella stessa scoperta del paesaggio da parte dell'europeo moderno. Il nuovo incontro dell'uomo con la natura, il venir meno di quella paura che lo aveva costretto, durante il medioevo, nel castello, nel villaggio, nel borgo fortificato, si concretizza durante il Rinascimento nella sperimentazione del paesaggio.

La coscienza del paesaggio nasce con la visione civilizzata del mondo. Il concetto comincia a farsi largo a partire dall'età umanistica e costituirà un cambiamento di sensibilità e una scoperta culturale per la società occidentale. Fino ad allora la natura veniva avvertita come qualcosa di minaccioso, tutt'al più tollerata quando si riusciva a costringerla tra le mura dei chiostri e dei castelli. Le varianti di questa natura domata andavano dal *potager* o orto farmacologico dei monasteri e dei castelli cristiani ai *rawdas* o luoghi edonistici delle moschee e dei palazzi reali musulmani. Il sogno dell'Arcadia bucolica e pastorale propria delle civiltà classiche era rimasto sopito per secoli finché, con l'esplosione dell'antropocentrismo, l'*homo ludens* iniziò a guardare il mondo come paesaggio e a questo come spettacolo.

Questa costruzione mentale che si elabora nel prender visione di uno spazio, e che permette di interpretare la realtà su differenti piani, restituisce dignità alla rivoluzione scientifica, momento a partire dal quale si comincia a pensare che la natura sia inscritta nel linguaggio matematico. Da qui deriva che, nell'intervallo culturale che va da Leonardo a Isaac Newton, la contemplazione estetica del mondo scorra parallela alla visione scientifica della natura.

Ora, benché il paesaggio si erediti, si costruisca, si cambi e si pensi, esso ha sempre mantenuto come riferimento ideale l'Eden, prototipo del *bel paesaggio* [2], che possiamo solo limitarci a imitare. La bellezza originaria risiede nel Paradiso Terrestre, punto d'origine al

---

[1] B. LASSUS, *El patrimonio mixto. Un inconmensurable vertical: la profundidad*, in *Actas de las I Jornadas de Patrimonio Histórico-Artístico* (Soria, dicembre 1980), Burgos, Consejo General de Castilla y León, 1982.

[2] In italiano nel testo (*NdT*).

quale l'uomo sogna di ritornare, tanto che il recupero del Paradiso perduto è uno dei miti più radicati nella storia dell'umanità. Pertanto ogni paesaggio si riflette nello specchio dell'Eden; è per questo che, nel continuare il discorso, è necessario addentrarsi all'interno del Paradiso Terrestre.

L'etimologia di parole quali «eden» e «paradiso» vede la luce tra gli antichi popoli del Vicino Oriente e del Mediterraneo orientale. Il primitivo regno di Adamo era designato col termine ebraico *gan-eden*, vale a dire «giardino di dolcezze e delizie». Nello stesso arco di tempo, i persiani usavano le voci *parai* (intorno) e *daeza* (muro) per riferirsi al «giardino chiuso da un muro» o alla «riserva di caccia». Gli autori greci, da Senofonte a Socrate, tradussero questi concetti col termine *paredeisos*, i romani lo latinizzarono in *paradisus*, per passare infine nelle lingue romanze alla forma definitiva di paradiso[3]. Questa idea di un giardino dell'Eden appare già nelle prime fonti scritte, nelle tavolette cuneiformi della *Epopea di Gilgamesh*. Le *ziggurat* e i giardini pensili di Babilonia erano i punti più elevati in direzione del Paradiso; la Torre di Babele, un dedalo apocalittico di violenza cromatica nelle pitture di Brueghel il Giovane e un'architettura abbandonata in quelle di Lambert Lombard, riuscì appena a sfiorarlo ottenendo come punizione la mescolanza delle lingue. Nella piramide di Saqqara e nei rilievi del tempio di Amon appaiono erbari e orti medicinali, ed è stato possibile ricostruire i *Pharaoh's Flowers* a partire dal ritrovamento della tomba di Tutankhamon[4]. I rabbini battezzarono il Paradiso con il nome ebraico di *pordes*, o parte benedetta del *sheol*, lo spazio in cui i giusti aspettavano la risurrezione e il giudizio finale. Il modello di bosco sacro fu disegnato da Ciro il Grande nella Pasargade persiana. I greci divisero il giardino dell'Eden in Ar-

---

[3] A. SINCLAIR, *Jerusalén. La cruzada interminable. La lucha religiosa por la Ciudad Sagrada desde su origen hasta nuestros días*, Madrid, Edaf, 1997, p. 45. Quanto alle diverse grafie del vocabolo «paradiso», in persiano essa è *pardés*, in greco *paradéisos*, in francese *paradis*, in inglese *paradise* e in tedesco *paradies*.

[4] Il mito della Torre di Babele con la sua confusione linguistica, che comportò una grande rovina per l'uomo, si mantiene ancora vivo, come segnala U. ECO, *La ricerca della lingua perfetta nella cultura europea*, Roma-Bari, Laterza, 2004. Per una ricerca sulla botanica nell'antico Egitto, si veda F.N. HEPPER, *Pharaoh's Flowers. The Botanical Treasures of Tutankhamun*, Kew, Royal Botanic Gardens, 1990.

cadia per i vivi e Campi Elisi per i defunti, ma crearono anche il Giardino delle Esperidi per quegli eroi che, come Eracle, erano capaci di imprese sovrumane. Le tradizioni bibliche, coraniche e talmudiche, infine, fecero di Gerusalemme la rocca primigenia e il centro del Paradiso Terrestre[5].

Di conseguenza, le grandi religioni monoteiste del Vicino Oriente hanno cominciato a credere nell'esistenza di un *pardés* recintato e divino, che contenesse l'Albero della Vita e quello della Conoscenza del Bene e del Male, così come i quattro fiumi che scorrevano nel mondo conosciuto. I cristiani identificarono con il neologismo «paradiso» il giardino dell'Eden, popolato da ogni specie animale e vegetale, primigenia bellezza nella quale il Grande Artefice del mondo era solito passeggiare e al quale avevano accesso quanti erano senza peccato, giardino del quale si trova la prima descrizione nel *Genesi*.

Gli esegeti più recenti della Bibbia fanno notare che la traduzione corretta non sarebbe quella di «Giardino dell'Eden», bensì quella di «Giardino nell'Eden», col quale si identificherebbe un'oasi nel mezzo di un deserto o di una steppa, da interpretare come la nascita della speranza e del tutto dal nulla. Questo virgulto piantato nell'Eden si alzerà verso i cieli e si trasformerà nella Nuova Gerusalemme, descritta nell'*Apocalisse* da San Giovanni, per cristallizzarsi infine nel pensiero dei padri della Chiesa come il luogo della luce e della grazia, dove risiederanno quanti avranno condotto una vita retta. Per i cristiani dopo il giudizio finale le cose recupereranno il loro stato paradisiaco e il cielo diverrà la residenza dei buoni fedeli, mentre gli ebrei situano l'età dell'oro al principio, e non alla fine, della loro esistenza, e i maestri talmudici collocano la speranza messianica nel compimento dell'utopia terrestre della restaurazione nazionale[6].

Da parte loro anche i musulmani fecero qualcosa di simile con il giardino di Allah, promesso a tutti coloro che muoiono lottando per

---

[5] W.A. McClung, *The Architecture of Paradise. Survivals of Eden and Jerusalem*, Berkeley, University of California Press, 1983.

[6] P.A. Bernheim e G. Stavridés, *Paradiso, paradisi*, Milano, CDE, 1994. Tra la vasta bibliografia sul Paradiso, il libro migliore rimane quello di J. Delumeau, *Une histoire du Paradis. I. Le jardin des delices*, Parigi, Fayard, 1992 e *II. Mille ans de bonheur*, Parigi, Fayard, 1997.

la fede; ma qui si aggiunge alla ricompensa spirituale il piacevole stimolo delle vergini, come è scritto nel Corano:

> Avrà altri due giardini: di colore verde scuro. In ognuno di questi avrà due fonti da cui uscirà gran copia d'acqua. In ognuno di questi avrà frutti, palme e melograni. E avrà fanciulle gradevoli e belle.

Questa sensualità appare in altre sure islamiche, che descrivono un Paradiso con otto porte d'oro massiccio, nelle quali è incastonata una gran quantità di pietre preziose e attraverso le quali si accede all'ombroso e dorato «luogo dell'eterna esistenza», popolato di belle donne con il corpo impreziosito da perle e vestite di seta.

Gli *hadices*, racconti esemplari delle tradizioni islamiche, come il *Libro de la descripción del Paraíso* dell'andaluso Ibn Habid o il *Libro de la escala de Mahoma*, tradotto da Abraham de Toledo alla corte di Alfonso X, dopo aver definito il Paradiso come «la cosa più bella che il cuore umano possa immaginare», descrivono il suo aspetto:

> I fiumi [del Paradiso] sono molto belli, trasparenti, chiari e di una vastità meravigliosa [...] si elevano le montagne del Paradiso [...] in cui appaiono miniere d'oro, d'argento e di pietre preziose di ogni tipo [...] dei quattro giardini, due sono molto estesi e al loro interno zampillano due fonti bellissime; c'è una grande abbondanza di alberi [...] e ognuno di essi produce frutti di cento varietà diverse [...] Le donne che abitano il Paradiso sono molto più belle e curate di quanto il cuore umano possa immaginare; hanno degli occhi stupendi, uno sguardo pieno d'amore; le teste sono ricoperte di perle e pietre preziose e abbellite da fini acconciature; hanno fasce di muschio e d'ambra con perle e pietre preziose che emanano un aroma a tal punto gradevole che, se qualcuno dovesse ammalarsi gravemente, dovrebbe inebriarsi di questo profumo.

Che è precisamente quello che i califfi omayyadi riuscirono a riprodurre nei loro accampamenti itineranti e nei loro palazzi nella capitale damascena, l'antica Cham, che non a caso in arabo significa «appezzamento di terra nel *firdaus* o paradiso». Tutto ciò non è niente più che il sogno, tipico dei popoli nomadi del deserto, di un'oasi di piaceri carnali e allegria che fiorisca nel mezzo del deserto[7].

---

[7] A. AL-AZMEH, *Rhetoric for the Senses: A Consideration of Muslim Paradise Narratives*, in «Journal of Arabic Literature», XXVI, 3, ottobre 1995, pp. 215-231.

Fin dall'origine dell'uomo, inoltre, il giardino è stato il luogo dove si è realizzata l'unificazione della natura con la cultura. Il venir meno di quell'unità certifica la perdita del Paradiso, e lascerà libera la strada a quanti vorranno mettere in versi il mito dell'Età dell'Oro. L'allontanamento dal giardino suppone anche l'inizio del cammino nella storia. Inoltre questa perdita di una mitica età dell'oro non viene avvertita nello stesso momento da tutti i popoli europei, e mentre alcuni puntano sul ricorso alla mitologia classica greco-latina e al suo insieme di dèi, altri, maggiormente attaccati al cristianesimo ufficiale – in questo caso all'ortodossia cattolica della Controriforma – rendono protagonista del rito iniziatico lo stesso Dio fatto uomo. Questi mutamenti spaziali appaiono in tutto il loro splendore nel trittico *Il giardino delle delizie* di Hieronymus Bosch. Tra le diverse interpretazioni che ne sono state date, la migliore sembra quella di José Ángel Valente, secondo il quale ci troviamo di fronte a un'abolizione della dualità corpo-spirito come sostanza di tutta la mistica e a un immaginario erotico che rimanda all'innocenza dell'Eden. Il giardino dell'Eden sarebbe, per il poeta, la metafora del perdurare del regno millenario dell'Apocalisse. Da parte sua María Zambrano concepisce la storia come l'esercizio della libertà che muta continuamente, la vita paradisiaca «porta con sé la fine della storia, del divenire storico ancora da realizzare e della storia già fatta nella quale ci troviamo a vivere. La storia nata dalla libertà e che si trasforma in prigione come tutto ciò che l'uomo costruisce». Così per il filosofo Gómez de Liaño, secondo il quale la storia non sarebbe altro che il millenario cammino dell'uomo per tornare a quel Paradiso che una volta vide in sogno[8].

È ora opportuno distinguere tra la storia sacra e quella universale, tra una visione cosmica e le scienze sociali, poiché il mito è una storia vera, anteriore alla Storia delle università e utile come modello per l'agire umano. In questo senso l'archetipo del paesaggio è dato dal giardino dell'Eden, visto come uno stato di felicità primigenia dell'uomo nel cosmo, per il quale la natura non ha mai perso la sua funzione

---

[8] J.A. VALENTE, *El reino millenario*, in *Babelia*, in «El País», Madrid, 14 ottobre 1995; M. ZAMBRANO, *El hombre y lo divino*, Madrid, Fondo de Cultura Económica, 1994; I. GÓMEZ DE LIAÑO, *Paisajes del placer y de la culpa*, Madrid, Tecnos, 1990; J. YARZA LUACES, «*El Jardín de las Delicias» de El Bosco*, Madrid, TF Editores, 1998; F. AYALA, *El Jardín de Delicias*, Madrid, Alianza, 1999.

materna e generosa, quella della Grande Madre che ci fa nascere dalla terra e ad essa ci fa tornare, secondo il principio tanto caro agli alchimisti, i quali intendono la vita come un ritorno all'utero materno[9].

In tutte le culture, inoltre, si incontra la credenza secondo cui alle origini o alla fine del mondo ci fu o ci sarà un Paradiso. Questa speranza permane anche nell'uomo moderno, scettico e razionalista, che spera di ricostruire lo stato proprio dell'Eden attraverso avvenimenti storici di grande portata, come le rivoluzioni, o anche meno eclatanti, come i piani economici che promettono la prosperità, la fede cieca nella tecnologia e il progresso illimitato. Dalla stessa lontananza dalla realtà era nata nell'Europa pre-industriale la cultura della povertà, che conduce le masse derelitte e affamate verso iperbolici sogni di compensazione, funzionali a che l'uomo possa sopportare il peso della storia. Ed è per questo che l'essere umano ha sentito la necessità di viaggiare nel Paradiso e di rendere testimonianza della sua visione celestiale. In questo mondo i viaggiatori dell'età moderna, che espansero l'ecumene mediterranea attraverso gli oceani che bagnano i cinque continenti, spinti dalle immagini dell'Eden primigenio sognate e disegnate sulle prime mappe geografiche, cercarono l'ubicazione geografica del Paradiso Terrestre, e la natura lussureggiante che incontrarono prese la forma del giardino delle meraviglie. Questo lo ritroviamo nei racconti delle *Mille e una notte*, che situano in India una fonte rigeneratrice le cui acque provengono direttamente dal Paradiso, così come nella mistica europea dell'amore cortese che si concretizza nell'orto armonico del *Roman de la rose*, impregnato di profumi primaverili e del mormorio di acque dove si dissetano docili unicorni e donzelle.

È per questo che Cristoforo Colombo, in ogni nuovo viaggio verso le Indie, credeva di avvicinarsi sempre più al Paradiso Terrestre, per cui battezzò alcune isole vicine a Cuba «Jardín de la Reina» e chiamò una regione del Costarica «La Huerta». La convinzione dei grandi viaggiatori era debitrice della tradizione teologica e cartografica medievale, che situava il Paradiso nella parte più alta del mondo, in quell'Oriente dove scorrono fiumi di vino, latte, miele e acqua e al quale si arriva solo dopo aver superato le prove iniziatiche e i pericoli insiti in un'impresa di tale portata.

---

[9] M. ELIADE, *Mythes, rêves et mystères*, Parigi, Gallimard, 1957.

I dubbi sulla Terra Promessa come ricompensa spirituale o figura allegorica furono dissipati dai primi autori cristiani del calibro di sant'Agostino, il quale avalla la sua esistenza per il fatto stesso che è stato Dio a crearla; comunque, la maggioranza di tali autori concorda sulla sua inaccessibilità, visto che dal momento del peccato originale il luogo è protetto da fiamme purificatrici e angeli custodi.

L'ortodossia ecclesiastica pretendeva di ordinare l'opera creatrice di Dio collocando le terre, i mari e i paesi intorno alla Città Celeste di Gerusalemme, come è illustrato continuamente a partire dal mappamondo del *Beato de Liébana*, che adorna la narrazione della predicazione degli apostoli. E questa cosmografia teologica mantiene la sua forte presa sulla mentalità cristiana anche dopo la circumnavigazione del globo e nel pieno dell'espansione europea nel Nuovo Mondo. Quando però il pellegrinaggio in Terrasanta sulle orme di Gesù si trasforma in un viaggio regolare da parte della nobiltà cattolica, capace di conferire grazie spirituali e prestigio sociale, comincia a rendersi evidente un contrasto tra l'immagine di una Palestina paradisiaca appresa tramite le Sacre Scritture e la dura realtà di una regione segnata da occupazioni che si susseguivano nel tempo e guerre endemiche. In questo senso è sintomatica l'opinione del frate francescano Antonio de Aranda che nel 1530, pensando nei Luoghi Santi a quanto accaduto al popolo d'Israele dopo la sua uscita dall'Egitto, ricorda con nostalgia: «Questa Terra Promessa abbondava di pane, vino, carni, olio, miele, frutti di vari tipi, legumi, palme, arance; di cotone, seta, lino, animali domestici: cammelli, asini, muli, cavalli, buoi e bufali; pesci di mare, di fiume e di lago». Inoltre, era opinione diffusa tra i pellegrini che le acque del Giordano ringiovanissero quanti ci si bagnavano e avessero la capacità di trasformare il colore dei capelli delle donne e della barba degli uomini. L'esperienza di viaggio invece spazzò via questa idealizzazione, fino al punto che molti giunsero alla conclusione che in Palestina non ci fosse nulla di nuovo rispetto alla Spagna. Lo spostamento della frontiera dalla Terra Santa verso le regioni interne dell'Asia farà poi cadere il suo velo di esotismo e mistero, che si sposterà in modo costante verso oriente.

In questo modo l'album delle meraviglie che ci portarono Marco Polo e Ibn Battuta e gli esploratori e avventurieri seguenti aprì un piccolo foro nella corazza dell'universo teocentrico, che diverrà un fiume in piena verso il realismo geografico di una nuova immagine del mondo. Il Paradiso si trasformerà dunque in una di quelle isole mobili di cui ci parlano i racconti orientali, alle quali più ci avviciniamo, più esse si allontanano, fino a trasformarsi nell'orizzonte illusorio delle ultime frontiere.

E non solo nella leggenda dell'Arabia felice, ma anche nel mito platonico di Atlantide, in isole che come quella di san Brandano appaiono e svaniscono di fronte alle Canarie, fino ai progetti razionali e «scientifici» del Re Sole, che si era fatto costruire il suo paradiso privato a Versailles. Fu così che, per volontà regia, l'Accademia di Francia incaricò il vescovo di Avranches, all'epoca monsignor Daniel Huet, di identificare l'esatta collocazione dell'Eden – secondo lui non era altro che un'isola in movimento nel Golfo Persico, tradizione che affonda le sue radici nel movimento degli eremiti medievali. L'idea dell'Eden si trasformerà, in seguito, a partire dalle affermazioni di sant'Isidoro e del venerabile Beda, che guardando verso oriente parlarono di una catena montuosa che non era stata coperta dalle acque del Diluvio Universale, dove si respirava l'aria più pura del mondo, fino al recupero della dottrina aristotelica circa gli abitanti degli antipodi, situati nei Monti della Luna, luogo d'origine del Nilo nell'emisfero australe e dalla parte opposta negli arcipelaghi oceanici da cui deriva l'immaginario di Colombo.

In conseguenza di ciò, possiamo affermare che all'interno del mondo cristiano il luogo favoloso per eccellenza era il Paradiso, che trova correlazione con il mito pagano dell'Età dell'Oro. L'archetipo di questo Eden riunisce tutti i luoghi comuni che situano l'uomo in contatto armonico con la natura, della quale si vagheggiavano le caratteristiche di perfezione e bellezza incorrotta: un clima dolce, senza caldo né freddo; una fecondità costante di fiori, frutti, animali e corsi d'acqua; la tranquillità che deriva dall'assenza di venti; e, non da ultimo, l'assenza del lavoro e del dolore, come era prima del peccato originale. E nel 1594, all'inizio della rivoluzione scientifica, il medico navarro Juan Huarte de San Juan ricorse alla stessa tipologia per spiegare le malattie, sommandosi all'opinione di medici posteriori e consigliando nel suo *Examen de ingenios para las ciencias*: «per conservare una salute perfetta, è necessario che nei cieli influiscano sempre alcune qualità; che non ci siano inverni, estati e autunni; e che i movimenti del corpo e dell'anima siano sempre uniformi», e vedeva nel peccato originale non solo la causa della debolezza umana, ma soprattutto l'elemento che ruppe il matrimonio del genere umano con la natura. Tutto ciò trovò il suo culmine nel poema più importante dell'età moderna, il *Paradise Lost* di John Milton, che descriveva la vittoria di Gesù sulle tentazioni prima di iniziare il suo ministero, e per fare ciò ricorreva a una mescolanza del testo evangelico con i *tòpoi* greco-latini, nel momento in cui si accingeva a mettere in versi la descrizione del Paradiso.

Ciò costituisce uno scenario che evoca tutta una tendenza verso la sacralizzazione della natura, tipica del mondo pagano, che arriva direttamente dall'umanesimo laico, all'interno del quale Sandro Botticelli armonizza nel mondo colorato della *Primavera* natura selvaggia e civilizzazione. Ne raccolgono il testimone il fiammingo Pieter Paul Rubens, che dipinge nelle *Tre Grazie* una scena barocca in cui vanno a braccetto l'allegoria e il nudo, i paesaggisti olandesi Jan Van Goyen e Jacob Ruisdael, e lo spirito accademico francese incarnato in Nicolas Poussin, impregnato di ordine e chiarezza nelle sue composizioni di rovine e favole antiche, tra le quali spiccano, per i loro profili ellenistici e l'ambiente classico, i *Pastori dell'Arcadia* e il *Paesaggio di Roma Antica*.

Per altro verso, tra gli indizi «tangibili» che i pensatori e i viaggiatori europei avevano per sapere se si trovassero o meno vicino al Paradiso, si annoverano le meraviglie, i mostri e i selvaggi. Queste prove rispondono a una ricerca deliberata dei margini dove vivono esseri fantastici, perché la cosmografia moderna ammetterà l'esistenza di sistemi molto differenti e, benché i mappamondi concepiranno la Terra come sferica, non verranno rifiutate forme diverse. La posizione dell'uomo cristiano nell'universo sarà al centro del mondo fisico, equidistante dai cerchi del Male e del Bene, ed è per questo che si immaginava la natura dei selvaggi dell'emisfero australe.

Le cose mirabili si trovavano nel mondo che stava all'opposto del nostro e il suo esotismo darà la spinta più importante all'esplorazione del pianeta. Il meraviglioso compensava la regolarità e la trivialità della vita quotidiana, per cui si dava vita a un universo alla rovescia, le cui caratteristiche principali erano l'abbondanza del cibo, la nudità, la libertà sessuale e l'ozio permanente. Questi elementi si ripetono nei miti classici, come il ritorno all'Età dell'Oro che viene raccontata dai poeti, a partire da Virgilio e fino a Cervantes, e in leggende del folclore occidentale che, con aggiunte e varianti, arriveranno fino all'età post-industriale.

Il contrasto tra meraviglie e realtà andrà crescendo nella misura in cui i viaggiatori cominceranno a demistificare le leggende, la simbiosi tra reale e straordinario verrà riservata ai racconti e alla cultura della tradizione orale, benché i viaggiatori continuino a inviare nelle metropoli messaggi di dèi segreti visti in terre ignote. Una prova di ciò la ritroviamo nei vari bestiari, in pieno passaggio dalla geografia immaginaria a quella reale, e ne abbiamo un esempio tipico nella trasformazione dell'unicorno in rinoceronte. In questo senso, il *Physiologus*, il libro altomedievale più diffuso dopo la *Bibbia*, elencava gli attributi mistici dell'unicorno.

> È un animale molto piccolo, come una capra; però è estremamente selvatico, e i cacciatori non possono avvicinarglisi, e possiede una grande astuzia. Ha un corno al centro della testa.

Al contrario, nel XVI secolo l'unicorno perde la sua aureola sacra e diviene una specie aggiuntiva della fauna conosciuta, come dimostra la scuola del Giambologna nella facciata del duomo di Pisa e come nota Juan Arfe y Villafañe nel suo *Varia conmesuración*:

> Il rinoceronte è un animale grande, ha una forza enorme, è molto agile, tutto il corpo è ricoperto da una pelle durissima e ha un corno sopra il naso.

Secondo un'altra tradizione, i mostri nascevano agli estremi dell'orizzonte terrestre, nel luogo dell'antitetico, e gli abitanti di questo luogo popolavano quella zona torrida in cui tutto procedeva al contrario. Le illustrazioni che degli stessi contenevano i bestiari, le mappe e i libri di viaggio mostrano una gamma molto vasta, che Claude Kappler ha cercato di sistematizzare nella seguente tipologia: quelli che sono privi di qualcosa – testa, occhi, articolazioni eccetera; quelli che hanno subito modificazioni organiche – ipertrofia, duplicazione, antropomorfia; quelli dal corpo grande o piccolo (giganti e nani); quelli nati dalla mescolanza dei regni della natura; e, infine, quelli estremamente bestiali – trogloditi, antropofagi eccetera. Già in precedenza si era però tentato di dare una sistemazione di questa zoologia fantastica, come fecero Ambroise Paré nel *Des monstres et prodiges*, il quale rintraccia nella collera divina l'origine di questa mostruosità, e Antonio de Torquemada nel suo *Giardino dei fiori curiosi*, in cui descrive esseri mostruosi o contronatura. E tutti dimostrano sorpresa e ammirazione per l'*altro*, come quello che ci racconta Marco Polo: «In questa isola si incontrano le persone più meravigliose e malvagie del mondo. Il padre mangia il figlio, il figlio il padre, il marito la moglie e la moglie il marito». Questo mostruoso circolo di orchi imparentati fra di loro risiedeva ai confini estremi dell'Asia. I selvaggi, inoltre, venivano descritti in un modo che era a metà tra l'esotico e il ridicolo, essendo applicati ad altri popoli gli stereotipi europei. Dagli *agriòi* greci ai fauni romani, dall'*homo sylvaticus* al primitivo, dal Calibano shakesperiano al cannibale di Montaigne, il selvaggio è un mito onnipresente nella cultura occidentale.

Quest'idea di alterità rispetto all'uomo civilizzato trova però la sua controparte nel mito del «buon selvaggio», che va da Platone fino a Rousseau, al quale verranno attribuite le virtù dell'innocenza, della libertà e della beatitudine riunite in una natura materna e generosa. L'uomo esemplare e felice che è cresciuto nello stato paradisiaco.

Le rappresentazioni del Paradiso Terrestre, l'immaginazione del paesaggio perfetto, rispondevano alla posizione ufficiale della Chiesa cristiana. Così, predomina l'aspetto bucolico nell'arte paleocristiana, nella quale spicca il Buon Pastore e non manca il giardino florido e popolato di uccelli, come nelle catacombe di Domitilla a Roma. A partire dal V secolo si impone la letteratura apocalittica; nel medioevo questa è associata a temi teofanici, come l'incoronazione di Maria al centro della gerarchia celeste che si può ammirare nel portico della cattedrale di Chartres, o come la coorte di angeli, profeti e patriarchi che popolano la Città di Dio nelle chiese di Reims, León e Bamberga.

Con la spaccatura della cristianità che si consumò nel XVI secolo si installa in Europa l'intolleranza religiosa, e sia nei paesi riformati sia in quelli cattolici si reprime ogni forma di piacere, giudicato come peccato. Con questa nuova disciplina, il tema adamita sparisce dalle chiese puritane, con l'unica eccezione di un appunto di Lucas Cranach, il quale però segue i dettami del luteranesimo, che disdegna le immagini e le feste e consacra il lavoro e la fatica. Dall'altra parte, la controriforma fonde Eden e Cielo in un concerto angelico intorno al trono di Dio, come si vede nel *Paradiso* del Tintoretto che adorna la sala del Gran Consiglio all'interno del palazzo dei Dogi a Venezia.

L'arrivo al Paradiso era una ricompensa ai piaceri dei sensi. Il tema filosofico dei cinque sensi, benché abbia origini classiche e alcune riapparizioni medievali, svilupperà le sue migliori allegorie nei secoli moderni, anche se con ineguale protagonismo, visto che mentre nel Rinascimento predomina la percezione visiva e acustica, basata sui principi neoplatonici di Marsilio Ficino e della sua scuola fiorentina che cercava una bellezza ideale e intellettuale, nel barocco trova maggiore rilievo quella tattile di fronte al disinganno del mondo e alla caducità del tempo, per diluirsi in una ricomposizione sensoriale decorativa con i *philosophes*.

La vista dell'Eden si ricrea nella perfezione della natura e nella sua bellezza incorrotta. Questo è quello che cerca di plasmare Lorenzo Ghiberti in quella che viene chiamata *Porta del Paradiso* del Battistero di Firenze – emulando in questo i più famosi pittori degli affreschi della cupola interna – dove scolpisce scene dell'*Antico Testamento*, tra le quali non manca quella dedicata alla Creazione, nella quale il rilievo rialza il fogliame e i corpi con una brillantezza senza eguali. Nel genere pittorico del Paradiso Terrestre appaiono tutti gli elementi della composizione edenica: alberi frondosi, fiori e frutti di colori accesi, acqua scrosciante e vitale, animali reali e mitici tra i quali spicca sempre l'unicorno, un clima dolce e l'armonia cosmica.

L'udito ascolta note accarezzate con gli strumenti dai servitori della corte divina; ma soprattutto la musica del paradiso è data dal concerto degli uccelli. Già il teologo Arnaldo de Bonneval ce lo dipinge in questa maniera: «Tra i rami più alti dei cedri e degli altri alberi cantavano la fenice immortale e il pappagallo, e dagli innumerevoli uccelli canterini proveniva una sola armonia». E se questo mito dell'albero degli uccelli canterini è presente da tempo antico nel folklore orientale – gli oracoli del *Shah Namah* persiano, l'albero cosmico delle fiabe indiane e gli inni al Creatore dei salteri bizantini – gli arabi lo porteranno in dote agli europei sotto forma di divertimento. La Bisanzio degli imperatori iconoclasti imitò i califfi nei giardini chiamati «paradisi», con orti artificiali dotati di una disposizione raffinata e artifici meccanici. La loro tecnica di costruzione era descritta nei trattati di Ierone di Alessandria, ed erano una specie di orologi arborei dai cui rami dorati provenivano canti di diverse specie, mediante un sistema di contrappesi e sfruttando la forza dell'acqua e del vento; ingegnosi meccanismi con forme di animali o persone che, come Pigmalioni redivivi, provocheranno ancora l'ammirazione di Montaigne nei giardini di Villa d'Este. Come scrive Alfredo Aracil circa la riscoperta degli automi a partire dal Rinascimento:

> L'unione meravigliosa di musica, rumore e movimento torna ad affascinare, convertita in punto di fuga alternativo di un'epoca che aveva perso la fede nel controllo razionale della natura e della scienza e che si immergeva nelle feste, nel teatro, nei giardini o nelle camere delle meraviglie come in un rifugio sicuro di fronte a un mondo che di nuovo appariva incontrollabile. La dialettica tra il manifesto – l'automa, la musica – e l'occulto – la meccanica – è uno dei tratti essenziali per comprenderli, e per capire questa moda.

Musica celestiale nei luoghi paradisiaci ricreati dall'uomo; ed è la stessa cosa che Colombo immaginava di trovare nel corso dei suoi viaggi, ignorando però che quel che pensava non esisteva in America. Ai viaggiatori non rimarrà altro, allora, che utilizzare il vocabolario familiare per coniare neologismi con i quali descrivere gli aspetti sconosciuti dei paesaggi che man mano vanno scoprendo.

L'olfatto, nel Paradiso, è un labirinto di profumi, che la tradizione vuole provengano da Oriente, come ci dice l'avventuriero Pedro Tafur dopo il suo passaggio in Egitto nel 1438. Inoltre gli odori hanno la facoltà di mutare lo stato d'animo delle persone e si codificano in forma metaforica: il fresco dell'alba, il calore del mezzogiorno, la soavità della notte... In questo senso, i fiori e le piante appaiono associati all'amore carnale o mistico, come nella retorica del *Cantico dei Cantici*. Il linguaggio delle piante si trasformerà, passando dalla simbologia mistica del Medioevo, al servizio della purezza della Vergine (la rosa emblema mariano e sangue di Cristo, il giglio simbolo dell'innocenza, e così via) al recupero della mitologia classica del Rinascimento (l'ulivo come attributo proprio di Minerva, la spiga di Cerere).

Il gusto è per definizione un «banchetto dei sensi», composto da una gran quantità di manna nella Terra Promessa. È il dono di madre natura ai primi uomini, dato dall'abbondanza d'acqua cristallina e frutti, tra i quali non poteva mancare quello della caduta e della discordia. Fin dalla comparsa dell'uomo, nella sua storia troveremo sempre il peccato di gola, reso manifesto dalla voracità con cui è descritto da Bosch nel suo *Tablero de los Siete Pecados Capitales y de los Cuatro Postrimerías*, o dall'ingiustizia sociale che Pieter

Brueghel denuncia ne *La casa ricca*, così come nei racconti panta-gruelici di Rabelais.

Il tatto sarà la genesi della vita e la causa della perdita del Para-diso, anche se la sua prima accezione fu quella dell'artefice divino che dalla polvere creò l'uomo e da una costola di quest'ultimo la don-na; presto, però, quest'interpretazione verrà eclissata dal peccato ori-ginale, che porterà ogni sorta di sofferenza al genere umano. È l'at-mosfera che si respira nell'*Adamo ed Eva* di Hugo Van der Goes, in cui il serpente antropomorfo spia da vicino il tradimento e la puni-zione; nonostante ciò, a volte l'uscita dei primi genitori dall'Eden e il loro ingresso nella storia, questo mutamento dall'immortalità del mi-to alla caducità del tempo, sono carichi di colori e desideri; è la sen-sualità che affiora dai corpi vividi dipinti a partire da Albrecht Dürher e fino a Marc Chagall. La stessa caratteristica con cui Tiziano presenta il suo *Adamo ed Eva* in primo piano, con l'Albero della Co-noscenza sullo sfondo da cui emanano particelle nelle quali inizia a svanire l'innocenza. La stessa atmosfera nella quale Rubens fa posare Adamo ed Eva, tentati da un serpente con la testa di un bambino, e circondati da una fauna amica che comprende tutte le specie anima-li. Allo stesso modo dell'energia vitale che fluisce dal Padre verso la sua creatura nella *Creazione*, o del triangolo di figure peccaminose nella *Tentazione e Cacciata dal Paradiso* che Michelangelo, al quale non piacevano i soggetti paesaggistici, descrive negli affreschi della Cappella Sistina.

Riepilogando, abbiamo visto come nella mente dell'uomo esista una percezione plurisensoriale mediante la quale si forma l'immagi-ne del paesaggio, che può essere interpretato in forma esteti-ca o scientifica. Questo è al tempo stesso un concetto vagheggiato dalla cultura europea, la conquista di un patrimonio intellettuale e affetti-vo a carico della nostra modernità; se riscoprissimo l'interazione tra l'uomo e la natura potremmo far ritorno alle nostre origini.

Il campo arato e il giardino urbano, il chiostro e la villa signori-le, i viali alberati e i canali frondosi, le oasi e le isole, le vette coperte dalle nuvole e i ghiacciai, non sono altro che rappresentazioni del mondo naturale che l'uomo ha modellato attraverso la storia. È per questo che, a causa delle nostre umili menti e come allegoria della fede umanista che professiamo, i paesaggi sono rappresentazioni del Paradiso.

CAPITOLO I

E per aiutarmi ad immaginare tutte queste cose, mi valevo dei tuoi quadri. Mi lasciasti credere che il mare somigliasse al vasto manto d'acqua steso nei tuoi dipinti, tanto azzurro che una pietra, cadendoci dentro, non poteva fare a meno di trasformarsi in uno zaffiro; che le donne si aprivano e si chiudevano come fiori, simili alle creature che avanzano, sospinte dal vento, per i sentieri dei tuoi giardini, e che i giovani guerrieri dalla figura snella che stanno di guardia nelle fortezze di frontiera erano come frecce che potevano trapassarci il cuore. A sedici anni, vidi aprirsi le porte che mi separavano dal mondo: uscii sulla terrazza del palazzo per ammirare le nubi, ma esse erano meno belle di quelle dei tuoi crepuscoli. Tornai nel mio letto: scosso per i sentieri, di cui non avevo previsto il fango e le pietre, attraversai le province dell'Impero senza trovare i tuoi giardini pieni di donne simili a lucciole... Mi hai mentito, Wang-Fô, vecchio impostore: il mondo non è altro che un pasticcio di macchie confuse, lanciate nel vuoto da un pittore insensato, cancellate incessantemente dalle nostre lagrime... L'unico impero sul quale vale la pena di regnare è quello in cui tu penetri, vecchio Wang-Fô, attraverso il sentiero dalle Mille Curve e dai Diecimila Colori.

(MARGUERITE YOURCENAR, *Come Wang-Fô fu salvato*, 1938)

I paesaggi sono retaggi del Paradiso, l'uomo e la donna i suoi primi abitanti e trasgressori della bellezza perfetta. In seguito le creazioni umane, manichee e mortali, manterranno parte del sapore di quel frutto proibito, e tutto ciò sarà disperso in quel fiume di tempo che è la storia. Ma *no hay contrario sin virtud*, e proprio la virtù deve guidare le considerazioni nel nostro discorso sul paesaggio, le regole del gioco di questo lavoro, del nostro insieme di avventure lungo il cammino delle Mille Curve e dei Diecimila Colori.

In questo senso, quest'opera vuole essere un omaggio al paesaggio letterario, ai libri, ai giardini di sapidità e prudenza nei quali passeggia con diletto e ingegno la nostra civiltà. Perché nell'era della realtà virtuale, concetto che è contraddittorio nella sua stessa enunciazione, dal momento che l'apparente non può mai essere reale, la cultura libresca deve affermarsi come il vettore più valido della civiltà occidentale, a dispetto delle critiche che gli vengono mosse dai vati della religione cibernetica. Questo, però, non è un lamento di un amanuense che vede minacciati il suo lavoro e i suoi benefici, bensì la fede tollerante nella coesistenza di mezzi di espressione e linguaggi diversi, nel matrimonio tra la parola e l'ipertesto, la carta e il video, l'uomo e la macchina. In fin dei conti, il miglior *hard disk* di cui disponiamo è il nostro cervello che, ben armonizzato col resto del corpo, «programma» le più sublimi creazioni.

In conseguenza di ciò, ho voluto dare a questo libro un aspetto formale che rispetti i precetti delle pubblicazioni stampate nel Secolo d'Oro spagnolo, le norme editoriali che furono seguite dai nostri autori classici più famosi.

Per quanto riguarda gli obiettivi di partenza che mi propongo di sviluppare in questo lavoro, essi sono dati dalla natura e dalla sua relazione con l'uomo, dai fenomeni di antropizzazione e degrado tanto attuali, come elementi di studio nel loro divenire storico. Partendo dai suddetti soggetti tematici, mi propongo di ricercare il processo di costruzione del paesaggio moderno, sia nel suo aspetto di congiunzione con l'uomo che in quello di mezzo mediante un'analisi differenziata, e con la percezione sensoriale come filo conduttore, fino a giungere ai dibattiti ecologisti tuttora in corso.

L'arco cronologico scelto va dalla metà del XV secolo quando, per mezzo del Rinascimento, gli uomini cominciano a perdere quella paura inveterata nei confronti della natura e iniziano a stimarla, avendo come referente il mondo classico, ma anche elementi nuovi derivanti dalle idee di progresso ed empirismo scientifico; questo lavoro prende quindi le mosse dal momento dell'espansione europea verso le terre transoceaniche alla ricerca dei confini del mondo, ricerca che convaliderà con assoluta certezza la sfericità di quest'ultimo, che segna l'affermazione dell'economia-mondo che rende possibile il passaggio dal feudalesimo al capitalismo mercantile come sistema dominante, la crisi della visione cosmica medievale e il trionfo dell'antropocentrismo, l'epoca delle grandi riforme religiose e culturali e la nascita del cosiddetto Stato moderno in un marasma di conflitti sociali e dinastici.

In questo contesto, la migliore testimonianza della nuova attitudine umanistica verso i *pagos* è quella lasciata da Francesco Petrarca in una lettera datata 1336 e indirizzata all'agostiniano Dionigi di Borgo San Sepolcro, contenuta nella sua antologia *Familiarum rerum libri*. Il poeta riporta come, trovandosi ad Avignone in uno stato di melanconia amorosa causata dal ricordo di Laura, decide di scalare il vicino Mont Ventoux alla ricerca di una cura, «guidato dal solo desiderio di contemplare l'eccezionale altezza di questo luogo», in luoghi dove si erano addentrati soltanto alcuni pastori alla ricerca del bestiame smarrito. Giunto in cima rimane estasiato di fronte alla vista del panorama alpino che gli si apre di fronte. Ciò lo porta, nella ricerca di una giustificazione filosofica a tale visione, ad aprire una copia delle *Confessioni* di sant'Agostino che portava alla cintura e a leggere alla prima occhiata:

> Gli uomini giungono lì e contemplano le vette delle montagne e il mare sconfinato, i fiumi scroscianti, le onde dell'oceano e le orbite degli astri: non si accorgono però di loro stessi.

L'essere umano cerca di trovare nella natura un piacere estetico, ma per trovare un sollievo spirituale deve compiere un viaggio dentro sé stesso, guardare e conoscere il proprio paesaggio. Questa proposta agostiniana di guardare al proprio interno, di pensare che l'uomo, in quanto frutto del peccato originale, si possa salvare soltanto con l'aiuto della grazia divina, peserà come un macigno sui teologi fino alla comparsa della scolastica, e impedirà alla cristianità medievale la scoperta del paesaggio. Al contrario, a partire dagli apporti di san Bonaventura, che vede nella natura la manifestazione dell'esistenza di Dio, di Leonardo da Vinci, che scala il monte Monboso per amore della scienza, di san Francesco, che predica l'amore per gli animali e per la Madre Terra, e dalla riscoperta delle tesi di Pelagio, tanto care ai riformati poiché affermavano l'eccellenza della creazione e il libero arbitrio, ebbe inizio il cammino verso l'assunzione del paesaggio come spettacolo della modernità.

E mentre Francesco Petrarca sale verso le cime delle montagne, il suo collega Dante Alighieri scende verso l'Inferno per descriverci la sua geografia purificatrice, cosa che trova il suo corredo iconografico nell'opera di Giotto di Bondone, il quale produce un'importante innovazione nello stile pittorico con i suoi primi affreschi francescani nel senso di un aggravarsi dei movimenti, con il naturalismo monumentale e la prospettiva poetica degli episodi della vita e della passione di Cristo, e che culmina nell'*Uscita dall'Egitto*. Questa convinzione secondo cui il pittoresco è degno di essere dipinto trova la sua massima espressione nella narrativa spaziale di Ambrogio Lorenzetti e nella sua allegoria sul *Buono e cattivo governo di Siena*, nella serenità devota e nella beatitudine naturale con cui il Beato Angelico decora le celle di San Marco, nell'architettura costruita da Andrea Mantegna nel *Discorso dell'orto*, e che Domenico di Michelino sintetizza nel 1465 nel *Dante, i tre regni e Firenze* o *Dante e il suo poema*. Si tratta di salite e discese di un manipolo di intellettuali che seguono il loro cammino morale – paesaggio è natura e luce interiore – verso la felicità.

Questi esperimenti estetici e sentimentali di fronte alla natura sono seguiti da altri umanisti laici ed ecclesiastici. San Francesco è uno dei primi a liberare la *silva* e i suoi animali da qualsiasi connotazione diabolica. Dante ci fa una relazione scritta del suo passaggio dal Purgatorio alla Rocca Bismantova. Fazio degli Uberti descrive nella sua geografia in versi, *Il Dittamondo*, il panorama che si scorge dai monti dell'Alvernia. Leonardo da Vinci visita le nevi alpine del Monte Rosa, le ricrea in bozzetti e scritti, e fa delle descrizioni che vanno dall'orografia di Cipro agli effetti delle nubi sul Lago Maggiore, nonché una fantastica visione del Monte Tauro. Enea Silvio Piccolomini, poi papa col nome di Pio II, ci mostra una vista delle sue escursioni per i territori dello Stato Pontificio e della Toscana che, a giudizio di Jacob Burckhardt, «sembra tanto abituata ai vari aspetti della contemplazione, quanto quella di un uomo moderno qualsiasi»[1].

In questo insieme di testimonianze rinascimentali, l'uomo scopre il diletto profano del *kosmos*, inaugura una relazione di amicizia con l'ambiente e, quel che è più importante, viene abbandonato il

---

[1] J. BURCKHARDT, *La civiltà del Rinascimento in Italia*, Roma, Newton & Compton, 1994. Per quanto riguarda l'esperienza paradisiaca di Dante si veda l'interpretazione di P. CITATI, *La luce della notte. I grandi miti nella storia del mondo*, Milano, Mondadori, 1996.

contrasto tra l'*oikumène* civilizzata e il mondo ignoto che faceva affiorare di conseguenza la paura nei confronti degli esseri fantastici che, nell'immaginazione dei teologi e nelle descrizioni dei bestiari, lo abitavano, di modo che i grandi viaggi cesseranno di essere passaggi spirituali e si trasformeranno in spedizioni di esplorazione scientifica.

Gli stadi di questa evoluzione verso il trionfo del paesaggio sono irrefrenabili. Nel secolo XVI, Conrad Gesner plasmerà, nel suo *Epistola ad Jacobum Avenium de Montium Admiratione* in cui racconta i suoi studi sulle montagne, il sentimento estetico della conoscenza del paesaggio. Nel secolo XVII, il barometro al mercurio inventato da Evangelista Torricelli rese possibile la misurazione, da parte di Blaise Pascal, della base e dell'altezza del Puy-de-Dôme. Nel XVIII secolo, Horace-Bénédict de Saussure raggiunse con la sua squadra la vetta del Monte Bianco, unendo la bellezza delle descrizioni al lavoro scientifico mediante l'uso dell'igrometro capillare. Nel XIX secolo, per mezzo dell'alpinismo di matrice romantica e delle associazioni di naturalisti, si passò dal paesaggio simbolico a quello visuale. E nel secolo XX, in particolar modo nel 1953, il neozelandese Edmund Hillary, accompagnato dallo *sherpa* nepalese Tensing Butia, raggiunse la vetta dell'Everest nella catena dell'Himalaya, inaugurando una serie di pellegrinaggi sul tetto del mondo che si moltiplicheranno e che continuano ancora oggi. Intanto, la percezione dello spazio dall'aria, per mezzo di fragili aeroplani o di sofisticati reattori, rende chiara la geografia terrestre grazie al calcolo della distanza zenitale. Infine, il 21 luglio 1969 raggiunge il suolo lunare una capsula sganciatasi dal modulo spaziale *Apollo XI* e l'uomo pone per la prima volta piede sulla Luna. Conquistati in questo modo i siti della natura, come ci dice Manuel de Terán, «demistificata la Luna e iniziata l'esplorazione delle stelle, le montagne passano definitivamente dal *mythos* al *logos*»[2].

Durante quel lasso di tempo dell'età moderna che inaugurò l'era delle grandi scoperte geografiche, gli uomini hanno realizzato un cammino attraverso i quattro punti cardinali, alla ricerca degli ultimi resti di natura selvaggia: mari in burrasca, foreste impenetrabili, ar-

---

[2] M. DE TERÁN, *Del mythos al logos*, Madrid, CSIC, 1987, pp. 22 e segg. La riconciliazione dell'uomo industriale con la natura e il mito di una nuova Arcadia sono stati studiati da K. THOMAS, *Man and Natural World*, Londra, Penguin Books, 1983.

cipelaghi dispersi, poli di oscurità eterna, procedendo però alla loro antropizzazione attraverso la costruzione di opere umane. Senza dubbio, con la discesa sulla Luna e la scoperta dell'infinitezza dell'universo, il nostro pianeta si è convertito in un luogo di vita naturale dal quale al momento non si può fuggire, mentre le nostre esplorazioni hanno puntato in una direzione verticale. Essendo stato scritto troppo sulla terra e sul mare, la gente ha cominciato a guardare al cielo, per veder giungere popoli di altri mondi o per partire alla ricerca di questi. Guardiamo verso lo spazio che si apre oltre l'atmosfera terrestre attraverso gli occhi della Terra che sono i telescopi e gli osservatori astronomici. L'espansione del mezzo aereo e il controllo del sottosuolo per mezzo di miniere e piattaforme petrolifere, l'analisi dell'orografia sottomarina e delle faglie delle placche tettoniche realizzata da sottomarini e batiscafi hanno portato al dominio dell'uomo, dirigendo la luce della sua analisi scientifica in ogni direzione, sul paesaggio e all'aspirazione a controllare tutte le sue possibili dimensioni:

> A cavallo, in barca, in aereo, l'uomo ha conquistato progressivamente lo spazio orizzontale, vale a dire la superficie terrestre, riducendo progressivamente l'incommensurabile selva e l'oceano insondabile. Non esiste ormai nessuna comparazione possibile tra lo spazio orizzontale e il selvaggio. Le ultime macchie bianche sono ormai scomparse dalle mappe [3].

In questo senso la percezione del paesaggio deve essere interpretata come un processo intellettuale mutevole, dal momento che le immagini sono captate in maniera differente in ogni momento storico. «L'estetica del paesaggio è sempre in intima relazione con la visione che del mondo ha l'uomo», scrive José Jiménez Lozano ne *Los ojos del icono*. A ogni immagine, e il paesaggio è una di queste, corrisponde un supporto – dalla carta alla pietra, dalla pittura alla fotografia, dal cinema agli strumenti multimediali – e ognuno di questi presuppone un'evoluzione nel modo di guardare. Ciò consente di parlare di «età della vista» e, di conseguenza, di una sequenza di percezioni che vengono sostituite o si sovrappongono ad ogni mutamen-

---

3 B. LASSUS, *El patrimonio mixto...*, cit., p. 86.

to di supporto iconografico. Allo stesso tempo la percezione varia secondo la mentalità di chi guarda, poiché le immagini hanno letture distinte in funzione del referente da cui vengono contemplate, così come avviene per le «risposte» nate dalla dialettica tra ogni immagine concreta e lo spettatore che la vede[4].

Questa tipologia comincia a un certo punto a essere applicata all'organismo politico. Così vediamo Machiavelli affermare nel *Principe*: «in qualsiasi città si trovano due tipi di umore: da una parte, il popolo non desidera essere dominato né oppresso dai grandi, dall'altra i grandi desiderano dominare e opprimere il popolo; da questi due appetiti contrapposti nasce nella città (nello Stato) uno dei tre effetti seguenti: il principato, la libertà o il libertinaggio»[5]. La natura umana entra dunque in pieno nel discorso sul potere.

La stessa cosa veniva riconosciuta anche da Montaigne il quale, nei suoi *Essais*, constatò una corrispondenza tra le opere della natura e quelle della società. Questa influenza naturale è implicita nell'essenza dell'essere umano, quando: «attraverso l'esperienza tocchiamo con mano che la costituzione del nostro essere dipende dall'aria, dal clima e dal terreno in cui nasciamo, e non solo il colore della pelle, la statura, i tratti caratteriali, bensì anche le facoltà dell'anima». E continua: «le malattie e la condizione del nostro corpo si riflettono anche nello stato e nelle istituzioni». Dunque, come esseri umani e come sudditi siamo sottoposti all'influenza degli umori[6].

Questa teoria degli umori applicata al paesaggio politico culmina nell'opera di Jean Bodin *Les six livres de la République*. Dopo aver recepito la tradizione retorica di presentare gli elementi dello Stato come un tutto organico, che rappresenta l'interiorità del corpo uma-

---

[4] J. JIMÉNEZ LOZANO, *Los ojos del icono*, Salamanca, Caja de Ahorros, 1988, p. 88. M.P. DÍAZ BARRADO (a cura di), *Imagen e Historia*, in «Ayer», Madrid, 1996, 24, pp. 23-24. Per le manifestazioni della relazione che si stabilisce tra l'immagine e lo spettatore si veda D. FREEDBERG, *El poder de las imágenes. Estudios sobre la historia y la teoría de la respuesta*, Madrid, Cátedra, 1992, pp. 12 e segg. Per quanto riguarda il linguaggio delle immagini si può consultare l'opera di M.A. CASTIÑEIRAS GONZÁLEZ, *Introducción al método iconográfico*, Barcellona, Ariel, 1998.

[5] N. MACHIAVELLI, *Il Principe*, Torino, Einaudi, 1995, capitolo IX.

[6] M.E. DE MONTAIGNE, *Saggi*, Milano, Mondadori, 1996.

no, ricorre a questa similitudine per spiegare l'esistenza dei conflitti sociali. Assume inoltre due teorie molto usate dai pensatori barocchi: la successione delle quattro grandi Monarchie – assira, persiana, greca e romana – e delle quattro Età del mondo – oro, argento, bronzo e ferro – per passare poi a caratterizzare i popoli settentrionali e meridionali come sottoposti all'influenza del tipo di bile che dipende dall'idiosincrasia di ognuno di questi. Le condizioni geografiche influiscono dunque anche sull'attività politica, per cui l'uomo della Repubblica teorizzata da questo difensore dell'assolutismo, quando il suo spirito è libero dai vizi che gli offuscano la ragione: «considera con maggiore attenzione la diversità delle cose umane, la differenza tra le età, la contrarietà degli umori, l'altezza degli uni, la bassezza degli altri e il mutamento delle repubbliche, cercando sempre la causa degli effetti che gli sono manifesti»[7].

In seguito si moltiplicheranno gli esempi di comparazioni tra la psiche e il temperamento dei diversi paesi, come ad esempio fanno, nella Spagna del XVII secolo, Diego de Saavedra Fajardo – «i costumi dell'animo seguono il temperamento e la disposizione del corpo» – e Baltasar Gracián – «l'acqua si riempie delle qualità buone o cattive delle vene in cui passa, così come l'uomo del clima dove nasce»; e in Francia Nicolas Boileau – «i climi danno spesso umori differenti» – Nicolas Malebranche – «l'aria che viene respirata causa anche qualche cambiamento nello spirito» – e Blaise Pascal – «Non c'è niente di giusto o ingiusto che non cambi le sue qualità al variare del clima [...] tre gradi più vicini al polo cambiano la giurisprudenza, un meridiano decide circa la verità». E Miguel de Cervantes farà lo stesso nella prima parte del *Don Quijote*.

Nel 1784 il viaggiatore spagnolo José Moreno farà una caratterizzazione dei turchi utilizzando la combinazione di tre principi: «La natura e il clima li rendono deboli; la loro religione, prevenuti; i costumi orientali, superstiziosi». Nello stesso senso procederanno alcuni tra gli autori più importanti del Secolo dei Lumi, dal già citato barone de Montesquieu al preromantico Johann Herder, per culminare nella formulazione ottocentesca della geografia scientifica ad opera di Alexander von Humboldt, la cui metodologia non dimentica la

---

[7] J. BODIN, *Les six livres de la République*, Parigi, 1575, I, I.

contemplazione estetica della natura e tutto ciò che dà carattere individuale a un paesaggio in grado di scuotere l'anima umana. Come scrive Diego Romero de Solís, l'anima del paesaggio è la poesia che ci dà la possibilità di superare la paura ancestrale, un'ideale della ragione per guardare il mondo attraverso l'intelligenza e la sensibilità, e il paesaggio del paesaggio è la prospettiva che permette di contemplare l'orizzonte attraverso la luce dell'animo umano[8].

Il concetto di paesaggio è stato costruito lentamente dalla cultura occidentale, come testimoniato dalla lingua. La parola «paesaggio» è una creazione moderna, che ritrova dei precedenti in sinonimi che descrivono lo stato d'animo di quanti contemplavano un territorio, e verrà applicato alle componenti estetiche della natura vista con gli occhi di letterati e pittori. Le civiltà che non posseggono il concetto di paesaggio hanno una visione del cosmo diversa da quella europea – il «paesaggio dei popoli senza paesaggio» – ed esprimono con termini culturali privativi il loro rapporto con la natura.

In Occidente la natura fu fonte di ispirazione, per la sua intrinseca bellezza, per gli autori classici, che descrissero con sentimenti lirici la contemplazione del valore estetico di quello che noi conosciamo come paesaggio. La percezione artistica del mezzo è presente nella vista dell'uomo antico, che nella sua visione unificatrice rifletteva gli attributi delle sue divinità nelle proprietà materiali degli esseri e delle cose del creato, come dimostra Omero in diversi passi dell'*Odissea*:

> All'isola remota giunse infine [Odisseo] e qui prese terra lasciando le acque violacee; dritto camminò verso la vasta grotta, residenza della ninfa dai capelli dalle belle trecce. Lì stava ella, un gran fuoco illuminava la casa, l'odore del larice e del cedro ben tagliato, bruciando, profumata lasciava l'isola fino al largo. Cantava ella dentro con voce melodiosa e tesseva al telaio con un filo d'oro. Alla grotta fungeva da recinto un frondoso boschetto di fragranti cipressi, di salici e pioppi, in cui avevano costruito il loro nido api dalle rapide ali, lodolai e gufi, e gazze marine di quella razza che vive sul mare seguendo le onde.

---

[8] D. ROMERO DE SOLÍS, *El alma del paisaje*, in *Paisaje mediterráneo. Catálogo de la exposición de la Expo 92 en Sevilla*, Madrid, Electa, 1992, pp. 68-73. La citazione del viaggiatore è tratta da J. MORENO, *Viage á Constantinopla, en el año 1784*, Madrid, 1790. Le analisi scientifiche del paesaggio annoverano tra i loro pionieri A. VON HUMBOLDT, *Cosmos. Essai d'une description physique du monde*, Parigi, Gide et J. Baudry, 1849.

Nello stesso recinto e intorno alla concava grotta si stendeva una vigna rigogliosa, ricca di tralci. Quattro fonti in fila, vicine le quattro coi loro getti d'acqua, spargevano ai diversi lati la luce dei loro zampilli; un delicato giardino di violette germogliava tutto intorno: perfino un dio che si fosse avvicinato a quel luogo sarebbe rimasto stupito godendo nel suo cuore [9].

E lo stesso accade in ambito pittorico dove, con il precedente allegorico dei calendari medievali e con le successive valorizzazioni della natura operate dai francescani e dall'Umanesimo, i paesaggi appaiono come sfondo per i personaggi delle Sacre Scritture. A questi sfondi pittorici, inventati o copiati da maestri e discepoli, i contemporanei cominciano a porre dei nomi, facendo derivare da *pagus* e *pagani*, dal campo e dai contadini, la parola *paese*, con la quale si indicano gli scorci silvani a partire dal momento in cui la foresta cessa di essere avvertita come pericolosa per l'uomo. In questo senso, fra' José de Sigüenza, alla fine del XVI secolo, definisce i paesaggi ritratti nei dipinti di Juan Fernández Navarrete come «carichi di una grazia del tutto particolare» e «pieni di arbusti e frescura». Pedro Calderón de la Barca apre *Il gran teatro del mondo* con una presentazione dell'autore che, coperto da un manto di stelle, declama: «Hermosa compostura/ de esta varia inferior arquitectura,/ que entre sombras y *lejos*/ a esta celeste usurpas los reflejos,/ cuando con flores bellas/ el número compite a sus estrellas,/ siendo con resplandores/ humano cielo de caducas flores». E torna sullo stesso tema in *El pintor de su deshonra*: «Y verá en ellos/ que aunque el favor los anima,/ andan en visos y *lejos*/ rebozados los favores/ a sombra de los desprecios» [10]. Da

⁹ OMERO, *Odissea*, Milano, Hoepli, 1994.

¹⁰ J. DE SIGÜENZA, *Historia de la Orden de san Jerónimo*, Madrid, Bailly-Baillière, 1909, II, libro IV, pp. 549-550, citato da J. YARZA LUACES, *Los* lejos *en la pintura tardogótica*, in *Los paisajes del Prado*, Madrid, Nerea, 1993, p. 29. P. CALDERÓN DE LA BARCA, *El gran teatro del mundo*, Barcellona, Crítica, 1997, p. 3 (a cura di J.J. Allen e D. Ynduráin). P. CALDERÓN DE LA BARCA, *El pintor de su deshonra*, I, 8, Madrid, Cátedra, 2000. I corsivi nelle citazioni sono nostri. La metafora della pittura come finestra si trova in F. TOMÁS, *Escrito, pintado*, Madrid, Visor, 1998, pp. 121 e segg. Su una lunghezza d'onda simile J. GÁLLEGO, *El cuadro dentro del cuadro*, Madrid, Cátedra, 1978. Esempi pittorici di *lejos* si possono ritrovare ne *Las tablas flamencas en la Ruta Jacobea. Catálogo de la exposición de la Fundación Santander Central Hispano. Oviedo/San*

parte sua la marchesa di Mantova Isabella d'Este, incaricando il suo agente artistico veneziano di acquistare quadri che seguano lo stile di Giorgione e di Tiziano, pone come condizione che abbiano dei bei *lontani*[11]. All'epoca era d'altronde usuale parlare in italiano di *pittore di paesi*, termine il cui uso appare già nei *Commentarii* di Lorenzo Ghiberti. E il pittore e trattatista Francisco de Hollanda, nei suoi *Dialoghi romani*, scritti in portoghese, usa il termine *paisagems* per riferirsi agli stessi sfondi.

Senza dubbio bisognerebbe fare una distinzione maggiore in merito alle parole, come hanno fatto il trattatista spagnolo Francisco Pacheco nella sua *Arte della pittura*, che distingue tra *países*, che sono i quadri paesaggistici propriamente detti, e *lejos*, complementi paesaggistici dipinti sullo sfondo di molte composizioni; il lessicografo inglese Thomas Blount nel suo *Glossographia*, il quale stabilisce una differenza tra *érgon*, il corpo o centro dell'opera, e *parergon*, quanto non è parte dell'argomento centrale del dipinto; lo studioso Antonio Palomino in *Il museo pittorico e la scala ottica*, che concepisce la pittura paesaggistica in due maniere, vale a dire una nella quale la storia si sottomette al paesaggio e una, al contrario, in cui è il paesaggio che si sottomette alla storia[12]. Da ciò risulta che, nelle lingue romanze, questi *países*, *lejos*, *paisagems* o *lontani* diedero luogo a un concetto mediante il quale si esprimeva la bellezza del mondo in maniera esplicita: *paisaje* in spagnolo, *paese* e *paesaggio* in italiano, *paysage* in francese; il significato etimologico di *vistas*, inteso come estensione di territorio che si abbraccia con un'occhiata, sta invece all'origine

---

Sebastián, Logroño; alcuni di essi sono: il *Trittico della Vergine* del Maestro di Francoforte, gli anonimi *Vergine con il Bambino* e *La Vergine del Pappagallo*, *L'Assunzione* di Ambrosius Benson, *L'Annunciazione* di Joos van Cleve, *L'Adorazione* di Adrian Isenbrant, *La Vergine col Bambino* di Marcellus Coffermans. A proposito dell'evoluzione del paesaggio in questo contesto si vedano le pagine 141-178.

[11] Citato in J. FLETCHER, *Isabella d'Este and Giovanni Bellini's* Presepio, in «Burlington Magazine», Londra, 1971, CXIII, pp. 708 e segg. Al proposito si veda anche F. CALVO SERRALLER, *Concepto e historia de la pintura de paisaje*, in *Los paisajes del Prado*, Madrid, Nerea, 1993, pp. 11-28.

[12] Citato in J. MILICUA, *Velázquez y el paisaje*, in *Los paisajes del Prado*, cit., pp. 207-222. Si veda anche T. BLOUNT, *Glossographia, or a Dictionary Interpreting all such Hard Words [...] as are now used in our refined English Tongue...*, Londra, Thos. Newcomb, 1656.

del paesaggio attuale nelle lingue germaniche, anglosassoni e slave: *landschaft* in tedesco, *landskip* in olandese, *landscape* in inglese, *landsaft* in russo eccetera.

Nonostante ciò, in Spagna i sinonimi *país* e *paisaje*, derivati etimologicamente da *pagus*, campo, benché citati da diversi autori – Lope de Vega, Calderón de la Barca, Baltasár Gracián e altri – non furono raccolti dal lessicografo Sebastián de Covarrubias nel suo famoso *Tesoro de la lengua castellana o española* perché poco usati nel linguaggio quotidiano, e non vennero incorporati nel *Diccionario de Autoridades* fino al 1737, mentre negli altri idiomi vicini lo furono poco prima in forma di gallicismo, convivendo durante il secolo dei Lumi entrambi i termini – «país» e «paisaje».

In questo modo, dunque, la pittura paesaggistica ha fissato le tappe attraverso cui è passato il nostro concetto di natura, di modo che, seguendo quanto detto da Kenneth Clark, si susseguono i seguenti tipi di paesaggio: simbolico, in cui l'inquietudine medievale prodotta dalla selva ammetteva soltanto l'esistenza di oggetti che avessero una minima relazione con la sua apparenza reale; di fantasia, plasmato nelle forme disordinate e boscose di Matthias Grünewald e Albert Altdorfer, frutto dell'oscurità e della ferocia della mente umana; ideale, imbevuto dello spirito aureo e della poesia arcadica, a partire dagli alberi di Tiziano per arrivare all'atmosfera dorata e ai contorni ondulati di Giorgione; naturale, quando il mezzo viene considerato un universo meccanico che funziona secondo gli ordini del sentire comune, realismo che si concretizza nei quadri di John Constable; infine romantico, quando Joseph Turner si mostrò precursore degli impressionisti e nei suoi quadri il colore non solo perseguiva la grandezza e la gloria, ma cercava anche di captare la natura della luce [13].

Benché possa sembrare paradossale, si cominciò dunque a prendere coscienza del paesaggio naturale nel momento in cui si iniziò ad agognare e idealizzare la campagna vista dalla città, e si iniziò ad adottare misure protezioniste nello stesso momento in cui si contaminava e si distruggeva il territorio. Per questo la percezione dello spazio circostante da parte dei contadini va unita alle variazioni cli-

---

[13] K. CLARK, *El arte del paisaje*, Barcellona, Seix Barral, 1971.

matiche, che rendono fertile o fanno perdere i frutti del lavoro degli agricoltori e facilitano od ostacolano quello dei pastori. Al contrario, per gli abitanti delle città il nuovo incontro temporale con la natura provocava una specie di catarsi, un rilasciare sentimenti estetici di fronte alla novità che contemplano e che è il contrario della loro quotidianità. Da qui deriva il fatto che i primi francescani, come gli ecologisti dei nostri giorni, fossero di estrazione urbana, non associassero la campagna al lavoro ed accostassero l'ambiente alla divinità gli uni, al sociale gli altri; con ciò non si vogliono però riconoscere come una vetta di giustizia le argomentazioni del conservazionismo attivo.

D'altra parte le origini ottocentesche di quest'ultimo, plasmate nella politica dei parchi nazionali volta alla protezione dell'ambiente, si rintracciano a partire dal momento in cui le innovazioni tecnologiche della rivoluzione industriale cominciano a perforare il suolo alla ricerca di minerali e fonti di energia, profanano montagne e fiumi con il tracciato delle vie di comunicazione, modificano le arti della pesca e si addentrano nelle profondità mediante trivellazioni e sottomarini. L'intero creato, tanto nella sua accezione religiosa quanto in quella geologica, viene sacrificato al dio borghese del progresso. In breve si può affermare che la prospettiva di chi abita in un paesaggio è differente rispetto a quella di chi lo guarda e, mentre l'abitante della città idealizza gli incanti della campagna ignorando le sue contropartite reali, il contadino patisce la quotidianità del mondo rurale. Félix de Azúa fa derivare ciò dall'origine stessa della città quale luogo di rifugio contro la natura, dove vige la legge di Dio, per cui la vita agreste viene sempre idealizzata dagli abitanti delle città e non dai contadini. La contemplazione di un paesaggio poi è, per l'uomo contemporaneo, un esercizio valido per perfezionare alcuni sensi che sono stati atrofizzati dalla città o si sono diluiti nella rigorosità della natura.

Una volta appreso il vocabolo paesaggio e incorporato nel proprio bagaglio culturale dall'Europa moderna, le sue definizioni contemporanee diventano polisemiche e polivalenti, mescolandovisi le visioni scientifiche e amministrative con le interpretazioni ideologiche della realtà. Su questo aspetto richiama l'attenzione Augustin Berque, secondo il quale la parola paesaggio ha una connotazione ambivalente che gli deriva da due aspetti incompatibili: da una parte, il circondario reale o paesaggio su scala naturale, privo di discipline scientifiche, dall'altra le rappresentazioni dello stesso paesaggio mediante parole o immagini, debitrici dell'evoluzione delle idee estetiche. In realtà, l'autore non fa altro che constatare la dualità di correnti che nello studio del paesaggio si sono venute cristallizzando nell'ultimo decennio: una scientifica, che crede nell'esistenza di leggi e simboli permanenti nella percezione della natura che ci circonda, come possono essere la prospettiva, il rifugio e la variabile del rischio nell'organizzazione dello spazio antropizzato, l'altra storica, che concepisce il paesaggio come un prodotto culturale che varia con il trascorrere del tempo, dato che a causa di alcune matrici di percezione – ecologica, cosmografica, analogica e «tecno-ottica» – è andata cambiando la sensibilità dell'uomo rispetto alla natura [14].

Ciò ha trasformato il paesaggio in una voce ambigua e al tempo stesso astratta, impiegata da professionisti di differenti discipline artistiche e scientifiche, cosa che ha portato a rafforzare la sua identità nello sfondo, ma anche a differenziarlo nella forma dell'interpretazione. Così per esempio, facendo un succinto e selettivo ripasso pluridisciplinare della bibliografia paesaggistica, e prendendo esempi rappresentativi di differenti scuole ed epoche, alla metà del nostro secolo il filosofo José María Sánchez de Muniain definiva il paesaggio come «una visione parziale o analitica della natura». Questo pensiero, proprio della nostra epoca, costituisce un patrimonio culturale e affettivo che stimola la percezione, e mentre gli antichi cercavano di scoprire la bellezza di tutte le cose, l'uomo moderno si affanna nel tentativo di guardare tutte le cose come se fossero belle.

Da parte sua il filosofo Bernard Lassus vede una dualità nel concetto di paesaggio, vale a dire «uno sguardo prolungato, una panoramica estesa, e la presenza fisica degli elementi che compongono il campo visuale». Ovvero, il che è poi lo stesso, distingue tra il quadro

---

[14] A. BERQUE, *El origen del paisaje*, in «Revista de Occidente», Madrid, febbraio 1997, 189, pp. 7-21. Questa corrente scientifica ha il suo caposcuola in J. APPLETON, che esprime la sua «teoria dell'habitat» nei seguenti lavori: *The Experience of Landscape*, Chichester, Wiley&Sons, 1975; e in *The Symbolism of Habitat: An Interpretation of Landscape in the Arts*, Washington, University Press, 1990. La corrente storico-culturale è riaffermata da C. FITTER, *Poetry, Space, Landscape. Towards a New Theory*, Cambridge, Cambridge University Press, 1995.

e lo spazio concreto formato dai motivi od oggetti della composizione, cosa che obbliga lo spettatore a stabilire vincoli tra le due sfere della contemplazione[15].

Al contrario, un gruppo di ingegneri coordinato da María Escribano ritrovano tre caratteristiche distinte nel paesaggio: *a*) estetica, riferita alla combinazione armonica di forme e colori del territorio e alla sua rappresentazione artistica; *b*) ecologica o geografica, nella quale si analizzano i sistemi naturali che lo integrano; *c*) culturale, quale scenario dell'attività umana sul quale operiamo come modellatori di quanto ci circonda[16].

Possiamo dunque sostenere che questi autori finiscono per creare un sistema di definizioni che, benché contempli le diverse accezioni del paesaggio, distingue i significati artistici da quelli scientifici.

Lo storico dell'arte Richard Turner ci mostra come esista una barriera percettiva tra paesaggio naturale e culturale. Il primo è quello che porta Colombo, attraverso l'uso di «mappe spirituali», a intraprendere un viaggio nel quale si supera la dicotomia tra ecumene e mondo ignoto, meravigliandosi al suo arrivo nelle Indie, credendo di essere giunto nel Paradiso Terrestre. Il secondo è più vicino a noi nel tempo, guidato da una cartografia geometrica e rappresentato da una pittura che pretende di possedere lo spazio, cosa che ci ha portato a vedere il territorio attraversato in un modo «cinematico», in una successione di sequenze simili ai fotogrammi cinematografici o alle vignette[17].

In un lavoro dell'agronomo Ignacio Cañas il paesaggio viene valutato da quattro punti di vista diversi: filosofico, incentrato sulla bellezza dell'oggetto e del soggetto; quello basato sul possesso di attributi – fisici, artistici, sensoriali; psicologico, dato dall'impatto di uno spazio sul soggetto che lo guarda; infine, quello basato sulle caratteristiche degli osservatori, residenti come visitatori[18].

---

[15] B. LASSUS, *El patrimonio mixto...*, cit., p. 83.

[16] M.d.M. ESCRIBANO, M. DE FRUTOS, E. IGLESIAS, C. MATAIX, e I. TORRECILLA, *El paisaje*, Madrid, MOPU, 1987, pp. 7 e segg.

[17] R. TURNER, *Del paraíso terrenal al paisaje planetario. Italia en el siglo XV*, in *Los paisajes del Prado*, Madrid, Nerea, 1993, pp. 54-67.

[18] I. CAÑAS GUERRERO, *Introducción al paisaje*, Madrid, Escuela Técnica Superior de Ingenieros Agrónomos, 1995, pp. 2-5.

Da parte sua, l'aspetto sociale e culturale che il geografo Eduardo Martínez riconosce alla percezione del paesaggio porta l'autore a dire che

Il paesaggio è un luogo e la sua immagine. È una realtà fisica, un nido di problemi territoriali ed è al tempo stesso un modo di intendere e di relazionarsi – non necessariamente in maniera materiale – con i suoi abitanti. È anche una figurazione e una configurazione. Quest'ultima si compone di elementi e parti, di oggetti, di unità di paesaggio e di associazioni di unità che sono oggettivamente definibili e cartografabili. Queste parti posseggono una struttura interna che è l'elemento costitutivo di base del paesaggio. In questo modo, questo è più di una visualizzazione o un panorama percepito dal di fuori (è un «di dentro») e al tempo stesso più di uno scenario con figure (è costituito anche da elementi vivi in organizzazioni morfologiche e soprattutto può essere composto da apporti antropici, vale a dire, nella maggior parte dei casi, storici) [19].

Infine, l'ingegnere ed economista Miguel Aguiló approfondisce il concetto di paesaggio attraverso l'uso del termine «luogo», inteso come nesso tra la natura e l'opera umana, i cui componenti sono il mezzo fisico, le attività e i significati, che presentano una serie di relazioni funzionali fra di loro:

[...] la comparsa del concetto di luogo rappresenta una trasformazione qualitativa sostanziale nelle relazioni spaziali e di carattere esistenti nel territorio: altera la sua dinamica e dà luogo alla sua completa riorganizzazione [...] I luoghi possiedono un alto contenuto di informazioni e muovono emozioni e sentimenti. Sono per questo aspetto desiderabili, e da ciò deriva l'interesse per migliorare la loro conoscenza [20].

---

[19] E. MARTÍNEZ DE PISÓN, *La percepción del paisaje*, in *Homenaje a Julián Marías*, Madrid, Espasa-Calpe, 1984, pp. 447-466.

[20] M. AGUILÓ, *El Paisaje construido. Una aproximación a la idea de lugar*, Madrid, Colegio de Ingenieros de Caminos, Canales y Puertos, 1999, pp. 14 e segg. La comparsa di questo eccellente libro è coincisa con la conclusione del presente lavoro, per cui è stato possibile consultarlo soltanto nel breve lasso di tempo che va dalla consegna del manoscritto alla correzione delle bozze di stampa, il che non toglie che esso analizzi alcuni dei luoghi che, da parte nostra, sono stati chiamati il «mondo colto» – porti, ponti, castelli, monasteri, città. Qualcosa di simile è accaduto con l'opera collettiva a cura di J. GÓMEZ MENDOZA, *Los paisajes de Madrid: naturaleza y medio rural*, Madrid, Alianza y Fundación Caja Madrid, 1999, che pone in rilievo la varietà di un territorio che crediamo tra i più uniformi, come è il caso di quello madrileno.

Davanti a una tale varietà di interpretazioni – in molte delle quali si ripete in maniera inconscia il termine ottico, fotografico e pittorico *enfoque* in una sorta di retrospettiva storica – ed essendo consci del fatto che questa ricchezza teorica si può sintetizzare nella dualità estetica e scientifica del paesaggio, ci accosteremo alla storia della sua percezione e della sua costruzione attraverso un metodo interdisciplinare; il paesaggio è uno, ma le sue visioni sono svariate. Da qui la difficoltà che incontriamo nel costruire un modello che permetta di comprendere e sintetizzare tutti gli elementi del paesaggio antropizzato. Sappiamo inoltre che i paesaggi sono mutevoli in funzione di una molteplicità di criteri: il punto d'osservazione, l'alba o il crepuscolo, le condizioni meteorologiche, l'urbanizzazione, l'organizzazione dello spazio e la gestione del territorio, le classi sociali, i regimi politici, i sistemi economici, le attività materiali, il verso ascendente o discendente del passaggio, gli stati d'animo, l'età, il mezzo di trasporto, il periodo storico, sono tutti elementi che concorrono a influenzare la percezione del paesaggio da parte dell'individuo.

Tutti i paesaggi presentano componenti oggettive e soggettive, il che conferisce loro una bellezza statica e una varietà dinamica. Gli elementi oggettivi sono: *a*) la luce, radiazione che rende possibile la vista; *b*) il colore, impressioni che i raggi della luce riflessi da un corpo producono e che vengono recepiti dall'individuo per mezzo della retina; *c*) la composizione, che include la grandezza, la figura, il movimento e la forma; *d*) la vita in tutte le sue manifestazioni – umana, animale, vegetale, minerale – che ci fa entrare in sintonia con il paesaggio e che lo dota di grazia, bellezza e sensualità; *e*) il clima, il cielo e l'orizzonte, che ci danno la prospettiva, senso di infinito e di orientamento.

I fattori soggettivi si riferiscono ai cinque sensi, dal momento che il paesaggio non viene compreso solo per mezzo della sua contemplazione, ma anche attraverso le sensazioni che derivano dall'udito, dal tatto, dall'olfatto e dal gusto; è la somma di queste componenti a dare come risultato la percezione[21].

---

[21] Per una teoria filosofica sulla percezione, si può consultare il libro di D.M. LOWE, *Historia de la percepción burguesa*, Città del Messico, FCE, 1986. Per quanto riguarda le componenti oggettive del paesaggio si vedano le opere di A. FERRAZ FAYOS,

Per questo, anziché elaborare una teoria generale che analizzi la storia della percezione del paesaggio moderno, mi limiterò all'applicazione di uno schema interpretativo che si adatti alla nostra visione polisemica della natura e che faccia riferimento a un metodo interdisciplinare interno al campo delle scienze sociali volto alla ricerca e all'analisi delle fonti. Quanto a queste ultime, esse sono estremamente varie, così come varie sono le discipline che si occupano del tema: arte, geografia, letteratura, architettura, antropologia, urbanistica, ecologia, politica, economia, ingegneria, botanica ecc. Ma per non perderci in questo marasma di documenti, e sapendo bene che le descrizioni evolveranno alla stessa maniera delle grandi categorie culturali – Rinascimento, Barocco, Illuminismo, Romanticismo – le classificheremo ed esemplificheremo in tre tipi che faranno riferimento a una percezione statica, transeunte e immaginaria.

Il primo tipo di percezione, quella statica, si ritrova in autori che volgono il loro sguardo intorno a sé stessi e annotano le impressioni prodotte da quanto li circonda quotidianamente. Ciò può avvenire anche in un breve lasso di tempo, come nel caso dell'anonimo cronista al seguito delle truppe spagnole durante l'assedio e la seguente presa di San Quintino, il quale annota: «San Quintino è più grande di Madrid [...] È situata su un'altura, e intorno ci sono delle valli dove si trova il campo coperto dalla terra sollevata dall'artiglieria che spara dalla città»²². Oppure questi artisti passarono la loro vita in una terra che conoscono come il palmo delle loro mani, e questa visione per così dire «sedentaria» del paesaggio si trova in quantità più abbondanti negli archivi locali, notarili e parrocchiali.

Teorías sobre la naturaleza de la luz: de Pitágoras a Newton, Madrid, 1974, e di T. MORENO RIVERO, *El color: historia, teoría y aplicaciones*, Barcellona, Ariel, 1996. Sul linguaggio delle immagini e sui suoi elementi, J.C. SANZ, *El libro de la imagen*, Madrid, Alianza, 1996. Stimolante per i sensi è l'opera di E. FERRER, *Los lenguajes del color*, Città del Messico, Fondo de Cultura Económica, 1999 (con introduzione di J. HIERRO), nella quale viene rivisitato, facendo ricorso a un'esplosione cromatica, il colore nella storia, nelle religioni, nell'arte, nella letteratura, nella pittura, nella musica, la sua grammatica e la sua simbologia.

²² Citato in F. DÍAZ-PLAJA, *Historia de España en sus documentos. Siglo XVI*, Madrid, Cátedra, 1988, p. 319.

Il secondo tipo di percezione, quella transeunte, è propria dei viaggiatori, degli ambasciatori, dei mercanti, degli avventurieri, insomma di quelli che potremmo chiamare «uomini in transito». Tra questi testimoni abbondano le autobiografie romanzate, nelle quali lo storico deve essere abile a riconoscere quanto è vero da quanto invece è frutto dell'invenzione retorica dell'autore, come nel caso del capitano Alonso de Contreras, il quale si attribuisce da solo il titolo di cavaliere di San Giovanni, anche se la cosa più probabile è che non fosse più di un corsaro e mercenario. Nei suoi spostamenti per tutto il Mediterraneo tra il 1595 e il 1630, egli traccia descrizioni paesaggistiche reali, come quella dell'isola di Lampedusa o della Morea. Accanto a questi casi di descrizioni fedeli, si trovano letterati che incorporano ai loro argomenti dei «fotogrammi» a volte molto coloriti. Il caso più noto è, senza dubbio, quello di Miguel de Cervantes, che chiamava i paesaggi «visioni di ricreazioni» e che in molti passi del *Don Chisciotte* associa dati molto precisi dell'itinerario seguito dai suoi protagonisti con descrizioni di paesaggi che l'autore conobbe da soldato e poi da schiavo [23]. A volte le informazioni sono un ibrido di esperienza reale e narrazioni inventate, come è testimoniato dall'opera dell'aristocratico polacco Jan Potocki. Nel suo *Viaggio in Turchia ed Egitto* si comporta come un turista attento che fa descrizioni molto fedeli di Costantinopoli, mentre nel famoso *Manoscritto di Saragozza*, benché sia utilizzato uno stile realistico, finisce per imporsi la fantasia dell'erudito romantico [24]. Da ultimi, ci sono gli annali annotati nei diari di viaggio, come nel caso del genere gerosomilitano, in cui i pellegrini diventano amanuensi del loro viaggio in Terra Santa. Questa contemplazione effi-

---

[23] M. CERVANTES, *El Quijote*, Madrid, Real Academia Española, 2004, prima parte, capitoli VIII, XV e XXIII; M. CERVANTES, *Novelas ejemplares*, Madrid, Espasa-Calpe, 1976, pp. 82, 111 e 140. Dal punto di vista letterario si è soliti identificare gli scenari naturali con il paesaggio e gli spazi aperti, come accade nella classificazione proposta da J.A. PÉREZ RIOJA, *Diccionario de personajes y escenarios de la literatura española*, Barcellona, Península, 1997, senza però tralasciare altre tipologie urbane, immaginarie o meno.

[24] J. POTOCKI, *Viaje a Turquía y a Egipto*, Barcellona, Laertes, 1992, pp. 60 e 62; anonimo, *Manuscrito encontrado en Zaragoza*, Madrid, Alianza, 1971, pp. 50 e 86 (con introduzione di J. CARO BAROJA).

mera è estremamente abbondante negli archivi privati, nelle biblioteche e nelle emeroteche.

Il terzo e ultimo tipo di percezione, immaginario, frutto delle costruzioni mentali, presenta riferimenti sociali, religiosi e spaziali. Le aspirazioni al mutamento del sistema economico e del regime politico vigenti diedero luogo al genere utopico, dalla *Repubblica* di Platone all'*Utopia* di Tommaso Moro, dalla *Città del sole* di Tommaso Campanella alle *Lettere persiane* del barone di Montesquieu, per arrivare ai *Viaggi di Gulliver* di Jonathan Swift. I paesaggi dell'eternità sono basati su archetipi che si perpetuano con leggere varianti nel corso dei secoli: c'è sempre un inferno per il castigo e un paradiso come premio, così come ci sono una serie di luoghi intermedi che mutano di nome e funzione in relazione a ciascun credo confessionale. Da ultimo c'è una schiera molto nutrita di autori che utilizzano, nelle loro descrizioni, i luoghi prediletti dall'immaginario. In alcuni casi perché mancano delle conoscenze e del linguaggio adatti a narrare quanto avevano davanti, per cui anziché far ricorso a una spiegazione razionale e all'uso di neologismi preferiscono esagerare la loro impresa (è quello che accadde a Cristoforo Colombo nelle sue descrizioni del viaggio che lo portò a quelle che lui riteneva essere le Indie). In altri autori invece si ritrovano allo stesso tempo fantasia e disprezzo per l'obiettività, come nel caso di Amaro Centeno, nativo di Puebla de Sanabria, che pubblicò a Cordova nel 1595 una *Historia de las cosas de Oriente* nella quale pretende di fare una descrizione della Tartaria, dell'Egitto e del regno di Gerusalemme quando, in realtà, non uscì mai dalla Spagna e si limitò a tradurre vari libri di autori precedenti[25]. Altri ricorrono, nel campo della finzione, alla percezione verticale e alle prospettive temporali e spaziali, come fa Erasmo da Rotterdam nell'*Elogio della follia*. Queste visioni ideologiche finiscono per passare nell'immaginario collettivo e si ritrovano tanto nelle arti figurative e nella letteratura, quanto nella tradizione orale.

---

[25] Biblioteca Nacional de Madrid, *Manuscritos y raros*, R. 443; A. Centeno, *Historia de las cosas del Oriente*, Cordova, Imprenta de Diego Galván, 1595. Nella prima parte traduce dal toscano la *Historia de las cosas del Levante* di fra' Hayton Armenio, mentre nella seconda fa una sintesi di opere anteriori come la *Historia de los Césares* di Pedro Mexía, le *Pontificales* di Gonçalo de Illescas, la *Historia de los Turcos* di Vicente Roca, le *Áfricas* di Luis de Mármol e le *Monarquías* di Fray Juan de Pinedo.

La percezione del paesaggio si trasforma di pari passo con il mutare del mondo in cui viviamo, ogni volta meno rurale e più industrializzato e, come già detto nella prefazione, vogliamo trattarla in ciascun capitolo in tutta la sua ampiezza sensoriale. Poiché dunque il paesaggio è frutto di un dibattito permanente tra l'uomo e il suo ambiente, facciamo nostra la gerarchia aristotelica dei cinque sensi, nella quale la vista ricopre il ruolo più importante, perché ci rende possibile la conoscenza di quanto ci circonda. Tuttavia non rinunceremo a fare una seppur breve descrizione estetica degli altri quattro sensi, i quali genereranno immagini differenti man mano che i progressi tecnologici modificheranno la capacità percettiva degli uomini, fino a inserire ogni unità paesaggistica che analizziamo in un'atmosfera nella quale regnano completamente i sensi.

Su questa strada siamo d'accordo con le considerazioni artistiche e anatomiche di Leonardo da Vinci, il quale definiva i sensi come gli ausiliari dell'anima che, a sua volta, è localizzata laddove risiede il giudizio. È qui, e non nel corpo, che si registra la percezione delle cose, come argomenta il saggio fiorentino:

> I teorici antichi sono giunti alla conclusione che la facoltà intellettiva concessa all'uomo è stimolata da uno strumento al quale sono collegati i cinque sensi per mezzo dell'organo della percezione. A questo strumento è stato dato il nome di «senso comune» [...] Le immagini degli oggetti che ci circondano sono trasmessi ai sensi e i sensi le trasmettono all'organo della percezione. L'organo della percezione le trasmette a sua volta al «senso comune» e per mezzo di questo sono registrate nella memoria e trattenute [...] Il senso che si trova più vicino all'organo della percezione funziona con una maggiore velocità. E questo è l'occhio, la guida principale degli altri [...] L'occhio, che è la finestra dell'anima, è l'organo principale attraverso il quale la comprensione può avere la più completa e magnifica visione delle infinite opere della natura [26].

Nell'antichità classica questa tematica veniva sviluppata nell'ambito letterario, ma non in quello figurativo; i testi greco-latini serviranno però da modello per le riflessioni e l'iconografia delle età po-

---

[26] L. DA VINCI, *Quaderni d'anatonia*, Roma, Trec, 1987. Si veda l'opera di J. BERGER, *El sentido de la vista*, Madrid, Alianza, 1990.

steriori. Così, per esempio, in epoca moderna si riprenderà l'opinione aristotelica espressa nelle opere *De anima* e *De sensu et sensatu* circa l'impatto delle impressioni sensoriali sull'anima attraverso il corpo. Questa concezione rimane dominante nelle rappresentazioni dei sentimenti a partire dall'astrazione concettuale del medioevo fino alla sensualità barocca e neoclassica, dando luogo alle seguenti tre tipologie: *a*) l'associazione con animali: la lince, l'aquila e il gatto per la vista; il topo, il cinghiale e il cervo per l'udito; l'avvoltoio e il cane per l'olfatto; la scimmia per il gusto; il ragno e la tartaruga per il tatto; *b*) le somiglianze umane: la persona che guarda in uno specchio per la vista; quella che suona uno strumento musicale per l'udito; quella che coglie fiori o frutti per l'olfatto; quella che assapora cibi appetibili per il gusto; la donna che pizzica l'arpa o l'uomo che accarezza un seno femminile per il tatto; *c*) gli organi sensoriali: occhi, nasi, orecchie, labbra e mani separate dal corpo o mescolati a formare dei geroglifici fisiologici[27].

L'uso più raffinato e sensuale dei sensi, in età medievale, va ad associarsi alla figura femminile nella *Dama con l'unicorno*, commissionato nell'ultimo decennio del XV secolo dalla famiglia Le Viste di Lione probabilmente come regalo di nozze, nel quale appare per la prima volta un paesaggio simbolico e pianeggiante coperto di fiori e alberi nel quale si possono scorgere animali della foresta e altri presi in prestito dall'araldica.

In seguito, con le scoperte scientifiche dei secoli XVI e XVII, che portarono a una percezione sensoriale nella fisica meccanicistica, cambia la contemplazione del paesaggio e si mettono in discussione dogmi religiosi come l'eucaristia e la transustanziazione, i quali fanno riferimento ai sensi. Così, dunque, mentre alcuni pittori protestanti iniziarono a privilegiare l'udito rispetto alla vista sulla base della massima paolina *fides ex auditu*, cosa che coincideva con l'importanza pedagogica che i riformati annettevano alla musica nelle funzioni litur-

---

[27] S. FERINO-PADGEN, *Prefacio*, in *Los Cinco Sentidos y el Arte. Catálogo de la exposición homónima en el Museo del Prado*, Madrid, Electa, 1997, pp. 21-27. Si vedano anche i lavori di P. CAMPORESI, *Le officine dei sensi*, Milano, Garzanti, 1985, e *Il governo del corpo: saggi in miniatura*, Milano, Garzanti, 1995.

giche, i cattolici privilegiarono la comparazione tra i sensi, come nel caso di Caravaggio e José Ribera in Italia e Jan Brueghel nelle Fiandre. A partire da questo momento, l'allegoria dei sensi inizia a decadere, finendo per divenire mero ornamento rococò nelle nature morte, nelle porcellane e nelle decorazioni, e motivo aneddotico nelle scuole del XIX secolo. Il tema paesaggistico, al contrario, viene sviluppato in maniera sempre più completa fino ad arrivare alla maestosità del romanticismo e alla fedeltà descrittiva del realismo[28].

In alcuni casi, per un'interpretazione dell'oggetto di studio, gli autori, come cabalisti che giochino con i segni, hanno fatto ricorso a elementi cosmogonici e organici di espressione numerica: le tre dimensioni utilizzate da scultori e architetti, i tre stati ipotizzati dai teorici dell'ordine naturale, le tre persone distinte che formano un solo Dio nel dogma teologico della Santissima Trinità, i quattro elementi naturali mescolando i quali l'alchimista ricerca la pietra filosofale, le quattro stagioni che obbligano l'agricoltore a guardare il cielo per lavorare la terra, le quattro trombe dell'Apocalisse che alimentano l'utopia millenarista, i quattro punti cardinali che orientano il viandante e consentono al cosmografo di tracciare piani e sfere, i sette colori dell'arcobaleno che si mescolano nella tavolozza del pittore e brillano nella retina dello spettatore, le sette meraviglie dell'antichità che servono da modello all'esteta e che vengono anelate dall'antiquario, i dodici segni dello zodiaco con i quali l'astrologo traccia i suoi oroscopi, le trentadue frecce della rosa dei venti che indirizzano il timone dei marinai... Come comun denominatore, però, tutti hanno fatto riferimento ai cinque sensi.

Per quanto riguarda l'articolazione dei contenuti, o piano dell'opera, il lavoro, preceduto da un proemio sul Paradiso come paesaggio perfetto e modello per la descrizione dei paesaggi reali e dalla presentazione delle fonti e dei presupposti metodologici, viene diviso in tre parti o spazi.

---

[28] L. KONECNY, *Los Cinco Sentidos desde Aristóteles a Constantin Brancusi*, in *Los Cinco Sentidos y el Arte. Catálogo de la exposición en el Museo del Prado*, Madrid, Electa, 1997, pp. 29-54. Un'edizione in spagnolo del *Bestiario de amor* di Richard De Foruníval è stata pubblicata a Madrid, da Miraguano, nel 1980.

In pieno Rinascimento l'antichità veniva ritenuta uno stadio superiore dell'umanità e il suo recupero veniva avvertito come un imperativo etico. Da quell'età si ereditò la contrapposizione tra la città, intesa come scenario del *nec otium*, e la campagna intesa come idealizzazione dell'ozio; i due scenari si riconciliano però, ora, nella sintesi rappresentata dalla villa, adatta all'*otium cum dignitate*, come testimoniato da Marsilio Ficino, che fonderà la sua Accademia Platonica nella residenza medicea di Careggi. In questo modo la contrapposizione tipica dell'età classica tra *urbs* e *rus*, tra l'urbanità dei cittadini di cultura superiore e la rozzezza dei contadini di cultura inferiore, lasciò il passo, nell'Europa moderna, a una sorta di circolarità tra la residenza urbana abitata e fertile, la desolazione del deserto o del bosco e l'immaginario e meraviglioso del mito e della leggenda, inseriti all'interno di una stessa architettura metaforica sulla quale si sosteneva la visione cosmogonica della civiltà occidentale. Labirinto di contraddizioni nel quale l'uomo, alla ricerca della strada giusta che conduca a una trilogia spaziale, può perdersi.

La prima parte è dedicata ai paesaggi del mondo coltivato, colto e costruito, ovvero all'universo degli uomini inseriti in un contesto sociale e allo stato di cortesia civilizzata. In questo modo esamineremo l'evoluzione dell'*ager*, lavorato e reso umano dall'opera del contadino, che svolge tutta una serie di attività primarie – agricoltura estensiva e orticoltura, pastorizia transumante e nomade, silvicoltura e lavori estrattivi – le quali modellano un vero e proprio mosaico di paesaggi regionali. In questi si troveranno l'abbondanza o la miseria, che dipendono a loro volta dagli accadimenti naturali, dalle fluttuazioni del mercato, dalla struttura della proprietà, dal regime signorile. Il cordone ombelicale del commercio e le eccedenze nella produzione ci porteranno dal campo alla città, insieme di vie e case dove con fatica si farà largo un urbanesimo razionale, e per le cui vene fluirà la mobilità sociale della borghesia e il capitale. Queste città nasceranno nelle pianure e sulle coste, poli d'attrazione dell'abbondanza e della fertilità, dell'acqua incanalata e dei granai, ma anche di laceranti differenze economiche tra patrizi e plebei. Così dunque l'uomo moderno vorrà mettere in scena la natura nello spazio per il piacere dei suoi sensi, cosa che nella variante laica si traduce nell'*hortus deliciarum* delle ville e nei giardini, mentre in quella ecclesiastica si concretizza nell'*hortus conclusus* dei chiostri monastici e degli eremi, luoghi di amore divino e mariano, di meditazione e penitenza. In seguito, l'ambiente sarà addomesticato attraverso strade, ponti, canali, porti, acquedotti, ferrovie e tutta un'altra serie di interventi dell'ingegnere sul paesaggio.

La seconda parte è dedicata ai paesaggi del mondo incolto, selvaggio e disabitato, all'universo della solitudine e allo stato della confusione cosmogonica e primitiva. Di queste aree più o meno disabitate i protagonisti sono i mari e le loro *enclaves* insulari, e tra questi si ha la contrapposizione tra il familiare Mediterraneo e l'indomito Atlantico, ma anche tra i complessi marittimi che bagnano le diverse coste e tra la navigazione tradizionale, quale si può avere nei mari nostrani, e la navigazione oceanica. Allo stesso modo c'è una differenza simile tra le isole, alcune delle quali sembrano dei continenti in miniatura, come quelle britanniche, italiane e irlandesi, mentre altre sono piccoli anelli nella strategia geopolitica degli imperi e scali tecnici lungo le rotte mercantili, come le isole greche e scandinave e la piattaforma canaria lungo la rotta per l'America. Da parte loro i deserti, caldi e freddi, chiudono le porte dell'Africa e dell'Asia al continente europeo, del quale alcune regioni rimarranno sotto la dominazione ottomana fino al XX secolo, con la Sublime Porta seduta sopra gli orpelli ortodossi della mitica Costantinopoli. Per queste aree dell'Islam si aggirano i pastori nomadi e le carovane cariche d'oro e di spezie, e qui le strade sono piene di oasi e le città arricchite di moschee, bazar e locande. Al contrario, le montagne e le valli che vi si presentano mostrano una facciata di durezza e primitivismo, e per le loro forme culturali e arcaiche e la loro povertà materiale divengono laboratorio del passato e riserve della tradizione. Ma la *silva* non è disabitata, diviene al contrario l'habitat di boscaioli gelosi delle loro libertà, di anacoreti alla ricerca di solitudine e di un eremo, di fuggiaschi ed emarginati, selvaggi dispersi in una foresta stregata. Guardando a nord invece si stende la bianchezza delle terre glaciali, dove il tempo è scandito in base alle ombre, le stagioni hanno una durata differente dal resto d'Europa e dove predomina un'immagine di oscurità e desolazione.

Rimarrebbe poi per un'altra occasione una terza parte occupata dai paesaggi del mondo immaginario, mentale e ideologico, che costituisce l'universo delle illusioni e lo stato della fantasia spirituale. In questo senso, tutte le religioni hanno elaborato una geografia dell'eternità, una promessa futura che dia senso alla vita stessa. Nel caso del cristianesimo, il cielo e l'inferno che premiano o castigano i fedeli si ampliarono con nuovi spazi ultraterreni, ora collaterali come il limbo, ora intermedi come il purgatorio. Ma da parte sua anche l'Islam prometteva un paradiso, visto come una dimora di pace e fonte di piaceri per quanti erano morti per la *jihad*, mentre l'ebraismo da millenni cerca di plasmare l'utopia terrena della patria. Per altro verso, fin dall'antichità i popoli del Vecchio Mondo hanno elaborato miti e luoghi leggendari, che attualizzeranno come paesaggi riconoscibili nel subconscio collettivo e saranno trasmessi alle nuove generazioni attraverso l'oracolo esoterico o attraverso il narratore che estasia il suo uditorio in una serata passata accanto al fuoco; allo stesso modo, nella cultura scritta troveranno la loro giusta collocazione i *loci amoeni* che, nell'impeto passionale della descrizione lirica, richiamano all'amore e al risveglio dei sensi.

È in questo modo, attraverso le unità geofisiche e gli ambienti creati dall'ingegno umano, che si procederà all'analisi del lento divenire della storia del paesaggio.

CAPITOLO II

Le doti naturali sono il campo; gli insegnamenti dei maestri sono come la semenza; l'istruzione ricevuta durante l'infanzia è il terreno seminato, e il luogo utilizzato per l'insegnamento è come il clima, che favorisce lo sviluppo dei frutti della terra. E lo studio nel suo complesso è paragonabile all'arte dell'agricoltura.

(IPPOCRATE, ca. 460-377 a.C.)

La perdita del Paradiso e l'ingresso dell'uomo nella storia provocano il cambiamento del mito della grande madre natura in quello di specchio in cui si riflette il ciclo inesorabile della vita e della morte. In seguito, si assiste alla trasformazione del paesaggio, alla relazione fluida tra il mondo divino e quello terrestre animale e vegetale. Il peccato originale fu punito con la schiavitù della terra e la fatica del lavoro, con una conseguente umanizzazione dell'ambiente in due sensi: mediante la coltivazione della campagna e lo stimolo della sua fertilità e mediante l'apporto artificiale di elementi estranei – strade, case, ponti, canali, e via dicendo. La differenza sta nell'intenzione di ordinare e dominare il territorio.

La mitologia greca ci ha lasciato in eredità questo processo sotto forma di linguaggio dei segni. In questo modo, Demetra ci ha regalato l'arte dell'agricoltura con la quale ci procuriamo gli alimenti e ci ha liberato così dalla dipendenza dalla terra, Dioniso ci allevia i gravami della vita con la vite ubriacante e Prometeo ci ha donato il fuoco e le arti.

La coltivazione, intesa come arte mediante la quale applichiamo la nostra intelligenza alla fecondità naturale, rappresenta la forma più intima di comunicazione tra l'uomo e la terra. La simbiosi tra natura e cultura illumina il paesaggio agreste.

La bibliografia contemporanea si è occupata in modo discontinuo del tema in questione, trattando frequentemente come sinonimi l'ambiente rurale e il paesaggio – la campagna, *pagus* e paese, era il paesaggio per definizione – per cui in questo lavoro si tratterà della questione paesaggistica a partire proprio dal mondo delle campagne.

Le prime interpretazioni dell'inizio del secolo XX furono deformate dalla geomorfologia, che rappresentava i paesaggi come unità fisiche, carenti però di aspetti umani, animali e vegetali. Questa remora, per la quale si trattava di nascondere la geografia fisica, venne sciolta per mano degli storici dell'agricoltura degli anni Trenta, quando Marc Bloch gettò le basi della moderna storia rurale con la sua opera *Les caractères originaux de l'histoire rurale française*, nella quale insisteva sui fattori sociali e giuridici della campagna e trasformava il paesaggio in un concetto globale in grado di riunire imperativi naturali e valori umani.

A metà del secolo la comparsa dell'opera *Il Mediterraneo e il mondo mediterraneo nell'epoca di Filippo II* segnò l'affermazione della metodologia braudeliana, secondo la quale gli studi economici e sociali devono iniziare con una riflessione sull'ambiente, metodologia che troverà larga diffusione tra storici, antropologi, economisti e sociologi. Poco dopo seguirono le ipotesi di lavoro dibattute nella *Conference Européenne Permanente pour l'Étude du Paysage Rural*, che venne inaugurata a Nancy con una difesa degli studi paesaggistici. Un classico di questo genere è senza dubbio la *Storia del paesaggio agrario italiano* di Emilio Sereni, nella quale l'intellettuale romano ci propone una combinazione tra il discorso storico e i suoi referenti letterari e artistici:

> E una ricerca come la nostra, invero, non ha potuto esser condotta – seppur col valido sussidio delle prime elaborazioni, già menzionate, di materiali storici, giuridici, agronomici, geografici, toponomastici, linguistici – senza un largo e diretto ricorso alle fonti epigrafiche, archivistiche, archeologiche, letterarie, iconografiche ed altre [1].

---

[1] E. SERENI, *Storia del paesaggio agrario italiano*, Roma-Bari, Laterza, 1993, p. 22 e, dello stesso autore, *Studi sul paesaggio agrario in Europa*, numero 10 degli «Annali dell'Istituto Alcide Cervi». Per quanto riguarda la bibliografia della decade degli anni Cinquanta, si vedano F. BRAUDEL, *La Méditerranée et le monde méditerranéen a*

Parallelamente, i concetti anglosassoni di *landscape, townscape*, e *seascape* cominciarono a essere utilizzati con una maggiore complessità rispetto a quella di semplici retaggi agrari, come dimostrato dalle opere di alcuni autori britannici o dai collaboratori della rivista nordamericana «Landscape», in cui ci si avvicina per la prima volta alla questione della percezione attraverso la pittura, la letteratura, i viaggi[2]. Resta però indubbio che fino agli anni Settanta non fu cercata una nuova definizione della parola paesaggio.

Nel 1979 l'Istituto «Francesco Datini» di Prato dedicò una delle sue prestigiose *Settimane* all'incidenza delle attività agricole sulle trasformazioni ambientali. Le relazioni lì presentate mettevano in comparazione tra loro gli studi tradizionali relativi al mondo rurale, ponendo attenzione alla trilogia campo coltivato-bosco-pascoli, ed enfatizzando la ripartizione della proprietà, la rotazione delle coltivazioni e le innovazioni tecniche, con una parte dedicata al valore dell'acqua e al rispetto dell'ambiente in accordo con il discorso sulla conservazione ambientale allora in voga. Nel 1988, Rosario Villari coordinò un numero monografico sul paesaggio agrario europeo attraverso l'incorporazione dei contributi bibliografici più innovatori. Nell'ultima decade, la Fondazione Benetton Studi Ricerche di Treviso ha sviluppato una linea editoriale dedicata allo studio del paesaggio, allo scopo di contribuire alla conoscenza e alla salvaguardia del patrimonio naturale e storico[3].

---

l'époque de Philippe II, Parigi, Colin, 1949; *Conférence Européenne Permanente pour l'Étude du Paysage Rural*, Nancy, 1957, «Atti» in «Annales de l'Est», 1959, 21; A. MEYNIER, *Les paysages agraires*, Parigi, Colin, 1958; B.H. SLICHER VAN BATH, *Storia agraria dell'Europa occidentale (500-1850)*, Torino, Einaudi, 1973.

[2] Tra i lavori britannici si segnalano quelli di W.G. HOSKINS, *The Making of the English Landscape*, Londra, Hoddes&Stoughton, 1955; A.R. BAKER e J.B. HARLEY, *Man made the Land*, Newton Abbot, David&Charles, 1973; H.C. DARBY, *A New Historical Geography of England*, Cambridge, Cambridge University Press, 1976. All'interno dei circoli di Berkeley si mette in luce l'opera di D.W. MEINIG, *The Interpretation of Ordinary Landscape*, New York, University Press, 1979.

[3] Alcuni esempi di storia regionale francese sono dati dai lavori di P. GOUBERT, *Beauvais et beauvisis de 1600 à 1730*, Parigi, SEVPEN, 1960; E. LE ROY LADURIE, *Les paysans de Languedoc*, Parigi, SEVPEN, 1966; A. CROIX, *La Bretagne aux 16ème et 17ème siècles*, Parigi, Malione, 1981; infine, la monografia dedicata al paesaggio da «Etudes Rurales», anno 1991, 121-124. Tra gli storici dell'agricoltura inglesi contemporanei

Nel frattempo altre discipline hanno cominciato a occuparsi del paesaggio; tra queste l'etnologia e l'antropologia, che comparano le somiglianze e le differenze culturali dei diversi paesi; l'archeologia, che ricostruisce l'architettura urbana e rurale dei tempi remoti considerando i paesaggi come «palinsesti del passato»; la geografia, che ha adottato visioni naturalistiche nelle quali considera uguali paesaggio ed ecosistema; le discipline letterarie, linguistiche e dell'immagine; la storia dell'arte e l'iconologia, che scavano all'interno del genere pittorico del paesaggio; infine, la stessa disciplina del paesaggismo, sviluppata dagli architetti di giardini, che ricolloca il concetto nell'angolo visuale dei pittori, fotografi, cineasti e naturalisti[4]. Tra queste

---

meritano di essere segnalati J.D. CHAMBERS e G.E. MINGAY, *The Agricultural Revolution, 1750-1880*, Londra, Batsfrod, 1966; P. DEANE e W.A. COLE, *British Economic Growth, 1688-1959. Trends and Structures*, Cambridge, Cambridge University Press, 1967; E.L. JONES, *Agriculture and the Industrial Revolution*, Oxford, Basil Blackwell, 1974; J. THIRSK, *England's Agriculture Regions and Agrarian History, 1500-1750*, Londra, MacMillan, 1987. Per quanto riguarda il congresso di Prato si veda A. GUARDUCCI (a cura di), *«Agricoltura e trasformazioni dell'ambiente. Secoli XIII-XVIII». Atti della XI Settimana di studio dell'Istituto Internazionale di Storia Economica "Francesco Datini" (Prato, 25-30 aprile 1979)*, Firenze, Le Monnier, 1984. Nell'ambito della storiografia italiana si trovano, con eccellenti contributi, M. SERENA MAZZI e S. RAVEGGI, *Gli uomini e le cose nelle campagne fiorentine del Quattrocento*, Firenze, Olschki, 1983; V. FUMAGALLI, *Uomini e paesaggi medievali*, Bologna, Il Mulino, 1989; J.A. MARINO, *L'economia pastorale nel Regno di Napoli*, Napoli, Guida, 1992; L. PICCIONI, *Montagne appenniniche e pastorizia transumante nel Regno di Napoli nei secoli XVI e XVII*, in «Annali dell'Istituto Italiano per gli Studi Storici», Napoli, 1989-1990, pp. 145-234; S. RUSSO, *Grano, pascolo e bosco in Capitanata tra Sette e Ottocento*, Bari, Edipuglia, 1990. Inoltre il già citato lavoro di R. VILLARI (a cura di), *Studi sul paesaggio agrario in Europa*, in «Annali dell'Istituto Alcide Cervi», Roma, 1988, 10, fascicolo monografico. Quanto alla collezione paesaggistica della Fondazione Benetton, si segnalano tra gli altri titoli M. CUNICO e D. LUCANI (a cura di), *Paradisi ritrovati. Esperienze e proposte per il governo del paesaggio e del giardino*, Milano e Treviso, Fondazione Benetton, 1991; D. LUCANI (a cura di), *Il governo del paesaggio e del giardino. Un itinerario nell'area germanica*, Milano e Treviso, Fondazione Benetton, 1993; D. LUCANI e L. LATINI (a cura di), *Scandinavia. Luoghi, figure, gesti di una civiltà del paesaggio*, Treviso, Fondazione Benetton, 1998.

[4] Uno dei più grandi apporti all'antropologia storica è dato dall'opera di J. CARO BAROJA, *Los pueblos de España*, Madrid, Istmo, 1975, 2 volumi. La fortunata espressione archeologica prende le mosse dall'articolo di R. CHEVALIER, *Le paysage, palimpseste de l'histoire*, in «Mélanges de la Casa de Velázquez», Parigi, 1976, XII, pp. 503-510. La geografia della percezione e del comportamento fa la sua comparsa agli inizi degli anni Sessanta come risposta alla geografia quantitativa, concentrandosi sullo studio dell'ambiente e sui rischi di catastrofi naturali, come nel caso dei lavori di F.

visioni globali, spicca quella di Jean-Robert Pitte nella sua *Histoire du paysage français*, secondo il quale

> [...] le paysage est une réalité culturelle car il est non seulement le résultat du labeur humain, mais aussi objet d'observation, voire de consommation [...] Le paysage est donc l'expression observable par les sense à la surface de la terre de la combinaison entre la nature, les techniques et la culture des hommes [5].

WHITE (1961), R.W. KATES (1962) e I. BURTON (1964). Le recenti concezioni geografiche possono ritrovarsi in G. ROUGERIE, *Géographie des paysages*, Parigi, PUF, 1977; P. GEORGE (a cura di): *Dictionnaire de la géographie*, Parigi, PUF, 1974; E. MARTÍNEZ DE PISÓN, *La percepción del paisaje*, in *Homenaje a Julián Marías*, Madrid, Espasa-Calpe, 1984, pp. 447-466; E. MARTÍNEZ DE PISÓN, *El paisaje, patrimonio cultural*, in «Revista de Occidente», Madrid, 1997, 194-195, pp. 37-49; J. GARCÍA FERNÁNDEZ, *Castilla (Entre la percepción del espacio y la tradición erudita)*, Madrid, Espasa-Calpe, 1985; F. ARROYO ILERA, *Agua, paisaje y sociedad en el siglo XVI según las Relaciones Topográficas de Felipe II*, Madrid, Ediciones del Umbral, 1998. Per quanto riguarda il paesaggio nella letteratura si veda L. LITVAK, *El tiempo de los trenes. El paisaje español en el arte y literatura del realismo (1849-1918)*, Barcellona, El Serbal, 1993; C. GUILLÉN, *Múltiples moradas*, Barcellona, Tusquets, 1998. Gli studi pittorici e iconografici tradizionali sono studiati in K. CLARK, *El arte del paisaje*, cit.; E. PANOFSKY, *Et in Arcadia ego: Poussin and the Elegiac Tradition*, in *Meaning in the Visual Arts*, New York, Garden City, 1995; E. GOMBRICH, *La teoría del arte renacentista y el nacimiento del paisajismo*, in *Norma y forma. Estudios sobre el arte del Renacimiento*, Madrid, Alianza, 1984, pp. 226-248. Tra i lavori più recenti segnaliamo *Los paisajes del Prado*, Madrid, Nerea, 1993; *El siglo de Oro del Paisaje Holandés. Catálogo de la exposición celebrada en el Museo Thyssen-Bornemisza*, Madrid, Fundación Thyssen e Banco Central-Hispano, 1994; E. SWINGLEHURST, *The Art of Landscapes*, Londra, Parragon Book, 1994; E. SWINGLEHURST, *The Art of Seascapes*, Londra, Parragon Book, 1995; infine, il più vicino al nostro oggetto di studio, *Naturalezas pintadas de Brueghel a Van Gogh. Catálogo de la exposición celebrada en el Museo Thyssen-Bornemisza*, Madrid, Fundación Thyssen, 1999, con una presentazione di Tomás Llorens e un'introduzione di Delfín Rodríguez Ruíz. La suddetta mostra è stata molto utile come supporto visuale per fornire a professori e dottorandi una proficua sessione all'interno del Seminario del Dipartimento di Storia Moderna dell'Università Autonoma di Madrid il 17 dicembre 1999. Recente è anche la proposta di integrare il disegno e l'arte dei giardini, ricreando angoli di paradiso a misura d'uomo, avanzata da T. CONRAN e D. PEARSON, *El jardín: paisaje y diseño*, Barcellona, Blume, 1998. La proposta interdisciplinare, infine, è avanzata nei volumi diretti da J. MADERUELO, *El paisaje*, Huesca, Diputación de Huesca, 1996; J. MADERUELO, *El jardín como arte*, Huesca, Diputación de Huesca, 1997, nella collana intitolata «Arte y Naturaleza».

[5] J.-R. PITTE, *Histoire du paysage français*, Parigi, Tallandier, 1983, I, p. 18. Le origini del paesaggio e la sua teorizzazione sono stati trattati anche da A. BERQUE, nelle sue opere *Cinq propositions pour une théorie du paysage*, Seyssel, Champ Vallon, 1994; e *Les raisons du paysage de la Chine antique aux environnements de synthèse*, Parigi, Hazan, 1995.

Per questo appare sempre più importante, nello studio del paesaggio, il ricorso al metodo multidisciplinare, all'interrelazione tra le scienze più o meno ausiliarie volte alla sua interpretazione. E ciò è valido soprattutto quando l'oggetto dell'analisi è dotato di dinamismo storico, mutevole come mutevoli sono le società e le culture, dal momento che queste mantengono con lo spazio circostante una relazione incerta e contraddittoria, secondo l'epoca: dall'umiltà del nomade di fronte all'immensità del deserto, fino alla superbia dell'industriale per il quale il mondo è soltanto uno spazio destinato alla produzione. Il soggetto che osserva il paesaggio è a sua volta osservato dal paesaggio. Dialogo dell'uomo con lo spazio che lo circonda, dialettica tra ragione e natura, percepiti attraverso tutti i sensi. La composizione dei frammenti sensoriali del paesaggio daranno all'uomo l'illusione di abbracciare la realtà in tutta la sua complessità.

La cultura contadina impregna di sé la parte maggiore del mondo coltivato dell'Europa moderna. Non molto tempo fa, per avere una prima impressione della cultura agropastorale, abbiamo proposto al lettore di percorrere le sale dedicate a Pieter Brueghel nel Museo del Prado di Madrid e nel Kunsthistorisches Museum di Vienna[6]. Siamo partiti dalla massima umanista secondo cui «le immagini erano i libri dei semplici», i quali leggevano la visione cristiana del cosmo nei pantocratori delle chiese romaniche, dai cui campanili si gestiva il tempo degli umili e i ritmi della vita rurale. Bisogna però essere cauti quando si tratta della percezione del paesaggio; come notava Johann Huizinga, «le immagini servono per mostrare a quanti non conoscono la scrittura quello che devono credere»[7]. Dunque dobbiamo addentrarci nell'abito mentale dell'*homo rusticus* per poter comprendere acquisizioni e resistenze; e per far questo è necessario conoscere il paesaggio sociale dell'Europa pre-industriale.

In questo modo, nel corso dell'età moderna, campagna e contadino costituiscono termini generici che possono essere applicati a

---

[6] Questa proposta di un gioco interattivo visuale e testuale fu già avanzata in P. García Martín, *Los campesinos del siglo XVI*, in «Cuadernos Historia 16», Madrid, luglio 1989, 182.

[7] J. Huizinga, *L'autunno del medioevo*, Roma, Newton & Compton, 1997.

qualsiasi persona abiti il mondo rurale. Dunque, per mimetismo culturale, si è stati soliti identificare i contadini con i villani e, quel che è più importante, secondo i sottosettori economici è possibile tracciare diverse scale gerarchiche. Questo ritratto verrà tracciato sulla base delle particolarità proprie di ogni paese, dando per scontato che hanno un comportamento diverso il latifondista mediterraneo e la *szlachta* polacca, la *gentry* inglese e lo *chevalier* francese, la nobiltà olandese o italiana e quella portoghese o spagnola. Ora, come tratti generici del settore agricolo, troviamo al vertice i grandi proprietari nobili e il clero regolare. L'immagine del *Giovane cavaliere in un paesaggio* di Vittore Carpaccio incarna il passaggio dal signore feudale al nobile moderno; nell'immaginario aristocratico il sangue blu si sublimava attraverso il possesso della terra. Accanto erano i contadini che, a loro volta, si dividevano fra quelli che possedevano terre proprie, commercializzavano i raccolti e amministravano le proprietà dei feudatari – i villani ricchi del teatro spagnolo del Siglo de Oro – e quelli più modesti che lavoravano le proprie porzioni di terreno e altre che gli venivano concesse in affitto. Entrambi i tipi di contadini costituivano il grosso dell'oligarchia locale, in grado di ottenere le cariche municipali e di controllare il mercato del lavoro. Il terzo gruppo è composto dai salariati o piccoli contadini, che lavoravano le terre cedute loro dai proprietari sulla base di contratti di diversa durata, e che saranno sempre soggetti all'andamento dei raccolti per evitare di cadere nell'indebitamento cronico e quindi proletarizzarsi. Alla base di questa piramide, infine, si trovano i braccianti giornalieri, che disponevano soltanto della vendita della loro forza lavoro per sopravvivere.

Nel capitolo dedicato all'allevamento si ritrova quasi lo stesso stato di cose. Al vertice si trovavano gli allevatori o grandi proprietari seminomadi, che nel caso delle penisole mediterranee possedevano vaste greggi transumanti. Erano, invece, stanziali le tante greggi continentali e britanniche che pascolavano in terre lasciate aperte e negli *openfields*. In secondo piano trovavano posto i maggiorenti, gestori ai quali il signore affidava l'amministrazione del gregge, per cui da esso dipendevano sia il personale salariato, sia gli animali. Dopo di questi si trovavano i pastori salariati. Infine, alla base, tutta una serie di professionisti complementari, come conciatori, lavatori di pelli, trasportatori, mercanti, artigiani ed esattori, che intervenivano in tutte le fasi che integravano il circuito della rendita del mercato della lana. Oltre a questi si avevano anche piccoli proprietari di greggi non stanziali e, soprattutto, per tutta Europa era possibile incontrare la figura del contadino-pastore, che combinava in sé i lavori agricoli con la pastorizia semi-stanziale o stanziale, pratica questa che serviva per risanare una pur sempre modesta economia familiare.

Il terzo blocco del mondo campestre è dedicato proprio ai compiti complementari dei sottosettori agricolo e della pastorizia, come per esempio il caso degli artigiani che confezionavano gli abiti e gli utensili di base per queste economie di auto-sussistenza, i commercianti che scambiavano i prodotti agricoli nelle fiere e nei mercati, i trasportatori, i boscaioli che praticavano l'apicoltura e la raccolta dei frutti di bosco, i taglialegna che si dedicavano al diboscamento, infine quanti combinavano la coltivazione di ortaggi in piccoli appezzamenti di terra con attività estrattive quali quelle minerarie o la pesca.

Possiamo dunque già capire come il paesaggio sociale dell'Europa rurale dell'età moderna fosse molto più complesso e articolato di quanto possa lasciar supporre l'associazione tra campagna e servitù; possiamo dire che esso mostrava già segni di mobilità all'interno della rigidità di una struttura sociale sostanzialmente immobilistica.

Queste figure rimarranno confinate, fino alla rivoluzione industriale e borghese, all'interno del villaggio, con un'agricoltura arretrata, la concentrazione della proprietà terriera nelle mani di pochi e una polarizzazione sociale lacerante che andava dalle *élites* ai poveri e agli emarginati. I soli momenti in cui era possibile uscire dalla miseria quotidiana, valvole di sfogo consentite o addirittura finanziate da parte dell'ordine costituito, erano le feste e le rivolte di massa durante le quali si chiedeva il ritorno alle *libertà perdute* di un tempo passato che veniva così idealizzato e legittimato [8].

Il processo di antropizzazione della natura risale all'antichità e presenta come costanti una lenta deforestazione e un equilibrio tra l'*ager* e la terra incolta, che viene raggiunto in breve tempo. Se sul

---

[8] I termini villaggio immobile e statico furono coniati da O. SIMPLICIO, *Las revueltas campesinas en Europa*, Barcellona, Crítica, 1989. La simbologia di alcuni elementi del paesaggio è in J. CARO BAROJA, *Paisajes y ciudades*, Madrid, Taurus, 1981.

piano ideologico ciò si traduce in una desacralizzazione del bosco pagano a opera del cristianesimo, su quello economico si passa ai ritmi mutevoli dei *trends* e delle congiunture cicliche che spingono gli agricoltori verso le terre marginali durante le crisi e le fasi di crescita demografica e che faranno abbandonare i villaggi in misura proporzionale rispetto allo sviluppo urbano.

La definizione paesaggistica in accordo col criterio delle forme non dipenderà tanto dalle caratteristiche orografiche o climatiche, quanto piuttosto dai sistemi di lottizzazione, da quelli di coltivazione e dal volume dello sfruttamento agrario. Il paesaggio rurale che ne risulta è un modello visuale dell'azione dell'uomo nel corso del tempo[9].

Le formazioni sociali europee sorte dopo la caduta dell'impero romano si trovarono davanti uno spazio geografico predeterminato e procedettero al suo riordino. Le comunità rurali destinavano il territorio circostante a tre usi fondamentali: *a*) il terreno agricolo, coltivato nella maggior parte dei casi in alcuni periodi e lasciato a riposo perché recuperasse la sua fertilità in altri, anche se non mancavano casi di sistemi di rotazione, che richiedevano acqua e mano d'opera permanenti e che i testi dell'epoca chiamano *coltivazioni senza intermissione*; *b*) i pascoli, imprescindibili per il mantenimento degli animali da tiro e del bestiame stanziale, ma anche fondamentali per l'allevamento di specie ad alto rendimento economico, come per esempio la pecora merino in Castiglia; *c*) il *monte* e le terre incolte, massa boscosa che subirà nel corso del tempo un processo di ridimensionamento costante della sua superficie a causa della deforestazione indiscriminata, degli incendi e della spoliazione, nonché della sostituzione di specie arboree autoctone e centenarie con altre importate e dalla crescita rapida volta al commercio del legname.

Da parte sua, il modellamento spaziale delle campagne europee operato nel corso del medioevo sulla base della suddetta disposizione geografica, secondo quanto suggerito da B.H. Slicher van Bath, ci

---

[9] Questo discorso sul paesaggio agrario è stato sviluppato in P. García Martín, *El mundo rural en la Europa moderna*, Madrid, Historia 16, 1989, pp. 51 e segg. («Colección Biblioteca de Historia», 8), opera in cui si può trovare una copiosa bibliografia sulla storia rurale.

permette di distinguere i seguenti tipi di lottizzazione del terreno: *a*) lottizzazione in blocco senza abitazioni sui lotti. Conservava una certa proporzionalità tra la lunghezza e la larghezza degli appezzamenti, era presente nelle regioni meridionali, come Italia o Francia (*champs ouverts et irréguliers*) e nelle campagne preistoriche (*celtic fields*) dello Jutland, della Germania e dell'Inghilterra. Ogni proprietà era protetta da un piccolo vallo e il paesaggio che ne risultava era simile all'immagine di una rete con diverse maglie; *b*) lottizzazione a strisce senza abitazioni sui lotti. Si tratta di proprietà in cui la larghezza perdeva la sua proporzione a favore della lunghezza, ed è un sistema che si trovava predominante in Olanda e Germania, Inghilterra e Irlanda e nel Nord della Francia. La densa popolazione di queste terre si concentrava in borghi, il che fa supporre una transizione dalla primitiva lottizzazione in blocchi a un modello più moderno; *c*) lottizzazione in blocco con abitazioni sui lotti. Questo paesaggio, favorevole a un sistema abitativo disperso, offriva una gran quantità di borghi di ridotta estensione, come nel caso dei *kampen* olandesi e delle *enclosures* di Inghilterra e Galles; *d*) lottizzazione a strisce con abitazioni sui lotti. La disposizione tipica consisteva in un certo numero di case coloniche disposte nei pressi di una strada, una diga, un fiume, nasceva da attività effettuate in epoca medievale su foreste e torbiere e combinava la coltivazione dei campi con l'allevamento; è questo il caso, ad esempio, delle *waldhufendörfer* della Vestfalia e delle *straatdorpen* o *dijkdorpen* dei Paesi Bassi [10].

L'evoluzione di queste forme di paesaggio agrario, la sua relazione con le diverse attività produttive e i cicli economici permettono ad Aldo De Maddalena di effettuare la seguente classificazione regionale dell'Europa rurale in età moderna.

Europa settentrionale

Mostrava una marcata differenza tra l'allevamento proprio della zona montuosa del Nord e l'economia agricola delle pianure e degli

---

[10] B.H. SLICHER VAN BATH, *De agrarische gesschiedenis...*, cit., pp. 78-94.

altipiani. In Norvegia, Svezia, Finlandia, la coltivazione più diffusa era l'orzo, al quale si affiancava, nelle distese del Sud prossime al Mar Baltico, la segale e l'allevamento di bestiame. Nei boschi settentrionali si svilupparono le cosiddette «colonie forestali», oasi abitate che sorgevano nei pressi di fiumi e laghi, nei quali abbondava il pesce, e disponevano di una sola via d'accesso. Nella Germania nord-occidentale e in Danimarca, il centro di raccolta della popolazione divenne la chiesa, intorno alla quale si diffusero le case coloniche dove si producevano cereali, ai quali si aggiungeranno le nuove coltivazioni del luppolo e del foraggio. L'allevamento bovino offriva un'importante produzione casearia e quello di maiali trovava un alimento a buon mercato nei rovereti e nei castagneti. In breve, ci troviamo di fronte a un'agricoltura di sussistenza, che conterà come complementi la canapa, il lino, la colza e l'apprezzata viticoltura del Reno e dell'Alsazia, man mano che ci si avvicinava sempre più ai *Länder* interni.

Europa centro-orientale

La produzione di grano e le fibre tessili diedero vita a un'economia statica, nella quale l'aumento della domanda cerealicola internazionale spinse alla monocoltura, all'espansione delle proprietà nobiliari e al rafforzamento della servitù. Il porto franco di Danzica era la chiave per le esportazioni verso occidente, in cambio delle quali si ottenevano denaro contante e manufatti. L'asservimento e l'impoverimento dei servi furono più forti in Polonia e in Russia che non nei paesi danubiani, a causa della maggiore incidenza della crescita dei prezzi e del potere della nobiltà feudale, mentre nelle pianure danubiane cominciò a comparire una prima mentalità mercantile tra i proprietari terrieri, che presero a commercializzare vino e carne e a introdurre il mais.

Europa atlantica

Condividendo elementi comuni alle forme di agricoltura settentrionale e mediterranea, questa regione atlantico-sudorientale viene divisa in tre zone agrarie:

a) il territorio compreso tra le coste franco-fiamminghe e il Nord del Reno, prospero e ben coltivato, dove avrà luogo l'evoluzione tecnica che prenderà il nome di «ciclo agricolo olandese», che troverà il suo momento di massima diffusione tra il 1590 e il 1670, un leggero declino nei decenni successivi e un ritorno nel corso del XVIII secolo. C'è una relazione tra le terre strappate al mare, frutto della politica delle opere pubbliche dei *polders*, e i prezzi agricoli elevati, così come l'investimento di fondi capitalistici nella bonifica delle zone paludose. La visione mercantilistica degli agricoltori dei Paesi Bassi li porterà a diversificare sottosettori e coltivazioni: allevamento bovino, foraggio, piante tessili e per la produzione di birra, tabacco e patate delle colonie, fiori. Di questo paesaggio si trovano numerose testimonianze visuali. Pieter Brueghel, ad esempio, è il maestro del paesaggio naturalista, e tanto nelle sue incisioni quanto nei suoi quadri racconta i diversi lavori agropastorali;

b) le Isole Britanniche: mentre la Scozia, meno sviluppata e più isolata, sfrutterà le sue abbondanti risorse forestali e l'allevamento, e l'Irlanda presenterà un contado impoverito dal regime della proprietà e dalla pressione inglese, l'Inghilterra vivrà un cambiamento nella proprietà della terra, nella società rurale e nelle tecniche di coltivazione che si tradurranno in una maggiore redditività del lavoro. L'interesse della *gentry* e della borghesia per la campagna, che si riflette nell'abbondante letteratura agronomica, nella sperimentazione di coltivazioni e in migliorie apportate alla lottizzazione, culminerà con la rivoluzione agraria della metà del XVIII secolo, premessa dell'imminente rivoluzione industriale. Questo paesaggio trionfante si trasforma in idillio nei dipinti di John Constable, ad esempio nella sua opera *Wivenhoe Park*, in cui ritrae il mondo rurale che gli appartiene dotando di poesia la realtà. Quel che è certo è che, dopo la Restaurazione, nell'estetica dell'aristocrazia inglese predominerà il gusto per l'ostentazione, senza più preoccuparsi per la rendita e la produzione, né per l'aspetto pratico della vita agraria rappresentata. Questa corrente pastorale si riflette nella poesia virgiliana, in cui il nobile si identifica con il pastore dell'Età dell'Oro precedente alla dannazione del lavoro e, nel tentativo di dare maggiore «realismo» alla tradizione georgica della poesia di Virgilio, gli affanni verranno presentati in modo tale da far uscire l'uomo dal suo penoso stato di selvaggio e renderlo civile. D'altra parte i profondi cambiamenti nell'agricoltura inglese dell'epoca, che si riflettono anche nella letteratura, si minimizzarono nell'arte paesaggistica, enfatizzando gli aspetti di continuità rispetto alle antiche tradizioni. In ciò, in accordo con quanto sostenuto da Hugh Prince, conversero due fattori causali: l'indifferenza degli artisti di fronte al progresso tecnico, alla rivoluzione ambientale e all'inquietudine sociale, nonché le preferenze dei signori che non si consideravano rivoluzionari, ma piuttosto pilastri della stabilità della comunità, per cui le trasformazioni dell'agricoltura venivano percepite come una restaurazione dell'ordine classico. Questa interpretazione, secondo la quale ai proprietari terrieri non interessava altro che farsi ritrarre come grandi allevatori o cacciatori, contrasta con quella di Jeremy Black, secondo il quale i grandi proprietari britannici si dimostrarono orgogliosi delle innovazioni apportate in ambito agricolo, tanto da farsi ritrarre assieme a pesanti buoi e ad altri simboli del progresso rurale;

c) la Francia settentrionale, benché dedita al rifornimento di carne e prodotti caseari per la popolazione parigina, cercherà di estendere le sue coltivazioni cerealicole. Al contrario, nella Francia sud-occidentale è presente una grande varietà di coltivazioni: cereali, semi di lino, tabacco, canapa, castagne, noci e i famosi vini di Bordeaux e di Borgogna.

Europa mediterranea

Nelle aree montane delle Alpi, degli Appennini e dei Pirenei gli abitanti continueranno a utilizzare le pratiche antiche, basate sullo sfruttamento forestale e dei vasti pascoli naturali. La pastorizia transumante di larga portata fa la sua comparsa in tutte le penisole dell'area mediterranea, tutelata da importanti corporazioni di allevatori come la Mesta castigliana o la Dogana di Foggia. Gli altipiani cerealicoli, i pendii soleggiati, dalla Spagna orientale al Peloponneso levantino, coltivati a vigne, olivi, frutteti, gelsi e mandorli, l'incrocio di piante che si rafforzerà con l'arrivo dei nuovi esemplari provenienti dall'America, rimarranno subordinati a strutture della proprietà e a gerarchie sociali ancorate al passato. Questo sistema mediterraneo presentava una maggiore varietà di campi, con la predominanza di quelli chiusi e dalle forme irregolari, nei quali si utilizzava un sistema di rotazione biennale, e dove i bassi rendimenti venivano integrati grazie a un maggiore sforzo umano[11].

Alcune regioni meridionali sono state presto oggetto della rappresentazione paesaggistica. Ciò accade ad esempio, per quanto riguarda Venezia, con Giorgione, che con il *Paesaggio al tramonto* e soprattutto con la *Tempesta* si accredita come il precursore della futura tradizione paesaggistica, circondando la scena di ambiguità e misteri, e mostrando la forza smisurata della natura attraverso un lampo che si scarica su una città abbandonata e ad alcuni uomini privi di ogni protezione. Questa attenzione estetica per il paesaggio veneziano fu seguita da un riassetto territoriale senza precedenti da parte della Serenissima alla metà del XVI secolo. Il Senato, infatti, pubblicò tutta una serie di misure in materia di trasformazione agraria; la Repubblica dimostrava, come Grande Architetto del proprio «corpo», di voler dare alla luce una nuova armonia: un bellissimo *Mondo Nuovo*[12].

Se come parametro analitico, invece, si assumono le strutture del paesaggio – proprietà della terra, sistema di lavoro e conseguente sistema sociale – possiamo distinguere due modelli agrari, utilizzando come frontiera naturale il fiume Elba: il *Grundherrschaft* o sfruttamento indiretto nell'Europa occidentale e il *Gutherrschaft* o sfruttamento diretto nell'Europa orientale. Il *Grundherrschaft* è il risultato delle trasformazioni sperimentate dalle forme sociali medievali, nelle quali la classica signoria di tipo feudale si è andata scomponendo, con un gran numero di servi che si trasformano in piccoli proprietari terrieri e con il passaggio dalle prestazioni lavorative gratuite a quelle salariate. Mentre nell'area mediterranea si cristallizzarono i la-

---

[11] Questa «regionalizzazione» dei paesaggi si trova in A. De Maddalena, *L'Europa rurale (1500-1750)*, in C.M. Cipolla (a cura di), *Storia economica d'Europa*, Torino, UTET, 1980. Si può inoltre consultare W. Rösener, *Demografía, poblacimiento y paisajes*, in *Los campesinos en la Historia europea*, Barcellona, Crítica, 1995. Per quanto riguarda le rappresentazioni: Y. Luginbühl, *Paysages, représentations du paysage du Siècle des Lumières à nos jours*, Parigi, La Manufacture, 1990.

[12] E. Concina, *El Renacimiento: Venecia, el territorio, el paisaje*, in *Paisaje mediterráneo. Catálogo de la exposición de la Expo 92 en Sevilla*, cit., pp. 130-135 e 298 e segg.

tifondi che finirono per rafforzare il dominio della grande proprietà, nell'area atlantica si produssero innovazioni attraverso il reinvestimento degli utili e l'emigrazione dalle campagne che fecero presagire la cosiddetta rivoluzione agraria del XVIII secolo. Il *Gutherrschaft* risponde al fenomeno conosciuto come «seconda servitù», che si mette in moto a partire dal momento in cui si registra una diminuzione, durante la crisi bassomedievale, diminuiscono le rendite signorili e ha luogo un conseguente processo di rifeudalizzazione. I signori amministrarono le loro estese proprietà mediante l'utilizzo della mano d'opera servile, sfruttando dunque i piccoli contadini e le terre comunali, ma anche specializzandosi nella produzione di cereali per la produzione di pane, attenti in ciò alle possibilità offerte dai mercati occidentali[13].

Per quanto riguarda l'allevamento, che ugualmente modellerà i paesaggi regionali, quello pastorale si perde nella notte dei tempi come rito di vita e metafora religiosa. Ciò è evidente nella tradizione giudaico-cristiana, in cui la figura di Abele, allevatore, è contrapposta a quella di Caino, contadino, mentre nel Nuovo Testamento campeggia il simbolo del Buon Pastore che guida il gregge dei fedeli sulla strada della salvezza. Ma risulta evidente anche nella mitologia greco-latina, nel viaggio iniziatico di Giasone e degli Argonauti alla ricerca del vello d'oro, o nel vagheggiamento della primitiva felicità dell'Età dell'Oro.

Nel corso dei secoli, e lasciando da parte per il momento il paesaggio idealizzato – quale è lo scenario pastorale come *tòpos* retorico-poetico – l'allevamento si affermerà come una delle fonti di ricchezza delle formazioni sociali che popolano l'ecumene europea. Dalla Roma classica agli spostamenti degli *uomini blu* nel deserto, dalle tribù iberiche ai pastori di capre palestinesi del *Cantico dei Cantici*, la pastorizia adotta diverse modalità in funzione dell'ampiezza degli spostamenti delle greggi: stanziale, transumante, nomade. In

---

[13] Una spiegazione di questi modelli in P. García Martín, *El mundo rural...*, cit., pp. 111-121. Questa classificazione si può ritrovare, tra le altre opere, in J. Meyer, *Noblesses et pouvoirs dans l'Europe d'Ancien Régime*, Parigi, 1973; H. Kellembenz, *El desarrollo económico de Europa continental (1500-1750)*, Madrid, s.e., 1977; P. Anderson, *El estado absolutista*, Madrid, Siglo XXI, 1979.

questo modo, quando si traccia la mappa dei popoli pastorali, ci si imbatte nel radicamento secolare, entro le penisole del «Mare Nostrum», di una modalità di pastorizia transumante: quella della Mesta in Castiglia e della Casa de Ganaderos in Aragona, quella della Dogana di Foggia nel Mezzogiorno d'Italia. Questa pratica tradizionale, basata sullo sfruttamento stanziale di pascoli complementari, modellò il paesaggio animale, rese abituale un tipo di vita ciclico nei suoi spostamenti da una parte all'altra, portò ricchezza materiale alle economie preindustriali nonché al tracciamento e alla regolamentazione delle rotte pastorali. Questa geografia della transumanza mediterranea si allacciava a nord con lo stile di vita degli allevatori alpini e con le «migrazioni delle otto stagioni» dei lapponi, a sud con il nomadismo del deserto [14].

Le immagini che spiritualizzano questo tipo di spostamenti sono mimetiche. Il termine turco *yayla* o accampamento estivo rimanda ai «concetti di freschezza, acque correnti e fresche e pascoli lussureggianti uniti a formare l'immagine di quel che deve essere il Paradiso». In questa idealizzazione pastorale trova posto la metafora del Paradiso Terrestre e della Terra Promessa. Sono i segni identificativi di alcuni popoli di pastori che hanno una stessa visione culturale del cosmo [15]. L'iconografia pastorale sarà per definizione lirica, così come

---

[14] Un atlante degli allevamenti transumanti del pianeta è già stato tracciato in P. García Martín (a cura di), *Por los caminos de la trashumancia*, Valladolid, Consejería de Agricultura y Ganadería, Junta de Castilla y León, 1994. Si vedano, in particolare, i contributi di G. Angioni, C. Raverdy e U. Ojanen.

[15] Citazione da P. García Martín, *La Mesta*, Madrid, Historia 16, 1990, p. 15 («Colección Biblioteca de Historia», 28); il ragionamento è sviluppato in J. Jiménez Lozano, *Guía espiritual de Castilla*, Valladolid, Ámbito, 1984. L'identificazione dell'Estremadura con l'Eden da parte dei pastori transumanti della Sierra viene segnalata in W. Kavanagh, *La metáfora del paraíso: Extremadura en la simbología del trashumante serrano*, in «*Trashumancia y cultura pastoril en Extremadura*». *Actas del Simposio celebrado en la Exposición Universal de Sevilla en septiembre de 1992*, Mérida, Asamblea de Extremadura, 1993, pp. 341-345. Il nostro lavoro sulla corporazione degli allevatori ovini di Castiglia, la più importante dell'Europa moderna, ha visto una traduzione italiana intitolata *La Mesta. Transumanza e istituzioni in Castiglia dal XIII al XIX secolo*, Bari, Edipuglia, 1998; nell'introduzione della versione italiana, a cura di S. Russo, si può trovare una bibliografia completa sull'allevamento transalpino.

le cronache di guerra saranno epiche e gli annali delle città civici. A tal proposito è sintomatico che «idillio» abbia il significato di piccola scena incorniciata, e che l'ambiente bucolico con musiche e danze di pastori cortigiani troneggi nel *Libro de horas de Alonso Fernández de Córdoba* del XV secolo o sul frontespizio della copia petrarchesca dei *Commentarii sopra Virgilio* di Murio Servio Onorato miniata da Simone Martini.

Nell'arco di tempo che va dagli affreschi del pantheon di San Isidro de León, in cui il pastore suona il flauto mentre fa pascolare le sue greggi, alle stampe de *Les trés riches heures* del duca di Berry e le incisioni del *Civitates Orbis Terrarum*, i motivi estetici si trasformarono fino ad arrivare a essere lo specchio fedele di una fattoria reale.

Durante il XVII e il XVIII secolo il genere pastorale era diventato talmente tipico di un'aristocrazia indolente, addormentata nell'ascolto di canzoni *bergerettes* e *pastourelles*, che la stessa Maria Antonietta amava giocare, con le sue dame e i suoi favoriti, a pastori e contadini in quel parco di divertimenti isolato dal mondo che era Versailles, mentre alle porte del palazzo le masse affamate stavano dando fuoco alla miccia della rivoluzione francese. Nonostante queste mistificazioni letterarie, comunque, la pastorizia non perderà mai del tutto il suo segno di laboriosità e di fecondità proprio della vita a contatto con la natura, il suo simbolismo di lavoro sano e di riposo ristoratore. Per questo, soprattutto negli scrittori e pittori realisti, il pastore e il suo gregge verranno ritenuti ancora a lungo come un'unità di misura nel paesaggio.

È così dunque che sfociamo nel legame tra i paesi dell'*ager* e il nomadismo dei pastori. Le differenze nella percezione dello spazio negli uomini sedentari e in quelli invece obbligati agli spostamenti sono state avvertite in maniera molto forte. Abbiamo definito gli uni come agricoltori o borghesi, gli altri come viaggiatori o transumanti: l'unica cosa certa è che incarneranno archetipi contrastanti nel loro rapporto con l'ambiente circostante. In questo modo nelle rispettive cosmovisioni si sono venute contrapponendo le forme di vita stabile e mobile, statica e dinamica. Non è altro che il confronto, come ci racconta l'allegoria di Italo Calvino, tra colui che naufraga nell'ignoranza dei luoghi disabitati e colui che naviga, invece, attraverso il nome proprio di tutte le pietre e di tutte le erbe[16].

La dialettica che ha luogo nella percezione del paesaggio propria delle popolazioni stanziali e di quelle transumanti introduce alla dicotomia tra la contemplazione permanente e quella passeggera. Qualsiasi terra o bene produttivo che si trovi lontano anche solo poche leghe dalla propria residenza risulta inaccessibile per il suo sfruttamento e dà luogo a un altro spazio abitato che diventa il vicinato. Al contrario, il pastore che pratica la transumanza, insieme ai suoi compagni di viaggio, come i carrettieri, i mercanti e i viaggiatori di ogni tipo e condizione, dispiega uno sguardo generale su tutti gli elementi fisici e umani che gli si aprono davanti nel corso del suo viaggio «verso i confini» o nel suo viaggio da porto a porto.

L'articolazione territoriale della Penisola Iberica obbedirà, oltre agli altri fattori di natura geografica, politica, militare, etnografica e sociale, alle costruzioni materiali del potere e al circuito economico che formano le attività affini al ramo della fattoria della Mesta. Ne consegue che la prima cosa che il pastore transumante, che durante i secoli nei quali fu vigente la Mesta si addentrava attraverso i passaggi a lui riservati in spazi punteggiati di capanne, percepiva già da lontano era la sagoma imponente del castello. Soprattutto quando la proliferazione degli stessi tra le colline della Submeseta Settentrionale e le serre dell'Estremadura, della Mancia e dell'Andalusia portò a far nominare quell'entità politica con il nome di Corona di Castiglia. Questa sentinella del paesaggio sarà nel corso dei secoli il simbolo del potere; ora i simboli, come le geografie e le iconografie storiche, vengono interpretati in maniera diversa secondo lo spettatore.

In questo senso, durante il Medioevo ebbe luogo in tutta Europa un fenomeno analogo al processo di *incastellamento*, di riassetto territoriale e colonizzazione a opera di gente proveniente dai castel-

---

[16] I. CALVINO, *Le città invisibili*, Milano, Mondadori, 1995. Sulle relazioni tra letteratura e pastorizia si veda P. BESNEHARD, *La littérature pastorale du XVIe siècle au XXe siècle: les petits-enfants de Pan*, in J.-C. DUCLOS e A. PITTE (a cura di), *L'Homme et le mouton dans l'espace de la transhumance*, Grenoble, Éditions Glénat, pp. 119-124.

li[17]. Questa antropizzazione del paesaggio aveva posto l'habitat e la vita materiale ai piedi del centro del potere, ovvero le abitazioni dei villaggi e i movimenti delle greggi erano vigilati e protetti allo stesso tempo dal castello. Senza dubbio cambiava molto l'ottica a seconda che l'infrastruttura spaziale che costituiva la fortezza fosse osservata dal basso o dall'alto, dagli occhi del vassallo o da quelli del signore. La percezione del castello dal basso evoca la missione sociale della nobiltà e di istituzioni come gli ordini militari o la stessa figura del Re Cattolico, vale a dire la guerra contro l'infedele, la difesa della Cristianità dalla minaccia della Mezzaluna. Questo ruolo implicava la protezione dei servi che trovavano riparo nei *mansos*, da dove giungeva la rendita in eccesso e il lavoro nelle terre del signore, ma anche la libertà di passaggio e il pasto assicurato nelle numerose capanne. Da qui la comparsa delle milizie armate che garantivano la sicurezza degli uomini e dei beni, quando la pratica endemica delle razzie convertiva il bestiame nella forma più appetibile di bottino a causa della sua mobilità e per la possibilità di utilizzarlo e di venderlo in fretta. In epoca moderna questa visione sarà più simbolica che reale, e sopravvivrà sotto forma di imposte signorili sul bestiame transumante. In realtà la *castillería* e altri strumenti di arbitraggio dello stesso tenore continueranno fino all'estinzione, nel XIX secolo, della Mesta e con essa della fiscalità privilegiata, quando ormai da molto tempo la minaccia islamica si annidava solo nell'immaginazione dei funzionari fiscali e nel peggiore dei casi sulla sponda meridionale del Mediterraneo.

Nello stesso modo, dal basso si alzavano le croci che svolgevano la funzione di assistenza spirituale ai fedeli, lavoro del *cura animarum* e del frate nelle chiese interne alle mura e delle cappelle all'esterno di queste. Questi ministeri sacerdotali e di beneficenza erano svolti da tutta una rete di parrocchie, templi, conventi, ospedali e santuari posti sotto la tutela di cellule monastiche del clero regolare,

---

[17] P. TOUBERT, *Castillos, señores y campesinos en la Italia medieval*, Barcellona, Crítica, 1990; V. FUMAGALLI, *Uomini e paesaggi medievali*, Bologna, Il Mulino, 1989; C.J. BISHKO, *El castellano, hombre de llanura...*, in *Homenaje a Jaime Vicens Vives*, Barcellona, Universidad de Barcelona, 1965, I, pp. 201-218; J.A. GARCÍA DE CORTÁZAR, *Organización social del espacio en la España medieval*, Barcellona, Ariel, 1985.

ma anche da responsabili di santuari, eremiti e anacoreti che spesso agivano autonomamente. Questo aspetto religioso e assistenziale faceva riferimento agli *oratores*, che difendevano il regno con la preghiera e la cui vocazione andò dissolvendosi pian piano col passare del tempo, di pari passo con l'affermazione dell'economia pastorale di alcuni di questi siti, di modo che mentre le figure dei monaci fattori e degli amministratori saranno oggetto delle invettive dei colti, trascinandosi dietro la nomea di non seguire più la vita claustrale e di condurne invece una mondana, alcune delle più grandi imprese transumanti apparterranno a monasteri potenti come El Paular, El Escorial e Guadalupe. Da parte del potere le cose erano viste in altro modo. Terre e vassalli dipendevano giuridicamente, politicamente ed economicamente dal proprio signore giurisdizionale laico, ecclesiastico o reale. I paesi si trovavano inquadrati nelle divisioni amministrative ed ecclesiastiche dell'Antico Regime. Le signorie traevano sostentamento dalle rendite rimesse dalla popolazione che da esse dipendeva, contadini, artigiani e allevatori: i *laboratores* che sostenevano il regno con il loro lavoro.

La percezione dall'alto implicava anche il controllo dello spazio. Se all'inizio ciò aveva un fine militare, nei secoli dell'età moderna si trattava di controllare strade e passi al fine di regolare i traffici di persone, animali e mercanzie, e sfruttarli dal punto di vista fiscale. Tutti i lavori che avevano a che fare con lo spostamento a piedi, da quello del trasportatore a quello del pastore transumante, prevedevano il pagamento di pedaggi a ogni attraversamento di ponte, per entrare in città, per attraversare i fiumi in barca; e se, almeno in teoria, questi pedaggi dovevano servire per contribuire al mantenimento del buono stato delle infrastrutture e alla difesa dal banditismo, in pratica non furono altro che una buona occasione per i signori e per i consigli di accumulare ulteriore denaro e finirono per diventare parte integrante dei costumi del luogo. Il territorio solcato dalle greggi transumanti era un succedersi di incroci, di sentieri tortuosi e di canneti, che passava dai boschi di montagna a pianure steppose, da stazioni selvagge al rigore climatico e vegetale. Di questo fitto reticolo di vasi comunicanti che diventano le rotte della pastorizia ci è stata lasciata un'immagine grafica e letteraria indelebile: la solitudine spaziale della Mancia che ci viene ricordata dall'avventura di Don Chisciotte quando si scaglia contro due greggi di pecore confondendole con eserciti pronti a battersi. Alla fine di tutto questo discorso, possiamo dire che questo spazio era esemplificato dal simbolo del castello e questo rappresentava il peso inesorabile del potere.

Per quel che si riferisce alla percezione del paesaggio agropastorale in tutti gli altri sensi, ci si trova di fronte a un miscuglio di sensualità e adorazione della Madre Natura. I cicli naturali, attraverso il tema ricorrente delle quattro stagioni come argomento creativo – dal pantheon romanico di San Isidro de León a Francisco Goya – scandivano il tempo della società contadina. La successione ininterrotta di morte e risurrezione dei campi e degli uomini faceva della vita stessa un processo di ritorno alla terra, *fons vitae* da cui si nasceva per tornare a riposare nel suo seno materno.

Il mondo rurale ha ispirato la canzone popolare evocando i doveri e il calendario agropastorali, mentre la musica colta ha incentrato maggiormente la sua attenzione sul suo stato primitivo e selvaggio. Alla prima fanno riferimento le canzoni relative al lavoro dei campi; alla seconda sono più familiari gli esempi di musica programmatica e descrittiva che ritraggono con suoni i versi degli uccelli, il rumore dell'acqua di fiumi e mari, la violenza della tempesta e i suoi raggi infernali. Legate alla percezione ciclica del tempo nel campo sono composizioni come *Le quattro stagioni* di Antonio Vivaldi. Sotto forma di riferimenti isolati e con distinta finalità fu composta la cosiddetta *Cantata contadina*, composizione profana BWV 212 di Johann Sebastian Bach, da considerarsi più un divertimento nobiliare, e un frammento dell'opera *Don Giovanni* di Wolfgang Amadeus Mozart, nel quale fanno la loro comparsa contadini intenti a celebrare una festa campagnola.

Per quanto riguarda l'olfatto nelle campagne, i fiori lasciano posto ai frutti e la varietà di specie coltivate e selvatiche mostra autentici paradisi artificiali, la cui creazione divina affonda le radici nella Genesi. E le erbe, simbolo di fecondità e ricchezza, divennero alimento per il genere umano e per gli animali, con il predominio dei cosiddetti *panes*, ovvero i cereali che potevano essere trasformati in pane, che insieme alla vite e all'olivo diedero luogo alla trilogia mediterranea, mentre con il foraggio e il luppolo costituirono l'equivalente atlantico di questa trilogia.

Questo substrato neolitico che si prolungherà nel tempo è arricchito dalla fatica dei «cacciatori di piante», come il filosofo Alberto Magno, che portò in Occidente fiori originari dell'Europa settentrionale, i crociati che fecero lo stesso con le specie orientali al loro ritorno dalla Terra Santa, gli erboristi e botanici rinascimentali, gli esemplari importati dai nuovi continenti e gli studi scientifici di Carlo Linneo nel Secolo dei Lumi. Di fatto le piante coltivate portate in luoghi differenti da quelli d'origine trasformeranno la vita degli uomini, e questi movimenti si moltiplicheranno a partire dalla scoperta dell'America. Ma quella che richiamerà l'attenzione dei pittori sarà la vegetazione spontanea, che diverrà protagonista dei loro dipinti, come testimoniano le opere illusioniste e allegoriche di Giuseppe Arcimboldo, nelle quali sono mescolati frutti e animali.

Il gusto si esprime in termini contadini, come l'ostentazione gastronomica che si trova nel *Banchetto nuziale* di Pieter Brueghel. Ciò rende possibile la distinzione tra due sistemi culturali che vedono nel pane lo strumento reale e simbolico dell'esistenza stessa, posto che dal grano dipendono la vita, la morte e il sonno. In questo modo il «pane bianco» delle classi egemoni si contrappone al «pane nero» dei poveri che, mescolato a erbe e semi stupefacenti e insieme alla debolezza delle sue difese naturali propiziava sogni iperbolici in cui trovavano posto paradisi artificiali e un mondo completamente trasformato.

Infine, il tatto mostra una successione di immagini – dalla solidarietà della famiglia patriarcale al contratto matrimoniale, dalle feste tradizionali alle fantasie superstiziose, dalle orge delle taverne alla rivolta sociale – in cui alla brutalità di molte di queste manifestazioni si sovrappone una non meno violenta repressione da parte della Chiesa e del potere politico; l'esperienza affettiva, nelle società preindustriali, venne vissuta attraverso queste imposizioni e resistenze. Se i nuclei di base della riproduzione del sistema erano la famiglia e la casa, la prima si divideva tra il modello «nucleare» – composto di marito, moglie e figli – e quello «esteso» – che raggruppava diversi nuclei e generazioni [18]. La vicinanza delle fattorie consolidò la co-

---

[18] E.R. Wolf, *Los campesinos*, Barcellona, Labor, 1971, pp. 83 e segg.

scienza di comunità, che si esprimerà in relazioni di buon vicinato. Ma bisogna fare attenzione, perché la vicinanza non era idillica, dovuta cioè alla natura intrinseca dell'uomo, ma al contrario era il risultato della comune necessità, in quanto ognuno dipendeva dall'aiuto dell'altro. È così quindi che l'uomo moderno ha rinunciato al senso verticale della casa di campagna, l'«immagine o centro del mondo» che passa da padre in figlio come un simbolismo cosmico, e si è visto obbligato a frazionarla orizzontalmente tra i membri della famiglia o a emigrare alla ricerca di nuovi paesaggi dove guadagnarsi il pane per vivere.

Inoltre, se la sessualità era più regolare tra gli agricoltori – ora attraverso il matrimonio per via del maggiorasco, ora tramite la prostituzione – essa diventava ciclica per i pastori transumanti, la cui demografia assume ritmi stagionali regolati sulla base delle necessità del proprio bestiame. Il carnevale degli animali rappresentava la perdita di inibizioni carnali rispetto all'inquadramento secolare della sofferenza campagnola. Il giorno dopo tutto tornava al suo posto e mentre i soggetti più ancestrali continuavano a recitare «Dacci oggi il nostro pane quotidiano», i contadini del secolo XIX che acquistano coscienza di classe rivendicheranno «la conquista del pane» con propositi rivoluzionari.

CAPITOLO III

E così dice il Signore Jahvè: questa è Gerusalemme. Io l'avevo posta al centro delle genti e delle terre che le stanno intorno.

(Ezechiele, 5, 5)

Una città è un perfetto e assoluto complesso o comunione di molti paesi o strade racchiuse in una unità.

(ARISTOTELE, 384-322 a.C, *Politica*)

Nella Genesi fu Dio, divino contadino della creazione, a lavorare il Giardino nell'Eden, mentre spettò alla progenie di Caino edificare la Città sulla Terra. Quando gli uomini crebbero e si moltiplicarono dopo la cacciata dal Paradiso o, se si preferisce, quando la rivoluzione neolitica rese sedentarie le tribù di cacciatori e raccoglitori, sorsero le prime forme di capanne, le case, il quartiere, il paese... Il fenomeno urbano, dagli *oppida* celtici alle *poleis* greche, fu una conseguenza della specializzazione tecnologica apportata dai metalli. Infatti era necessario trovare luoghi sicuri per lavorare e approvvigionarsi di materie prime e di generi alimentari per cui, nel momento in cui si andò oltre i limiti della comunità rurale autosufficiente, presero corpo l'artigianato e il commercio in una diversa dimensione che dalla città portò all'urbe.

Senza dubbio, città e urbe non erano sinonimi tra i popoli più antichi: la città era l'associazione religiosa e politica delle famiglie e delle tribù, mentre l'urbe era il luogo di riunione, il domicilio e il santuario di questa associazione. Alla fine di un processo evolutivo si trova il concetto di *civitas*, luogo colto e coltivato in cui, in nome dell'ordine, si procedette alla divisione del lavoro e delle funzioni e ad una prima stratificazione sociale degli abitanti. Questi tre stadi in cui si può dividere la civilizzazione – attenzione alla salute dell'anima, delle *élites* e delle masse – rispondono ad altrettanti modelli: la città morale, quella ideale e quella reale.

La configurazione dello spazio rurale e urbano, della dialettica tra campo e città, sarà il risultato dell'incrocio tra attitudini mentali e condizioni economiche, sociali e politiche. In questo gioco di interscambi e conflitti la città, o l'invocato «spirito cittadino», finì per imporsi nel corso della lunga durata come sistema di valori dominanti, cosa che arrecherà crisi d'identità, movimenti sociali e disequilibrio nell'ambiente. Il passaggio che si ha durante il basso medioevo dal paesaggio tormentato delle città morte a quello della colonizzazione urbana, che si rintraccia nel ricorso, nel teatro, alle rovine e ai fantasmi, ci è illustrato da Vito Fumagalli:

> Le pietre erano sacre perché custodivano sepolcri ed ossa di morti, di cristiani assassinati dai barbari. Le pietre «vivevano», suscitavano un'angosciante sensazione di paura e attrazione, «esigevano» che si ridesse loro la vita [...] Così la città (e non solo quella) rivive, cresce, si esalta nelle sue cattedrali, ogni volta più alte, si arricchisce con il commercio e gli affari [1].

Il sistema feudale, basato sull'autarchia e sulla terra come fonte di ricchezza, non necessitava della città. È per questo che i resti materiali delle città classiche vennero contemplati ora con occhi di ammirazione, ora con sentimenti di superstizione, ma senza cercare mai di comprenderli. La rovina architettonica aveva sviluppato un doppio significato: quello di castigo divino per i peccati commessi dalle civiltà del passato e quello di nostalgia per la grandezza persa che si dovrebbe cercare di recuperare. Ciò non fu d'ostacolo a che lo sviluppo urbano medievale mantenesse legami con quello dell'epoca romana, mediante l'espansione della Chiesa cristiana – le cui comunità nascevano nella città: e nel centro della città si situava la *cathedra* episcopale – e attraverso l'afflusso di mercanti che sod-

---

[1] V. FUMAGALLI, *Las piedras vivas. Ciudad y naturaleza en la Edad Media*, Madrid, Nerea, 1989, pp. 10-11. La differenziazione tra città e urbe nell'età antica è stata avanzata da N.N. FUSTEL DE COULANGES, *La ciudad antigua*, Barcellona, Gráficas Diamante, 1965, p. 170, in cui afferma che la fondazione di un centro abitato costituiva sempre un atto religioso, e il luogo più venerato era l'altare, dove si conservava il fuoco sacro.

disfacevano le necessità proprie dell'istituzione ecclesiastica e dei suoi servi. In questo fenomeno di creazione o reinvenzione delle città finirono per convergere fattori molto diversi, come la sopravvivenza di nuclei romani, la sicurezza che cercavano all'interno delle cinte murarie i mercanti e i contadini che lavoravano i campi circostanti, il fiorire della borghesia nell'Europa settentrionale e lo spostamento all'interno della città della rivalità nobiliare nell'area mediterranea, finché col passare del tempo fecero la loro comparsa le Corti permanenti e l'aristocrazia cominciò a costruire palazzi intorno al centro del potere sovrano e alle sue prebende politiche, economiche e culturali.

A partire da questo momento le città, densamente popolate e con vari settori di attività, possono essere catalogate sulla base della grandezza, delle funzioni e della situazione legale. Le piccole circonferenze formate dalla lenta aggregazione di parti che erano i *faubourgs* medievali lasciarono posto all'unità centralizzata propria del manierismo. Il rinascimento urbano dei secoli moderni rivelerà una trilogia concettuale differente rispetto a quella del mondo classico: la città simbolica, la città utopica e la città profana.

Gli studi relativi alla percezione dello spazio urbano hanno ricevuto apporti innovativi dalla cosiddetta «geografia della percezione e del comportamento». Questa disciplina viene interpretata come una contestazione della geografia quantitativa, che utilizza modelli economici nella convinzione che l'unico comportamento razionale dell'uomo sia quello che risponde a criteri materiali. Al contrario la scuola poc'anzi ricordata prende le mosse dall'idea che le decisioni adottate dall'uomo non sempre rispondono a criteri di razionalità economica per cui, come nota Aurora García Ballesteros:

> [...] si cominciò a parlare dell'esistenza del cosiddetto *homo satisfaciens*, il cui comportamento si discostava abbastanza da quello dell'*homo economicus* [...]. Ci fu quindi lo sviluppo di una nuova tradizione tematica nell'ambito della scienza geografica, tradizione che possiamo chiamare della «dimensione soggettiva» della percezione e del comportamento individuale [2].

---

2 A. García Ballesteros (a cura di), *Teoría y práctica de la geografía*, Madrid, Alhambra, 1986, p. 56.

Questa dimensione ritiene che l'individuo adotti le sue decisioni in funzione dell'immagine che si fa dello spazio, ovvero che non esista una conoscenza oggettiva del mondo, ma soltanto immagini personali, varie e mutevoli. Acquista dunque importanza il soggettivismo e la visione egocentrica ed etnocentrica dello spazio, dal momento che il comportamento umano nell'ambiente terrestre è mediato dall'immagine mentale che di questo ha il soggetto[3].

L'interesse per lo studio delle immagini del mondo raggiunse una grande diffusione negli anni Sessanta del Novecento e si sviluppò con forza una linea di ricerca dedicata alla percezione dello spazio urbano. Promossa dagli urbanisti della cosiddetta Scuola di Chicago, questa corrente prende le mosse dall'opera di Kevin Lynch *The Image of the City*, nella quale viene studiata l'idea che gli abitanti dell'America settentrionale hanno delle loro città[4].

Da parte sua, per la «geografia umanistica» la ricerca di spiegazioni causali o dello stabilirsi di leggi generali circa il comportamento umano entra in contraddizione con la libertà di scelta propria della natura umana. Ciò che preoccupa questi autori è il legame affettivo emozionale che unisce la persona con l'ambiente circostante. In alcuni casi comunque, nonostante le loro differenze epistemologiche e metodologiche, per quel che riguarda la percezione del paesaggio urbano la geografia del comportamento e quella umanistica hanno in comune la valorizzazione della dimensione soggettiva e dell'esperienza personale.

Anche l'urbanistica e la sociologia si sono occupate della storia della città, a partire dal momento in cui il fenomeno dell'urbanizzazione sperimenta un'accelerazione senza precedenti in virtù dell'avvento del capitalismo e della rivoluzione industriale. Tra i diversi

---

[3] H. CAPEL, *Percepción del medio y comportamiento geográfico*, in «Revista de Geografía», Barcellona, 1973, 1-2, p. 58. Alcuni titoli di «geografia della percezione» sono: J. BOSQUE MAUREL, *Percepción, comportamiento y análisis geográfico*, in «Boletín de la Real Sociedad Geográfica», Madrid, 1978; J. ESTEBANEZ, *Consideraciones sobre la Geografía de la Percepción*, in «Paralelo 37°», Almería, 1980. Per l'aiuto fornito in questo ambito, devo ringraziare l'amico Antonio Pérez Díaz, insieme al quale ho preso parte a numerosi congressi sull'Estremadura e sulla transumanza.

[4] Il libro di Kevin Lynch, conosce una versione in lingua italiana: *L'immagine della città*, Venezia, Marsilio, 2001.

contributi apportati da queste due discipline, è degno di rilievo quello di Henri Lefèbvre, per il quale la città non può essere compresa prescindendo dalle istituzioni sorte dalle relazioni di classe e dalla proprietà, il che conduce allo sfruttamento dell'intera società – non solo del proletariato, ma anche degli altri gruppi non appartenenti all'oligarchia dominante – e a manifestare il diritto alla città come la forma più alta di diritto. Il sociologo Manuel Castells distingue due significati in relazione al concetto di fenomeno urbano, inteso in un primo senso come concentrazione spaziale della popolazione a partire da alcuni limiti di dimensione e densità e in un secondo senso come diffusione di valori, attitudini e comportamenti che vengono denominati «cultura urbana». Da parte sua, Aldo Rossi concepisce la città come un'architettura, una creazione collettiva e inseparabile dalla vita civile e dalla società in cui si manifesta [5].

La storiografia, da parte sua, non ha seguito il resto delle scienze sociali nell'analisi del processo di urbanizzazione in Europa. I classici lavori di Max Weber ed Henri Pirenne sulla rinascita urbana nel medioevo e sull'autonomia della città quale momento fondamentale per il progresso capitalista sono stati sorpassati da un'immensa letteratura sociale, in cui si supera la dicotomia tra la città «chiusa» del mondo feudale e la città «aperta» di quello moderno e in cui l'urbanizzazione viene intesa come «la dimensione spaziale della rivoluzione industriale e tecnologica degli ultimi due secoli» [6].

---

[5] H. LEFÈBVRE, *Il diritto alla città*, Padova, Marsilio, 1978; M.C. CASTELLS, *Problemas de investigación en sociología urbana*, Madrid, Siglo XXI, 1975; A. ROSSI, *L'architettura della città*, Milano, Città Studi, 1995; M. BOOKCHIN, *Los límites de la ciudad*, Madrid, H. Blume Ediciones, 1978; F. CHOAY, *L'urbanisme: utopies et réalités: une anthologie*, Parigi, Seuil, 1965.

[6] M. WEBER, *Economia e società*, Milano, Edizioni di Comunità, 1968; H. PIRENNE, *Le città del medioevo*, Roma-Bari, Laterza, 2001; P.N. STEARNS, *European Society in Upheaval: Social History since 1750*, New York, McMillan, 1975; H. CARTER, *The Study of Urban Geography*, Londra, Arnold, 1976; D. CLARK, *Urban Geography*, Londra, Arnold, 1982; G. ROZMAN, *Urban Networks in Chi'ing China and Tokugawa Japan*, Princeton, Princeton University Press, 1973; G. ROZMAN, *Urban Networks in Russia, 1750-1800*, Princeton, Princeton University Press, 1976. Per quanto riguarda le opere che parlano in particolare di Madrid segnaliamo: D. RINGROSE, *Madrid y la economía española, 1560-1850*, Madrid, Alianza, 1985; A. ALVAR EZQUERRA, *El nacimiento de una capital europea. Madrid entre 1561 y 1606*, Madrid, s.e., 1989; *Madrid. Atlas histórico de la ciudad*, Madrid, Fundación Caja de Madrid y Lunwerg Editores, 1995.

L'opera più originale e armonica rispetto alla nostra percezione urbana è quella di Richard Sennett, che nel suo libro *Carne y piedra* segue l'esperienza delle persone nella loro relazione con le costruzioni che le circondano, e che definisce il suo lavoro

> [...] una storia della città raccontata attraverso l'esperienza corporale delle persone: come si spostavano gli uomini e le donne, cosa vedevano e ascoltavano, che odori penetravano le loro narici, dove mangiavano, come si vestivano, quando si facevano il bagno, come facevano l'amore nelle città dall'antica Atene alla New York contemporanea [7].

La città morale, simbolica e perfetta è rappresentata, per le grandi religioni monoteiste, da Gerusalemme. La Città Santa delle tre culture incarnerà la speranza messianica e si trasformerà in uno dei temi ecumenici del medioevo. Per la tradizione cristiana era il Paradiso Terrestre, scenario della passione di Cristo, dove si compiranno le predizioni dell'*Apocalisse*. Per quella ebraica alcune delle sue porte, che potevano essere contemplate dal monte Moria, con la cui polvere era stato creato Adamo e da dove era stato espulso dall'angelo con la spada fiammeggiante, conducevano all'inferno in cui ardeva l'ira di Dio. Anche per la tradizione musulmana, che situava nella moschea di Omar l'ascesa di Maometto al cielo, due porte contrapposte conducevano all'Eden e al fuoco divoratore dell'inferno. Tutte la consideravano come il microcosmo della Terra Promessa.

Il contrasto tra città buone e cattive risponde ad archetipi molto antichi. In questo senso la risposta alla perfetta Gerusalemme, culla del bene custodito nel suo Tempio, è data dalla peccatrice Babilonia, nido del male descritta come piagata da serpenti e draghi. La stessa divisione esisteva nel mondo islamico, in cui il principio di Dio risiedeva a Baghdad, mentre quello del diavolo stava a Makka, infestata dal peccato del falso Messia. Attraverso le crociate poi si verificheranno commistioni cosmo-architettoniche tra musulmani e cristiani.

---

7 R. SENNET, *Carne y piedra. El cuerpo y la ciudad en la civilización occidental*, Madrid, Alianza, 1997, p. 17. L'idea della città quale luogo per eccellenza per la convivenza sociale è sviluppata da J. CARO BAROJA, *Paisajes y ciudades*, Madrid, Taurus, pp. 127 e segg. Sulla stessa linea si muove M. AGUILÓ, *El paisaje construido. Una aproximación a la idea de lugar*, Madrid, Colegio de Ingenieros de Caminos, Canales y Puertos, 1999, pp. 185-232.

Come si domanda con acutezza Juan Antonio Ramírez: «Come possiamo riferirci alle città senza ricorrere ai miti fondanti?»; in questo senso la Città Santa sarà frontiera ora tra il deserto e le terre fertili, ora tra il Cielo e la Terra e, come ricorda Rafael Dezcallar, la sua genesi fu religiosa [8].

L'immagine del mondo propria dell'Europa medievale fu elaborata dai teologi, e faceva riferimento più ai dogmi che non ai dettagli topografici, più alla geografia immaginaria che a quella reale. Di modo che, seguendo un'interpretazione tratta dalle Sacre Scritture, i chierici che descrivevano lo spazio nelle loro *mappae mundi* puntarono su un'astrazione mistica, dando alla Terra la forma sintetica e piana di una T inscritta in una O: nella parte più alta era collocato il Paradiso da dove sgorgavano i fiumi sacri, la divisione tripartita dei continenti (Europa, Asia, Africa) era in correlazione con la ripartizione etnica dell'umanità (le tribù di Jafet, Sem e Cam, figli di Noè e, per alcuni autori, antenati dei tre Re Magi), ai margini trovavano posto le terre ignote abitate da mostri e il centro dell'universo era Gerusalemme [9]. Questa visione del mondo, che si ritrova tanto nell'opera dei santi padri della Chiesa che nei *Beatos* miniati nei monasteri – protrattasi fino al XVI secolo, quando la ritroviamo nel *Sogno di disegnare il mondo* di James Cowan – sarà anche presente nell'infuocato sermone pronunciato da papa Urbano II a Clermont-Ferrand, nell'anno del Signore 1095, con cui il santo padre chiamava alla crociata per la conquista della Città Santa «situata al centro della terra [...] e più fertile di qualsiasi altra, simile al paradiso delle delizie» [10].

---

[8] Per quanto riguarda il concetto di città ideale nella cultura araba si veda J.M.F. VAN REETH, *The Paradise and the City: Preliminary Remarks on Muslim Sacral Geography*, in *Across the Mediterranean Frontiers: Trade, Politics and Religion, 650-1450*, in «International Medieval Research», Leeds, 1997, 1, pp. 235-253; J.A. RAMÍREZ, *Imagen de la ciudad, imágenes en la ciudad*, in *Ciudades sin nombre. Catálogo de la exposición* (Madrid febbraio-marzo 1998), pp. 17-26; R. DEZCALLAR, *Entre el desierto y el mar. Viaje por Israel y Palestina*, Barcellona, Destino, 1998.

[9] Il passaggio dalla geografia immaginaria a quella reale è analizzato in P. GARCÍA MARTÍN, *La cruzada pacífica. La peregrinación a Jerusalén de don Fadrique Enríquez de Ribera*, Barcellona, El Serbal, 1997, in cui si trova anche un commento sulla cartografia cristiana e su quella musulmana.

[10] Citato da F.E. PETERS, *Jerusalem. The Holy City in the Eyes of Chroniclers, Visitors, Pilgrims and Prophets from the Days of Abraham to the Beginnings of Modern*

Ciò non toglie che vi fosse una certa dicotomia nella *imago mundi* che i cosmografi cristiani e islamici plasmavano nelle rispettive cartografie. Di modo che, se nelle mappe T-O (*Orbis Terrarum*) cristiane l'ombelico del mondo era Gerusalemme, in quelle musulmane il centro del mondo era la pietra nera della Kaaba della Mecca, dividendo quindi lo spazio abitato in due regioni complementari, ovvero: *dar al-islam* o casa dell'islam, e *dar al-harb* o territorio della guerra. E benché questa rappresentazione formale, carica di tinte dottrinali ed ereditata dal medioevo, scomparirà progressivamente con le scoperte atlantiche e l'espansione europea nel Nuovo Mondo, sarà ancora presente nella geografia religiosa di teologi e *ulema* del XVI secolo.

La Gerusalemme Celeste cullerà i sogni profetici di cristiani, ebrei e musulmani, i quali la descriveranno come *gloria in excelsis* riflessa nello specchio terreno, «nucleo del mondo» nell'*Antico Testamento* e «trono di Allah» nel *Corano*. Come conclude Umberto Eco nel suo *Palinsesto sopra Beato*:

> È quasi la fine della visione (dell'Apocalisse). Appare, discesa dal Cielo, la Città Santa, la Gerusalemme Celeste [...] Mentre un fiume di acqua benedetta promana dal trono di Dio e dall'Agnello, il Veggente ascolta dalla bocca di un angelo le profezie della salvezza finale e l'invito a divulgare la sua visione affinché tutti sazino la loro sete a quella fonte [11].

Più tardi, la terra verrà disegnata secondo il modello delle «mappe a ruota» o «mappe dogmatiche», con pianta circolare e una croce inscritta all'interno, visto che sia il quadrato che il cerchio costituiscono simboli geometrici di perfezione la cui mistica dominerà tutta l'età media, così come la presenza dei dodici apostoli non è altro che la mirabile conseguenza della moltiplicazione di due numeri sacri, il tre e il quattro. Le più belle chiese templari adotteranno come model-

---

Times, Princeton, University Press, 1985, p. 281. Per quanto riguarda il racconto di J. Cowan, *Il sogno di disegnare il mondo: le meditazioni di fra' Mauro cartografo alla corte di Venezia*, Milano, Rizzoli, 1998. Il protagonista è un frate veneziano, fra' Mauro, che nel ritirarsi nel monastero di San Michele a Murano ha come intenzione quella di creare la mappa perfetta, quella che raccoglie in sé tutte le altre.

[11] La citazione è tratta dall'introduzione di Umberto Eco all'edizione illustrata di *Beato de Liébana*, Milano, Franco Maria Ricci, 1983, p. 24.

lo la pianta della Cappella della Rocca. La stessa figura rotonda e astratta si ripeterà a partire dalle illustrazioni del *Liber Floridus Lamberti* di Gand e fino alla *Divina Commedia* di Dante Alighieri, in cui la Città di Dio rappresenta il centro del mondo conosciuto, a partire dal quale si dipanano le sfere celesti.

Questo santuario di sogni messianici sarà considerato un edificio perfetto dal momento che, essendo state le sue forme e le sue proporzioni ispirate da Dio, riprodurrà la stessa struttura armonica che governa l'universo. Salomone non avrebbe fatto altro che seguire i dettami del Sommo Architetto per ospitare l'Arca dell'Alleanza nella Casa del Signore. L'iconografia di questa «meraviglia giudaica» oscillerà dunque tra le versioni tradizionali e quelle scientifiche e sarà un tema molto fecondo per architetti e pittori, che lo sfrutteranno nelle chiese e nelle sinagoghe [12].

In particolare, le ricostruzioni del Tempio di Salomone ricevono uno speciale rilievo storicista durante il Cinquecento, sullo scorcio delle lotte religiose e ideologiche scatenate dalla Riforma e dalla Controriforma. In questa sintonia di urbanistica religiosa, Matteo Selvaggio creerà nel 1542 un ideogramma cercando di rintracciare una qualche corrispondenza tra i dati topografici di Roma e quelli di Gerusalemme. La ricerca più coscienziosa e di maggior impatto sul mondo intellettuale europeo è il libro *In Ezechielem Explanationes et Apparatus Urbis ac Templi Hierosolymitani*, il cui primo volume vide la luce nella Città Eterna nel 1596 e gli altri due nel 1604. Questa grande opera fu commissionata da Filippo II ai padri Jerónimo Prado e Juan Bautista de Villalpando, gesuiti di Cordova ritenuti delle eminenze in matematica e architettura, con lo scopo di riprodurre in stampa il Tempio di Salomone con la maggiore perfezione possibile, prendendo spunto da antichissime riproduzioni originali conservate in Vaticano, nonché per vedere se si sarebbe compiuta la profezia di Ezechiele sul nuovo liberatore della Città Santa. La predizione biblica recitava che la città conquistata dal valore di re David e rinforzata dalla saggezza di suo figlio Salomone sarebbe tornata nelle mani del

---

[12] Lo studio più completo sull'evoluzione dell'iconografia del Tempio è quello di J.A. RAMÍREZ, *Construcciones ilusorias. Arquitecturas descritas, arquitecturas pintadas*, Madrid, Alianza, 1988, pp. 113-214.

popolo di Dio e che il suo tempio sarebbe stato ricostruito quando fosse apparso il monarca scelto per restaurare Israele. Intorno a questo vaticinio, che già era stato usato nei confronti dei Re Cattolici dopo la conquista di Granada tramite le profezie dello Pseudo Metodio e l'apocrifo dell'abate Gioacchino da Fiore, venivano rilasciati pareri contraddittori da parte di persone molto importanti. Così, mentre Arias Montano pensava che non fosse il tempio di Salomone quello descritto dalla profezia, il papa Pio V, il cardinale di Toledo, la Compagnia di Gesù e il partito legato all'Eboli incoraggiavano questo messianesimo palestinese.

Fino alla seconda metà del XVI secolo il lavoro era stato valutato soltanto come un progetto di architettura herreriana – sul modello del classicismo sacro dell'Escorial – una specie di sintesi tra le due tradizioni biblica e vitruviana, ma a noi interessa anche e soprattutto mettere in risalto la sua valenza di strumento politico; tanto il papa quanto la fazione «crociata» della Corte spagnola attribuiranno, infatti, alla persona di Filippo II la facoltà di ergersi a imperatore d'Oriente, in grado di unire tutti i cristiani per vincere l'infedele ottomano, e ciò soprattutto dopo l'euforica vittoria di Lepanto.

Se per gli ebrei l'asse del circolo del cosmo era costituito dalla prima pietra del Tempio, i musulmani lo rintracciavano nella Cupola della Rocca o moschea di Qubbat el Sakkra, dove Abramo accettò il sacrificio di suo figlio Isacco, mentre i cristiani veneravano l'*omphalos* conservato in un vaso all'interno della chiesa del Santo Sepolcro, il che darà il via alla ricerca del Graal del ciclo di Artù e dei suoi cavalieri e a quella della pietra filosofale da parte degli alchimisti. Inoltre, questo cuore della fede e ombelico del mondo che era la Gerusalemme celeste sarà lo specchio in cui in seguito molte città europee e americane si vedranno riflesse come riedizioni della Nuova Gerusalemme o, a seguito di deformazioni politiche di vocazione imperiale, come la reincarnazione della Nuova Roma, che venne identificata col suo alone di prototipo divino o eroico prima con Costantinopoli e poi con Mosca.

La Gerusalemme Terrestre guadagnò terreno sugli archetipi ideali di pari grado con la penetrazione e lo stanziamento cristiano in Terra Santa attraverso la crociata e la *peregrinatio*. Noi abbiamo idea che entrambi i concetti siano vicendevolmente mutevoli all'interno di un gioco cronologico pendolare. La prima passò dal pellegrinaggio pacifico delle origini alla guerra santa e giusta nel suo sviluppo medievale; la seconda mutò da itinerario mistico a «crociata pacifica» nel corso dell'età moderna. In entrambe si portava come bandiera la croce ai Luoghi Santi, ora per riconquistarli agli occupanti infedeli, ora per ricordare la passione di Cristo, ma sia il guerriero sia il pellegrino non erano altro che la raffigurazione dell'*homo viator* in transito per il mondo terreno ma destinato alla vita eterna[13].

Quel che è certo è che ogni volta si ottenne un'immagine più reale della Città Santa, attraverso i diari e le narrazioni orali e scritte dei pellegrini e dei viaggiatori, a volte accompagnati da piante, raccolte lungo il tragitto, degli edifici e delle muraglie incontrate, nonché da disegni e xilografie. Nonostante ciò, questo passaggio da rappresentazioni fondate su una specie di naturalismo generale a rappresentazioni concrete e reali avverrà lentamente, perché per molto tempo quel che interessò trasmettere fu il complesso dell'unità della visione e non un monumento o un luogo particolare. In questo modo, i pittori del gotico cortigiano nonché i pre-rinascimentali presentano le città bibliche secondo un criterio di immediatezza, in un periodo in cui il paesaggio era soprattutto una creazione di laboratorio. Così per esempio nella *Crocifissione* di Masaccio, dipinta in un momento in cui si afferma il tema del luogo mistico e di Cristo che offre il suo sangue, che è fonte di vita, per lavare il peccato degli uomini, appaiono sullo sfondo le mura di Gerusalemme costruite alla maniera italiana; nell'*Adorazione dei Magi* di Hans Memling le finestre del pannello centrale lasciano scorgere una città dei Paesi Bassi, con strade ampie percorse da uomini a cavallo e viandanti; e lo stesso avviene con diverse opere del XV secolo esposte nel Museo del Prado. Con il Rinascimento aumenta il verismo, a volte tramite il ricorso a informazioni di prima mano come nel caso dell'*Ingresso di Gesù a Gerusalemme* di Jan van Scorel, che fu pellegrino in Terra Santa negli anni 1520-1521, il che permette di includere nella cornice la Cappella

---

[13] L'alone di eternità che circonda le città sacre è analizzato da E.H. KANTOROWICZ, *Los dos cuerpos del rey*, Madrid, Alianza, 1985, pp. 85-92. I concetti di crociata violenta e pacifica sono già stati analizzati in P. GARCÍA MARTÍN, *La cruzada pacífica*, cit., p. 149.

della Rocca e il Santo Sepolcro assieme alle porte e ai minareti. Parallelamente però si continuano a dipingere le scene della passione inserite in una cornice familiare, come fa El Greco con il suo *Cristo crocifisso*, davanti al quale pone il ponte di Alcántara e la cattedrale di Toledo.

La realtà fisica di Gerusalemme provocava così, in molti casi, delusione tra i pellegrini e i visitatori. Spesso questa iniziava con l'arrivo al porto di Giaffa, seguiva con la marcia fino alla capitale lungo rotte desertiche e faticose, e culminava con i quartieri sgangherati, le bancarelle variopinte e la sporcizia della Via Dolorosa. Come avverte Andrew Sinclair: «Gerusalemme fu sempre una visione piuttosto che un fatto reale, un sogno che non poteva finire se non con un triste risveglio»[14]. In questo senso, i viaggiatori che non finirono in uno stato di *trance* estatica di fronte alle supposte grazie divine della Città Santa emisero giudizi di condanna su di essa: Gregorio di Nizza la trovò piena di «pratiche vergognose», san Girolamo abitata da «numerose prostitute, attori e da ogni tipo di pagliaccio». Tuttavia sul finire del XIX secolo un gruppo di umili fattori svedesi, sedotti dalla predica di un pastore evangelista, emigrarono fondando una colonia millenarista in Terra Santa, naufragando in questo modo tra il fanatismo e la frustrazione; è così che la città celeste si fece terrena e i drammi che vennero vissuti in questa continuarono a causare dolori e passioni ancora alle soglie del nuovo millennio.

La città ideale, utopica e razionale si scioglie dalle precedenti preoccupazioni religiose per presentarsi come una novità frutto dell'umanesimo laico e simbolo dell'orgoglio civico; e benché gli urbanisti del Rinascimento riuscissero a sviluppare a pieno i loro progetti soltanto in pochi casi, presero coscienza del fatto di poter superare gli antichi, ottenendo che i loro trattati e i loro modelli occupassero il centro delle polemiche intellettuali. Questa reinterpretazione estetica dei principi dell'antichità inizia nelle città repubblicane italiane; a questo scopo fu decisivo il cambio generazionale operato nella cultu-

---

[14] A. SINCLAIR, *Jerusalén. La Cruzada interminable*, Madrid, Edaf, 1997, pp. 45 e segg. Dello stesso tenore è l'opera di K. ARMSTRONG, *Jerusalén. Una ciudad y tres culturas*, Barcellona, Paidós, 1996.

ra e nella politica, quando l'avanguardia abbandonò il corporativismo tecnico e manuale proprio degli artigiani medievali in favore del prestigio sociale procurato dall'attività artistica e letteraria. I patroni cominciarono ad accettare l'eccentricità degli artisti, definita *capriccio* e *genio* [15]. Da questa libertà degli artisti nasceranno dunque i progetti ideali.

Con questo risveglio del desiderio degli architetti a collaborare alle imprese urbanistiche e militari a maggior gloria del principe coincideranno fattori di diversa natura: la moda, diffusa tra i committenti, di recuperare il prestigio della Roma classica costruendo secondo schemi antichi e immortali; la trasformazione dello spazio urbano in spettacolo per mezzo delle entrate trionfali, delle processioni e dei festeggiamenti di ogni tipo; gli sfondi dei dipinti religiosi o mitologici che producevano un «vuoto» sempre maggiore nella comprensione del paesaggio; l'apporto letterario che suppose la riscoperta, nel 1414, de *I dieci libri sull'architettura* di Vitruvio. È così dunque che l'«architettura della pittura» anticipa l'«architettura degli architetti» e sarà sempre disposta ad accettare gli inviti più utopistici [16].

La *città perfetta* degli uomini del Rinascimento italiano costituiva anche un'alternativa al Paradiso, una proposta di perfezione rispetto a quanto già esistente, e non la nostalgia di un'origine felice ormai perduta, il sogno di superare la miseria del presente rispetto alla credenza di un passato migliore. Nei loro occhi brillano le eleganti linee del dipinto anonimo raffigurante la città ideale conservato nel Palazzo Ducale di Urbino. Così, mentre il millenarismo medievale metteva in cifra le sue speranze nel Messia e nella Provvidenza per incanalare il ritorno del Paradiso, la modernità assegnava ai principi e agli architetti la prometeica fatica di conseguire la felicità, che comportava il dominio dell'uomo sulla natura e la fede nel proprio operato.

Tra tutti questi progetti urbanistici ideali, nell'economia del presente lavoro interessano quelli che riguardano la città in un rapporto

---

[15] In italiano nel testo (*NdT*).

[16] J.A. RAMÍREZ, *Construcciones ilusorias*, cit., p. 45. Circa il genere utopistico si può consultare la selezione di testi di J. CAREY, *The Faber Book of Utopias*, Londra, Faber&Faber, 1999.

di fratellanza con il paesaggio. In questo senso, dalla proposta avanzata da Leon Battista Alberti nel suo *De re aedificatoria* si può prendere il carattere sperimentale, abbozzando un'imitazione della natura nelle strade che dovevano avere l'aspetto di fiumi, mentre le vie d'accesso avrebbero mostrato la loro dignità tramite un tracciato dritto. Ma soprattutto l'attenzione è attirata dal risalto che egli dà al paesaggio intimo dell'abitazione, nella quale il *cuore della casa* – atrio, patio e sala – appare come l'anello di contatto tra privato e pubblico, tra casa e città; stabilisce inoltre tutta una gerarchia di habitat, dalla fortezza del signore ai sobborghi periferici, passando per edifici pubblici, palazzi principeschi e case popolari, sebbene il pensiero dell'Alberti sia debitore al gruppo dominante al quale apparteneva e servirà da strumento di legittimazione sociale.

Più oltre si spinge Antonio Averlino, ribattezzato Filarete, il quale descrive e illustra nel suo *Trattato d'architettura* la città immaginaria di Sforzinda, così chiamata perché dedicata al *condottiero* e duca di Milano Francesco Sforza, la cui pianta doveva inscriversi in un paesaggio naturale del quale ci ha lasciato diversi disegni, rispondendo in questo modo alla simbiosi tra campagna e città che si andava diffondendo in quel momento in Lombardia e in Toscana. La preoccupazione per la colonizzazione del *contado* lo portò a scrivere un *Trattato d'agricoltura* e a pensare a tutta una rete di canali per facilitare l'arrivo dell'acqua nei borghi. Questa umanizzazione della natura lo porterà a riconsiderare argomenti relativi alle risorse materiali e all'ozio ameno, dalle abitazioni dei pastori alle pratiche cinegetiche, dagli spazi ricreativi alle feste nei boschi e nelle ville. Il disegno averliano assume come proporzioni per la costruzione degli edifici quelle antropomorfe del primo uomo, Adamo, e ubica Sforzinda nella valle dell'Indo, laddove la geografia immaginaria credeva si trovasse il Giardino dell'Eden. Nel centro della pianta a forma di stella della città situa la *Rocca del Signore* [17], nucleo da cui si genera il cosmo circolare di matrice neoplatonica, da dove si irradia l'attività demiurgica del potere. Inoltre, l'autore dice di aver trovato un «libro d'oro» nel quale è descritta l'antica città di Plusiapoli; l'artificio del libro nel libro gli permette di collegarsi al mito classico del recupero dell'Età

[17] In italiano nel testo (*NdT*).

dell'Oro o del Paradiso perduto [18]. Da ultimo, l'intenzione di Filarete non è religiosa, bensì civica, degna di un famoso rappresentante dell'umanesimo laico, come dimostrato dal suo disegno della «casa del vizio e della virtù» nei cui dieci piani l'accademia si sovrapponeva al bordello, essendo il suo obiettivo quello di conseguire la perfezione morale dei cittadini. In questo modo questo progetto finito è presentato a maggiore gloria del governante, della cui grandezza testimonieranno nei secoli venturi gli edifici e i monumenti, e che trasformerà la sua capitale in un esempio di armonia oziosa e produttiva accompagnata da un clima di pace sociale.

Maggiori dosi di realismo sono presenti nei trattati *Architettura, ingegneria e arte militare* e *Architettura civile e militare* di Francesco di Giorgio Martini. Questo costruttore di fortificazioni propone per la città un ordine geometrico e antropomorfo, nel quale la fortezza del principe e la piazza maggiore corrispondano rispettivamente alla testa e all'ombelico umano. Come premessa paesaggistica ai suoi progetti, però, la sua proposta assegna un'importanza capitale al sito, in quanto elemento portante sul quale organizzare un'installazione perfetta:

> Se la città si trova in un luogo montagnoso, si dovrà prima verificare che il terreno sia fertile per assicurare la migliore sussistenza dei cittadini. Che ci siano nei dintorni fiumi per il funzionamento dei mulini e degli altri edifici necessari; che abbia fonti e pozzi di acqua sorgiva, o in loro assenza una grande abbondanza di cisterne [[19]].

L'iconografia contenuta in tutti questi trattati si arricchirà grazie alle ricerche sulla prospettiva, il principio antropocentrico in virtù del quale l'uomo non solo è protagonista della creazione, ma ha an-

---

[18] J. ARNAU AMO, *La teoría de la Arquitectura en los Tratados*, Albacete, Tebas, 1988, pp. 36-37. Si vedano anche: L. BENEVOLO, *Storia dell'architettura del Rinascimento*, Roma, Laterza, 2002; W. BRAUNFELS, *Urbanismo occidental*, Madrid, Alianza, 1983.

[19] Citato in G. MURATORE, *La ciudad renacentista. Tipos y modelos a través de los tratados*, Madrid, Instituto de Estudios de Administración Local, 1980, pp. 133-135. Si vedano anche: G. SIMONCINI, *Città e società nel Rinascimento*, Torino, Einaudi, 2 volumi; G.C. SCIOLLA (a cura di), *La città ideale nèl Rinascimento*, Torino, UTET, 1975; H. ROSENAU, *Utopía y realidad en la ciudad del Renacimiento*, Buenos Aires, Ediciones Tres, 1961.

che la facoltà di creare egli stesso la sua casa ideale, così come la componente cosmologica in cui si mescolano le culture classiche con quelle orientali, come i progetti cinesi, islamici e i *mandala* indù e buddisti [20].

In questo insieme di pianificazioni e teorizzazioni urbanistiche irrompe con successo e lunga vita il genere utopico, a partire dalla pubblicazione di *Utopia* di Thomas More, in cui si stabilisce un gioco di spazi destinati ad accogliere società prospere, egualitarie e ben governate. Il punto di vista interno all'opera più vicino al filo conduttore di questo lavoro è senz'altro costituito dall'integrazione tra campagna e città, caratterizzato dal fatto che l'agricoltura «è qualcosa di talmente noto tra di essi che non c'è nessuno, né uomo né donna, che si possa dire ignorante in questa materia». In seguito affiora la mentalità borghese del cancelliere inglese, quando afferma che la natura urbana è soltanto un mezzo di abbellimento e ornamento, garantiti da quei piccoli eden che ricordano i canti di Virgilio [21]. A partire da questo momento, e con un comune denominatore letterario, sarà possibile distinguere tra utopie sociali e utopie «leggendarie». Tra le prime – e si ritrovano sia di segno reazionario che progressista – c'è la *Città del Sole* di Tommaso Campanella, in cui si mescolano le visioni teocratiche con quelle astrologiche per disegnare lo spazio come formato da cerchi concentrici:

> La città (situata su di una collina che domina un'ampia pianura) è divisa in sette cerchi grandissimi che portano il nome dei sette pianeti, e si passa dall'uno all'altro attraverso quattro strade e quattro porte,

---

[20] Una sintesi sulla città ideale del Rinascimento come portico per lo scenario della «corte-giardino» di Baldassarre Castiglione si trova in M. Castiñeira Ezquerra, *El escenario del Cortegiano de B. Castiglione en la evolución del tópico del jardín ideal*, tesi di dottorato inedita, discussa presso la Universidad Autónoma di Madrid, giugno 1998, pp. 63-76.

[21] T. More, *Utopía*, Madrid, Alianza, 1995. Alcune analisi architettoniche si possono trovare in L. Marin, *Utópicas: Juegos de espacios*, Madrid, Siglo XXI, 1975, nonché nei lavori di D. Rodríguez Ruiz, *Amauroto, capital de Utopía*, in «Temas de Arquitectura y Urbanismo», Madrid, 1979, 25, pp. 29-33; D. Rodríguez Ruiz, *La arquitectura y el urbanismo de la Utopía en el Renacimiento*, in «Cuadernos de Realidades Sociales», Madrid, 1980, 16-17, pp. 223-269. Si veda anche F.E. e F.P. Manuel, *El pensamiento utópico en el mundo occidental*, Madrid, Taurus, 1984.

che guardano verso i quattro angoli del mondo, ed è costruita di una forma tale che se fosse conquistato il primo cerchio, sarebbe necessario uno sforzo ancora maggiore per conquistare il secondo, e così via, di modo che per vincerla sarebbe necessario conquistarla sette volte [22].

Questa concezione subisce l'influenza sia della struttura della Torre di Babele, dipinta da Pieter Brueghel e ripresa da altri imitatori, sia dell'Inferno e del Purgatorio come descritti da Dante nella *Divina Commedia*. In ogni caso, nell'immaginario di tutti questi progetti, che trovano un punto di contatto nelle loro visioni circolari, trova spazio il ricordo dell'Atlantide di Platone.

Le seconde sono comprese tra le traduzioni pittoriche del mito del Paese della Cuccagna operate da Brueghel e fino a Remondini, e l'Abbazia di Theleme descritta da Rabelais nel suo *Gargantua e Pantagruel*, monastero e castello in cui regna la massima «Fa' quel che vuoi», con il conseguente predominio del senso ludico su quello materiale. Allo stesso modo sono da ricordare le parodie barocche del XVII secolo, dall'Isola Barataria del *Don Chisciotte*, il cui governo è affidato a Sancho, agli *Stati e Imperi della Luna* e gli *Stati e Imperi del Sole* di Cirano de Bergerac, in cui le architetture sono mobili attraverso la dotazione di ruote e vele per favorire il loro spostamento sfruttando il vento, in una sorta di paesaggio mutevole nel bel mezzo di uno scenario caricaturesco [23].

Tutti questi tipi di pianificazione urbana basati su modelli sono soliti proliferare nelle congiunture di mutamento sociale. In questo senso, seguendo Helen Rosenau, per la quale la città ideale «rappresenta una visione religiosa o una concezione secolare in cui alla coscienza sociale delle necessità della popolazione si somma una con-

---

[22] T. CAMPANELLA, *De politica*, Napoli, A. Guida, 2001; A. TRUYOL, *Dante y Campanella: dos visiones de una sociedad mundial*, Madrid, Tecnos, 1968. Alcuni dei testi citati si trovano in *Las ciudades ideales del siglo XVI*, Barcellona, Sendai, 1991 (introduzione e traduzione di E.M. Chumillas, presentazione di J.M. Bermudo).

[23] Il recupero dell'idea di architetture mobili da parte degli architetti del nostro secolo è citata da J.A. RAMÍREZ, *Construcciones ilusorias*, cit., p. 59. Altri titoli sono: R. MUCCHIELLI, *Le mythe de la cité idéale*, Parigi, PUF, 1960; O. POMPEO FARACOVI, *Utopia e civiltà, 1500-1700*, Torino, Loescher, 1981; J.C. DAVIS, *Utopía y la sociedad ideal. Estudio de la literatura utópica inglesa (1516-1700)*, Città del Messico, F.C.E., 1985.

cezione armoniosa dell'unità artistica»[24], è possibile periodizzare questi progetti urbanistici.

Il periodo manierista

Gli architetti attenderanno più a fini utilitari e ad aspetti formali che a preoccupazioni di natura sociale. Ciò si nota già nel manifesto programmatico di questa tendenza, *Dell'idea dell'architettura universale* di Vincenzo Scamozzi, in cui l'autore tiene presenti gli obiettivi militari derivati dall'uso della moderna artiglieria. In questo modo alcuni progetti portati a compimento contemplano un'adeguata dotazione di fortificazioni, secondo il modello della cosiddetta *traze italienne*, come nel caso della veneziana Palmanova. Da un altro punto di vista, l'artificiosità teatrale invade le decorazioni di Sebastiano Serlio, nelle quali il paesaggio rustico serve da cornice alla satira, quello classico alla tragedia e quello gotico alla commedia, così come uno scenario religioso dà corpo alla piazza ideale di «Christianopolis» sognata dal teologo protestante Johann Valentin Andreae.

L'epoca barocca

È caratterizzata dall'abbellimento di quanto già esistente e dallo sviluppo del concetto di «città parlante», in cui le facciate delle chiese e dei palazzi, le fonti e le statue, gli effetti illusionistici degli interni e le *entrées* trionfali non facevano che parlare dei dogmi della fede e della solennità dei re. I grandi esempi della nuova pianificazione a ventaglio saranno Versailles e Karlsruhe, nelle quali l'abilitazione di una «piazza d'armi» con bracci aperti verso la campagna provocava l'effetto di una estensione illimitata. In questo momento fanno inoltre la loro comparsa nei Paesi Bassi le prime regole circa l'altezza e

---

[24] H. ROSENAU, *La ciudad ideal. Su evolución arquitectónica en Europa*, Madrid, Alianza, 1986, pp. 16 e segg. Si vedano anche P. SICA, *La imagen de la ciudad: de Esparta a Las Vegas*, Barcellona, Gustavo Gili, 1977; H. LEFÈBVRE, *La revolución urbana*, Madrid, Alianza, 1983.

i materiali edilizi, come si può vedere nei dipinti di Jan Vermeer, dovute alla mancanza di terreno e alla proliferazione di canali tra i *polders*.

La fase di progresso dell'Illuminismo

L'influenza dei *philosophes* e il vigore della borghesia porteranno gli architetti dei Lumi a un orientamento secolare e civico. La novità di maggior rilievo fu apportata da Pierre Patte nel rinnovamento di Parigi, dove adottò un tracciato multifocale e attese alle necessità dei cittadini dei tre stati. I riformatori classici, interessati agli aspetti pratici e semplici della vita, furono Étienne-Louis Boullée, che situa i suoi edifici monumentali in paesaggi ideali adattati all'estetica republicana, e Claude-Nicolas Ledoux, che in piena rivoluzione industriale concepisce delle città-fabbrica in cui la casa del direttore è situata al centro, in modo da permettergli di controllare le attività delle officine, e le abitazioni degli operai sono ordinate secondo una disposizione radiale. Il contributo inglese continuò a mantenere un accentuato carattere rurale nonostante l'industrializzazione, ora nelle fabbriche che riprendevano il modello delle grandi dimore, ora nelle case basse e ravvicinate dei proletari che diverranno i sobborghi delle città. L'incendio di Londra del 1666 propiziò le più svariate proposte di pianificazione urbanistica, come quella contenuta nel *London and Westminster Improved* di John Gwynn, favorevole a un tracciato simmetrico tra giardini e palazzi. Nonostante ciò, le novità provenienti dalla Gran Bretagna si riferiranno maggiormente alla decorazione e al giardinaggio paesaggistico.

Le tendenze ambientali del XIX secolo

Il ponte tra il neoclassicismo e l'utopia sociale del diciannovesimo secolo venne gettato da A.C. Quatremère de Quincy, difensore delle prospettive interrotte e della specificità degli edifici nobiliari, nelle quali la natura imita sé stessa. La combinazione di criteri estetici e sociali lasciò il passo al funzionalismo, come si vede nella Provincia Pedagogica che Johann W. Goethe descrive ne *Gli anni di pellegrinaggio di Wilhelm Meister*, in cui le case degli artisti vivono una perfetta comunione con l'esterno e il raggio esterno costituisce una transizione dal giardino alla campagna. D'altra parte, la meccanizzazione influenza l'architettura e le visioni di John Martin – ispirate al *Paradise Lost* di John Milton – cedono alla preoccupazione di dotare di reti fognarie le metropoli e incorporare le migliorie della tecnica, così come i *boulevards* parigini del barone de Haussmann cercheranno di far concordare le innovazioni della rivoluzione industriale e l'ampiezza che rende più facile alle truppe la repressione delle rivolte sociali.

Le comunità ideali riacquisteranno un ruolo di primo piano con i maggiori rappresentanti del socialismo utopistico; in questo modo Robert Owen, difensore della filantropia padronale e del mutualismo cooperativo, cercherà di dar vita, senza successo, a questi principi con l'edificazione di abitati-modello in cui tenterà di instaurare il comunismo agrario. Da parte sua il conte di Saint-Simon e la scuola a lui legata centreranno il loro interesse sulla classe industriale come «nutrimento» della società in rapporto ai «parassiti» oziosi, trasformando la scienza e l'industria nella religione del progresso, avendo però chiaro che i loro desideri di concordia mondiale dovrebbero prendere origine da una disuguaglianza sociale che ritengono benefica. Il pensatore che ebbe maggiori ripercussioni pratiche fu però Charles Fourier, che passò la sua vita alla ricerca di mecenati che lo aiutassero a instaurare l'armonia universale, per raggiungere la quale proponeva la cellula sociale del falansterio. Si trattava di associazioni create mediante un «accordo affettuoso» tra non più di duemila individui, a carattere polivalente, nelle quali gli abitanti ruotavano nei compiti produttivi. L'architettura di queste comunità perfette prevedeva corridoi di cristallo, riscaldamento, palestra e, per una maggiore gloria edonistica, una grande abbondanza e varietà dietetica nelle sale da pranzo[25].

---

[25] J. Touchard, *Historia de las ideas políticas*, Madrid, Tecnos, 1977, pp. 425-434. Si veda anche H. Desroche, *Fourierismo escrito y fourierismo prático*, in E. Poulat, *Les Cahiers manuscrits de Fourier*, Parigi, Editions de Minuit, 1957.

L'inversione dei ruoli tradizionali nei rapporti tra campagna e città culminerà con la corrente anarchica di Mihail Bakunin, che propone l'integrazione delle attività settoriali tanto nella città quanto nei villaggi al fine di creare società egualitarie, cosa che si realizzerà, in maniera effimera, soltanto nei collettivi libertari sorti durante la guerra civile spagnola, distrutti – senza lasciar tempo a un'adeguata prospettiva di analisi – per mano della repressione stalinista e della vittoria militare degli insorti.

Il rumore provocato dalle rivoluzioni comuniste che diedero vita al cosiddetto sistema del «socialismo reale», l'affermazione del capitalismo selvaggio e della società consumistica, lo spopolamento delle campagne e la nascita delle megalopoli, la globalizzazione dell'economia e l'irrompere delle nuove tecnologie, la nascita infine del «villaggio globale» sono fenomeni tipici della fine del secolo passato che discendono in qualche modo dalle formulazioni utopistiche del passato; il che non è d'ostacolo a che architetti, urbanisti e artisti – maschere dell'*homo ludens* che portiamo dentro – continuino a progettare le loro città ideali sulla terra, sul mare e, superando ogni volta le velleità delle opere di fantascienza, nello spazio intergalattico.

La città reale e profana, il cui principio ispiratore non è il disegno astratto, bensì l'esperienza personale degli uomini, appare come la materializzazione naturale di determinate relazioni sociali. In questo modo, a dispetto della sfiducia generata nei ceti medievali dalla borghesia, le città rinacquero sui pilastri delle vestigia classiche, sulle fondamenta dei sobborghi dei castelli e dei monasteri o tracciando nuove piante al riparo di *fueros* e franchigie concessi ai colonizzatori. Il passaggio all'urbanizzazione del mondo moderno avrà diverse manifestazioni, come quelle relative all'aumento demografico, alle innovazioni strutturali che generano la diversificazione delle attività e delle necessità di un'economia commerciale, e alle connotazioni culturali che si cristallizzeranno nella lenta imposizione dello stile di vita urbano a tutta la civiltà occidentale.

Per esemplificare questa transizione secolare operata nel tessuto sociale delle città, si possono prendere a mo' di tavole cronologiche due opere diacroniche che ricreano ciascuna i modelli bachtiniani di *cronòtopi*, o mondi stabiliti intorno a un'epoca e a una cultura, e che danno corpo ad altrettante metafore urbane che si rifanno rispettivamente agli scacchi e al sangue[26].

A questo proposito, il domenicano lombardo Jacobo de Cessolis compose, tra il 1300 e il 1330, il trattato noto come *Ludus scacchorum* o *Gioco degli scacchi*, in cui la scacchiera era una traslazione in miniatura del grande teatro del mondo. In questo scenario i movimenti dei pezzi, riflessi nei gesti e nei costumi, obbedivano ai codici piramidali della società feudale.

Un profondo cambiamento di tali codici si ha invece con la pubblicazione, nel 1628, dell'opera *De motu cordis* del medico inglese William Harvey, che apporta una profonda rivoluzione scientifica nella concezione del corpo umano. Con le sue scoperte sulla circolazione del sangue e sulla respirazione, che mostravano l'uomo come una macchina che pompa vita, finirà per trasformare anche le relazioni tra individuo e società. E lo farà in un modo tale per cui i progettisti di cui si è già parlato cominceranno a parlare delle «vene» della città ovvero delle reti fognarie per migliorarne la salubrità, delle «arterie» per descrivere le strade utili agli spostamenti dei cittadini e dei «polmoni», ovvero i giardini e le piazze che mettevano gli esseri umani, cacciati dal Paradiso miltoniano, in contatto con la natura. Per estensione, la stessa allegoria medica viene utilizzata per descrivere gli abitanti della città: così il cittadino dinamico e individualista diventa l'*homo oeconomicus*, che partendo dalla proprietà pratica lo scambio di beni e denaro, secondo i dettami di Adam Smith, e la ricchezza in quanto motore della mobilità sociale segna la sua conseguente ascesa sociale[27].

I borghi e le città si erano andati moltiplicando, nel corso del medioevo, in un numero tale che, dopo il freno posto alla fondazione di nuove città e il calo demografico dovuti alla peste nera, si può considerare che, a partire dal XV secolo, la mappa urbana d'Europa è ormai data. Le nuove città, anche quelle che presentano il più tortuoso

---

[26] Il concetto di *cronotopos* viene utilizzato da M. BACHTIN, in *Esthétique et théorie du roman*, Parigi, Gallimard, 1978.

[27] R. SENNETT, *Carne y piedra...*, cit., pp. 273-290. Una storia della simbologia del sangue viene tracciata nella suggestiva opera di P. CAMPORESI, *Il sugo della vita. Simbolismo e magia del sangue*, Milano, Garzanti, 1997.

sistema stradale, furono concepite secondo uno schema cosciente, con strade parallele, spazi aperti – mercati, piazze, cimiteri, giardini eccetera – e fortificazioni. I fattori unificanti furono i castelli, i monasteri e le chiese; in molti casi infatti i quartieri e i distretti amministrativi si ordinarono secondo la distribuzione delle parrocchie. Tipico di questi quartieri è l'uso del recinto in muratura, che non serviva soltanto a rassicurare, ma che aveva anche la valenza di sottolineare la giurisdizione del governo civile che cominciava a ottenere privilegi da parte dell'autorità sovrana, in un mondo in cui si andava consolidando il trionfo delle forze urbane e mercantili. Grazie a questo sviluppo urbano il sistema economico capitalista proprio dell'Occidente finirà per differenziarsi da quello degli altri continenti e troverà la formula per dominarli per cui, come sostiene Alberto Tenenti, «non sembra esagerato affermare che le città costituiscono il fattore decisivo della civiltà che si stava progressivamente elaborando in Europa»[28].

Nella maggioranza dei casi le città, salvo in Inghilterra e in Scandinavia, dove le invasioni erano viste come fenomeni estranei, possedevano muraglie destinate a fini pratici e simbolici. Le difese proteggevano il céntro abitato dagli assedi, dagli assalti dei banditi e dalla voracità degli animali selvatici. Così, nella *Pala di San Sebastiano* di Pedro García de Bernabé, i carnefici lanciano le loro frecce contro il santo davanti a una Roma cinta da mura, con le sue torri e con il fiume solcato da navi e scafi. Le fortificazioni servivano inoltre a separare due mondi e due giurisdizioni: quello urbano e quello della campagna. L'orgoglio borghese si esprimerà mediante blasoni che presidiano le porte e i ponti, emblemi delle corporazioni confacenti allo spirito del tempo e antesignani delle «marche» commerciali dei nostri giorni, confraternite poste sotto la protezione di Vergini e santi, nonché mediante la costruzione di cattedrali più grandi di quelle dei loro vicini e rivali. Ad esempio nella Siena protoumanista si possono ritrovare buoni esempi di questa «radiografia» urbana, in particolare negli *Effetti del Buon Governo in città* di Ambrogio Lorenzetti, in cui sono dipinti i laboratori e le botteghe degli artigiani; ma questi

---

[28] A. TENENTI, *La formazione del mondo moderno. XIV-XVII secolo*, Bologna, Il Mulino, 1989; F. BRAUDEL, *Civiltà materiale, economia e capitalismo. Le strutture del quotidiano, secoli 15-18*, Torino, Einaudi, 1993.

esempi sono visibili anche altrove, per esempio nelle Fiandre dove vi sono opere, come *I coniugi Arnolfini* di Jan van Eyck, in cui il paesaggio urbano si intravede dall'interno della camera da letto attraverso una vista laterale, mentre uno specchio rimanda a chi guarda il quadro l'immagine riflessa.

Questa intermediazione divina diede luogo alla rappresentazione scultorea e pittorica di figure sacre che portavano nel loro grembo chiese, pianure e colline urbane. In questo modo, nella *Immagine del santo protettore* di Taddeo di Bartolo, il santo pone sotto la sua mitra e il suo mantello la città di San Gimignano, e ne *Le sante Giusta e Ruffina* di Bartolomé Esteban Murillo le due martiri che cingono la Giralda fanno da mediatrici tra la terra e il cielo.

Nello stesso modo il recupero di quelle che venivano chiamate le «pietre vive», ovvero delle rovine, che nel corso del tempo renderà possibile la nascita dell'archeologia, prolifererà nelle città grazie alla proiezione fantastica della prospettiva. Si tratta della vita ormai passata, e quindi persa, che viene però recuperata con uno sguardo, un aroma o una luce, come sogna Antonio Colinas: «Le rovine, ovvero quel che resta della Storia, o se si preferisce una Storia senza date e senza nomi, la lezione più saggia e al tempo stesso più crudele del tempo: vale a dire che tutto passa. La lezione delle rovine feconde» [29]. Queste vestigia classiche che facevano anelare il passato e la sua maestosità saranno una costante, nella pittura, in diversi generi e in diverse epoche. Le città si sovraccaricheranno di immagini allegoriche, statue di dèi e di eroi poste nelle piazze e sulle fontane, e mentre nelle città religiose parleranno delle verità della fede e della grandezza dei monarchi, in quelle colte e liberal-borghesi ricorderanno la nazione, i padri della patria e le loro virtù civiche.

Le città vengono inoltre immortalate nelle panoramiche cartografiche e nelle mappe delle nazioni o del globo, dove vengono anche riportate le caratteristiche delle varie razze umane e dei diversi popoli. La vista di queste città e di questi personaggi vestiti con gli abiti regionali, che appaiono nelle vignette che circondano le mappe, ha il suo precedente più famoso nel *Civitates Orbis Terrarum*, composto tra

[29] A. COLINAS, *Reflejos de otros mundos*, in «Album, Letras, Artes», Madrid, 1994, 40, p. 68.

il 1572 e il 1617, e sbocca nel genere detto *carte à figures*, caratterizzato da pannelli su cui sono dipinte le città e i loro tipi caratteristici [30].

Da parte loro le città islamiche presenti sul suolo europeo, dalla raffinatezza di Al Andalus alla varietà multicolore di Costantinopoli, rendono valida la massima secondo cui la fisionomia della città è un prodotto della civiltà che la abita. In genere queste città sono grandi e distanziate tra loro, con case di un solo piano perché l'islam, a eccezione delle moschee, proibisce i piani rialzati considerandoli un peccato d'orgoglio, con stradine che si intersecano intorno ai mercati, con magazzini e caravanserragli, negozi e quartieri di diverse razze e religioni. Ma in esse trova posto come tratto caratteristico, nei palazzi e nei parchi, anche l'arte del giardinaggio, che provocherà in molti casi l'ammirazione da parte dei cristiani, come nella testimonianza dello schiavo Diego Galán:

> Tutta la città [di Istanbul] è disseminata di diversi giardini con una grande quantità di cipressi che la rendono bellissima e gradevole alla vista [[31]].

La visione del gioiello del Corno d'Oro appare come la reincarnazione del paradiso orientale. Nonostante la sua topografia confusionaria, passerà nelle città musulmane un ordine concentrico che parte dalla moschea, ordine fondato sulla qualificazione, riportata dal *Corano*, tra compiti puri e compiti impuri, nella quale si succedono i venditori di profumi e incensi, gli orefici, i tessitori di sete, i ceramisti, e più fuori i «lavori maledetti» – conciatori, tintori eccetera – nonché contadini ladri che vengono a vendere i beni ottenuti con l'agricoltura e con il furto. La *baraka* che guida la vita di ogni buon

---

[30] L'affresco di Ambrogio Lorenzetti è oggetto di studio in A. e C. FRUGONI, *Storia di un giorno in una città medievale*, Roma-Bari, Laterza, 1997. Per quanto riguarda la cartografia citata, essa si ritrova in *La imagen del mundo. 500 años de cartografía*, Madrid, Biblioteca Nacional y Fundación Santillana, 1992; *Mapas Antiguas del Mundo*, Madrid, Eagle Books España, 1994; *De Mercator a Blaeu. España y la Edad de Oro de la catografía en las diecisiete provincias de los Países Bajos. Catálogo de la exposición* (Madrid, Fundación Carlos de Amberes, 1995); A. HERNANDO, *El mapa de España. Siglos XV-XVIII*, Madrid, Centro Nacional de Información Geográfica, 1995.

[31] *Cautiverio y trabajos de Diego Galán, natural de Consuegra y vecino de Toledo, 1589 a 1600*, Madrid, Sociedad de Bibliófilos Españoles, 1913.

musulmano destinerà all'individuo, tra le meraviglie delle oasi urbane, la dimora adeguata al suo rango.

Quel che è certo è che il modello urbano europeo sperimentò il passaggio dallo «spazio aggregato» dei borghi gotici allo «spazio-sistema» di quelli rinascimentali. A questo proposito, in pieno Cinquecento si trova il trattato dell'italiano Giovanni Botero intitolato *Le cause dello splendore e della grandezza delle città*, in cui l'autore sottolinea come fattori positivi una buona ubicazione, la fertilità della regione, la presenza di istituzioni religiose e universitarie, la presenza di mercati e manifatture e, soprattutto, «il modo migliore per far sì che una città sia popolosa e grande è dotarla di autorità e potere supremi; perché così si creano vincoli di dipendenza, e con questi affluisce la folla, e dalla sua affluenza sorge la grandezza»[32]. In conseguenza di ciò, lo sviluppo urbano più vistoso si avrà nelle capitali, con uno spostamento, seguente alla crisi del Seicento, delle città più popolose dall'area mediterranea a quella atlantica.

Dal momento che la crescita agricola di queste città era deficitaria, necessitando continuamente delle rimesse dalle campagne, si dovette regolamentare la politica dei rifornimenti per garantirne il sostentamento alimentare, in modo da evitare moti e disordini pubblici, che scoppiavano regolarmente con l'attacco alle panetterie. Questa pratica municipale, basata sul principio tomistico del *iustum pretium*, prevedeva che fosse prestabilito il prelievo fiscale massimo sui beni di prima necessità e la creazione di circuiti privilegiati per la circolazione dei cereali. Anche per questo i mercanti occupavano un posto centrale nello spazio urbano, e oltre a quelli quotidiani fecero la loro comparsa anche centri specializzati occasionali: il mercatino del burro, del fieno, del grano, degli ortaggi, delle «pulci» eccetera. Nonostante ciò, l'istituzione mercantile di maggiore importanza era la fiera, che aveva bisogno di un privilegio per avere luogo e alla quale partecipavano soltanto i mercanti, con tribunali propri, nuovi mezzi di pagamento a credito – lettere di

---

[32] I concetti di «spazio aggregato» e «spazio-sistema» sono utilizzati in G. MURATORE, *La ciudad renacentista*, cit., pp. 33 e segg. Il trattato suddetto è analizzato in G. BOTERO, *A Treatise Concerning the Causes of the Magnificency, and Greatness, of Cities*, in P.J. e D.P. WALEY (a cura di), *The Reason of State*, New Haven, 1956, pp. 225-280.

cambio, certificati di deposito e assegni – e tutta una liturgia degli affari nota soltanto agli «iniziati».

A partire dalle strade signorili per arrivare alle stradine più umili, tutte prenderanno dei nomi descrittivi – larga, stretta, scura, lunga; derivati dalla vicinanza a edifici importanti – chiesa, palazzo signorile, università; riferiti a razze, religioni e minoranze – giudecca, moresca, guasconi, franchi, tedeschi; nonché alle attività delle corporazioni – ricamatori, tessitori, vinai, carpentieri, pittori eccetera. La numerazione delle case e l'intitolazione delle strade a personaggi illustri saranno due apporti del XIX secolo, la prima volta a facilitare la consegna della posta, secondo le nuove esigenze, la seconda a riconoscere il valore civico dei patrioti che meritarono un pubblico omaggio.

Questo processo di riordino urbano era già palpabile negli scorci olandesi di Jan Vermeer, come nella sua *Veduta di Delft*, in cui l'immagine realistica delle case e delle torri riflesse nell'acqua e le imbarcazioni ormeggiate a riva denotano una quiete e un ordine già borghese. E tutto ciò con una precisione tale che, ad esempio, permise agli architetti che ricostruirono Varsavia dopo la II guerra mondiale di farlo copiando l'architettura e i dettagli di quei quadri [33].

L'Illuminismo apportò solide basi razionali alla pianificazione urbanistica, potendo progettare un tracciato quadrettato nei siti di nuova fondazione, e cercando di inquadrare la crescita lenta e organica delle città più antiche, destinate a oltrepassare ogni volta i loro confini a causa delle continue ondate di immigranti che andavano ad alimentare le fila del nascente proletariato. Questa dicotomia culturale di cui erano protagonisti i contadini da poco giunti nella città venne illustrata alla perfezione da William Hogarth, che contrappose i suoi intagli *Il vicolo della birra*, bevanda alimentare del mondo rurale che dà nella giusta proporzione salute e allegria, e *Il vicolo del gin*, alcool devastante proprio delle taverne urbane con cui il *Lumpen* mitigava le lunghe giornate di lavoro in fabbrica e che portava all'ubriacatura e alla rissa.

---

[33] Si vedano in *Obras maestras del siglo XVIII en la Galería de Pinturas de Dresde. Catálogo de la Exposición*, Madrid, Banco Bilbao Vizcaya, 1998. Per le scene critiche sulle città inglesi si veda J. DOCAMPO, *Hogarth y la estampa satírica en Gran Bretaña*, Madrid, Electa y Biblioteca Nacional, 1999.

Inoltre, dal momento che i laboratori artigianali furono sostituiti dalle fabbriche e i commercianti resero indipendenti i magazzini dalle loro abitazioni, il piano sociale delle città smise di essere concentrico per frammentarsi in distretti basati sulla classe di appartenenza, residenziali o operai – le famose «cinture rosse» poste intorno al centro della *city* – cosa che incentivò il sistema dei trasporti tra casa e lavoro; e se la maggioranza degli abitanti della città si spostava a piedi, fecero però presto la loro comparsa i mezzi pubblici; per questo, prima dell'arrivo della ferrovia e dell'automobile, il primo grande mezzo di trasporto, ancora trainato da cavalli, prese il nome di *omnibus*. Con il nuovo secolo giunse l'illuminazione, con l'introduzione dei lampioni a gas. Senza grande chiasso si trattava di scoprire la notte e di aumentare la percezione del tempo.

Nella prima metà del XIX secolo, nelle città europee aveva già fatto la sua comparsa una cultura borghese del passato. Dalla grande capitale, e il caso paradigmatico è dato da Parigi, si voleva «sperimentare» realmente la vita campestre, tramite la costruzione di case di campagna, la nascita di un incipiente turismo rurale, la creazione di un modo di vedere pittorico che poneva enfasi nei paesaggi naturali e la riproduzione di questi ultimi nelle guide e negli annunci pubblicitari, insomma, attraverso il discorrere sui benefici e i piaceri della campagna, incentrato sull'attività fisica e gli aromi della terra legati al campo e l'aria malsana e le rivolte sociali tipiche della città.

Per quanto riguarda la percezione sensoriale del paesaggio urbano più della vista, che sfociò nella novità dell'intrattenimento e del consumo, l'insieme dei sensi camminerà nel corso dei secoli dell'età moderna verso l'individualismo e la mobilità. In questo senso l'udito, nella città, dovrà sopportare diversi rumori artificiali e meccanici, a differenza di quelli naturali del campo o del mare, per cui il paesaggio borghese produrrà dei codici uditivi più complessi di quanto aveva fatto l'ambiente silvestre. Sulla base di questa caratterizzazione individuale della città, che è in accordo con le sue attività materiali – amministrative, artigianali, portuarie eccetera –, venne composta molta musica ispirata dal contesto di una città ben determinata, ma senza nessun riferimento sonoro esplicito, come per esempio nella musica che Andrea e Giovanni Gabrieli composero in occasione dell'elezione del doge di Venezia nel 1585. Da parte sua in Inghilterra le cosiddette «canzoni da taverna» consistevano in melodie con una marcata tinta popolare, e alcune di queste furono scritte e arrangiate anche da compositori di una certa fama nel loro tempo.

Infine possiamo considerare come altri pezzi legati alla vita cittadina le molte musiche scritte con una finalità cerimoniale e solenne, ma che trovavano una diffusione ben più ampia di quella cui originariamente erano destinate. Il caso più esemplare in questo senso è dato dalla *Musica per i fuochi artificiali Regi* di Händel, composta in occasione della pace di Aix-la-Chapelle del 1749. La prima, che venne interpretata da più di cento musicisti, risultò un gran successo, raccogliendo migliaia di persone sul Ponte di Londra, che sovraffollò la città e culminò con la tragedia generata dall'incendio di una delle torri delle polveri.

L'olfatto, nella città, dovette abituarsi a una sgradevole esalazione endemica, e per molto tempo, per via dell'ammassamento e della mancanza d'igiene, si cominciò a pensare ai contadini, per i quali la sporcizia attaccata alla pelle era naturale e formava, anzi, una specie di pellicola protettiva, soprattutto per i bambini, all'interno di un ciclo demografico caratterizzato da un elevato tasso di mortalità infantile. A ciò contribuirono anche le abitudini di trascurare i depositi di spazzatura, ammucchiati semplicemente per le strade, e di non lavarsi spesso, mentalità questa rafforzata dalla condanna della nudità fatta dalla Chiesa. Questa incursione ecclesiastica nella vita secolare, volta a manipolare i costumi, non poté però impedire il passaggio alla *solitudo carnis*, la tristezza dell'uomo che vive con la «cattiva compagnia» della sua carne.

La situazione di attrito dovuta allo spazio migliorerà lentamente a causa delle stesse esigenze del sistema di vita urbano, che richiederà soluzioni per i problemi di somministrazione delle acque, delle forniture alimentari, delle installazioni sanitarie, degli incendi, della pulizia delle strade, del traffico, fino ad arrivare a una specifica normativa riguardante la costruzione di edifici e di opere pubbliche. Ci furono anche casi di inventori di strumenti medici, com'è il caso di M. de Villayer, che giunsero persino a disegnare – tra l'altro senza neanche troppa fortuna – un orologio per l'olfatto, una macchina che emanava aromi diversi allo scoccare di ogni ora, con la quale si poteva sentire l'odore del tempo. Nonostante ciò, soltanto i più agiati potevano combattere i cattivi odori con la profumeria.

A partire da questo momento cambiò anche la teoria medica per cui l'aria circolava attraverso il corpo e la pelle permetteva di espellere le sostanze nocive; perciò era salutare e consigliabile lavarsi e farsi un bagno affinché la sporcizia non ostruisse i pori, ragion per cui non solo finirono per cambiare i costumi relativi all'igiene personale, ma anche quelli circa lo stesso abbigliamento, alleggerito in peso e tessuti. E così, come la moda cambierà di generazione in generazione e secondo la classe sociale di appartenenza, cambierà anche per quanto riguarda il colorito della pelle, soprattutto tra le donne, che preferiranno ancora il pallore romantico, nonostante la scoperta della spiaggia, in rapporto invece allo scuro dominante ai giorni nostri. Quello che più importa, però, è il cambiamento avvenuto nel concetto stesso di «impurità», che smette di essere una macchia dell'anima per cominciare a riferirsi, invece, alla sporcizia epidermica, passando quindi da peccato morale a esperienza sociale[34].

Il gusto, in Europa, passò dall'incipiente cortesia medievale, che cominciava a scatenare intemperanza e trascuratezza tra i commensali, a un comportamento più raffinato, detto *civilité*, *urbanité* o *politesse*. Questo processo può essere seguito attraverso i manuali cortigiani di buon comportamento, i libri di cucina e il ricorrente tema pittorico dell'*Ultima Cena*. Si ha inoltre una polarizzazione delle condotte di classe, compresa tra la solennità e l'abbondanza dei banchetti dei gruppi privilegiati e la povertà dietetica dei focolai domestici degli strati popolari, con l'elemosina alimentare per i poveri a carico del clero o della municipalità. Il pasto si consumava in casa, quasi sempre in compagnia, e mentre gli aristocratici disponevano, nei loro palazzi, di saloni e di un nutrito manipolo di servitori, i borghesi mangiavano con i loro pari nelle taverne e gli artigiani nelle loro sedi corporative. Esistevano anche numerose osterie e locande pubbliche, nelle quali si celebravano nozze e battesimi. Su queste tavole cominciarono pian piano a comparire coperti individuali e tovaglioli per mantenere un livello minimo di pulizia.

---

[34] A. CORBIN, *The Foul and the Fragrant: Odor and the French Social Imagination*, New York, Berg, 1986.

La trasformazione del gusto alimentare, mentre fece cadere in disuso progressivamente le spezie, contribuì al successo di altri prodotti fatti venire dalle colonie d'oltremare, tra l'altro con una maggiore attenzione più per la qualità che per la quantità dei cibi. Gli eccessi gastronomici furono condannati dal potere ecclesiastico e da quello politico, anche se per motivi diversi: la Chiesa disapprovava la gola perché contraria alla condotta di un buon cristiano, mentre le autorità laiche lo facevano perché il consumo eccessivo rovinava l'economia familiare e l'ubriachezza portava alle liti e al disordine. Senza dubbio le *grandi scorpacciate* continuarono a tenersi, come testimoniato dai libri contabili delle cucine dei monasteri, nonché dalla reiterazione di leggi contro il lusso anche nei continenti colonizzati dagli europei.

La liberalizzazione del contatto fisico infuse nei borghesi il desiderio di assimilare le relazioni sessuali al contatto sociale. L'abitazione continuò a essere una necessità fondamentale, dal momento che era essa a certificare la condizione del vicino, ma nel suo seno si operarono delle trasformazioni con l'assegnazione di funzioni specifiche alle varie sale – sala da pranzo, alcova, bagno e così via – e venne arricchita tramite l'impiego di materiali e mobili di natura nobiliare. Le palazzine formate da appartamenti riunivano in una specie di teatro pubblico differenti gruppi sociali appartenenti al Terzo Stato, mentre il quartiere emanava le sue proprie leggi, talvolta lontane da quelle della morale religiosa e dell'autorità civile. Era il regno degli accidenti quotidiani, così come quello della calunnia e del frastuono. La risposta delle municipalità a tanto disordine e a tanto scandalo consisterà nell'insistere sull'ordine pubblico. Le grida saranno lette ad alta voce in proporzione all'aumento dell'alfabetizzazione nella classe media, mentre le biblioteche troveranno posto fra i ceti privilegiati, negli uffici dei mercanti e dei produttori, nelle università e nei laboratori degli studi scientifici [35].

Con l'assegnazione all'infanzia di uno *status* differenziato rispetto al mondo degli adulti, sparirono dalle strade i giochi e le mara-

---

[35] N.J.G. POUNDS, *La vida cotidiana: historia de la cultura material*, Barcellona, Crítica, 1992, pp. 477-551.

chelle dei giovani, che cominciarono a essere inquadrati in un sistema scolastico nato con uno spirito formativo e carcerario al tempo stesso; è il passaggio che si può scorgere dai *Giochi di bambini* di Pieter Brueghel, caratterizzato dalla frenesia di attività ludiche in mezzo alla piazza pubblica, a *La lezione* di Jan Vermeer, relazione personale tra il precettore e l'alunno guidata dalla gerarchia stabilita dall'autorità e dal sapere.

La valvola di sfogo delle tensioni sociali e del disordine era costituita dai diversivi e dalle feste: l'*homo ludens* come rovescio della medaglia dell'*homo faber* e dell'*homo sapiens*. Dai carnevali al *charivari*, dalle processioni del Corpus Christi alle corride, dagli sport alle celebrazioni ufficiali, si può concordare con l'idea di Julio Caro Baroja e di Umberto Eco secondo cui ci troviamo di fronte a una trasgressione autorizzata, a una violazione della norma volta a rafforzare ancor più la norma stessa [36]. La reazione a questo stato di cose verrà da quella che qualcuno ha chiamato «La Dichiarazione dei diritti di Eros» in cui, per mano di Voltaire e De Sade, la natura e la ragione si ponevano al servizio dei desideri egoistici.

---

[36] J. CARO BAROJA, *El Carnaval. Análisis histórico-cultural*, Madrid, Taurus, 1984; U. ECO, V.V. IVANOV e M. RECTOR, *¡Carnaval!*, Città del Messico, F.C.E., 1989; P. GARCÍA MARTÍN e A. MORA CAÑADA, *Las fiestas populares en España. Siglos XVI-XVIII*, in S. CAVACIOCCHI (a cura di), «Il tempo libero. Economia e società. Secc. XIII-XVIII». *XXVI Settimana di Studi dell'Istituto Internazionale di Storia Economica «Francesco Datini» (Prato, 18-23 aprile 1994)*, Firenze, Le Monnier, 1995, pp. 257-270.

CAPITOLO IV

Il luogo eletto, che si trovava a due miglia scarse dalla città [di Firenze], si ergeva su di una piccola collina lontana dalle strade e piena di alberi di ogni tipo e di piante verdi, di gradevole aspetto. Sulla cima c'era un palazzo con un patio centrale grazioso e molto grande, con gallerie, sale e alcove bellissime e adornate con mirabili pitture; tutt'intorno c'erano prati e giardini meravigliosi, con pozzi d'acqua freschissima e cantine piene di ottimi vini, più appropriati a bevitori raffinati che a dame sobrie e oneste.

(GIOVANNI BOCCACCIO, 1313-1375, *Il Decamerone*. I giornata)

Dalla loro trasmutazione da argilla in materia corporea, dal nulla effimero all'assoluto intemporale, Adamo ed Eva godettero, nell'Eden, della bellezza primigenia e del diletto della perfezione della natura. Il Paradiso, che in seguito diverrà il modello di ogni giardino, conobbe la pace e l'estasi dell'armonia cosmica. Ma la caduta dei nostri padri primigeni verso la carne corruttibile e mortale, il sentimento doloroso di colpa e fragilità, fecero assumere all'umanità il mito del recupero del Paradiso perduto e il desiderio di fare ritorno al rifugio e alla protezione dello spazio delimitato dalle forze della divinità.

I giardini degli uomini non saranno altro che Paradisi in scala e la quintessenza della natura addomesticata. La stessa origine etimologica del termine discende dalla radice indoeuropea *ghorto*, comune a tutte le lingue che appartengono a questo ceppo linguistico, che significa «steccato» o «muro divisorio»; la simbologia di origine edenica ce li presenta infatti, nel corso della storia della cultura europea, come luoghi custoditi e protetti. Senza dubbio, fin dalle sue origini terrene il giardino diede luogo a una doppia sperimentazione umana: quella del recinto interno coltivato per puro piacere, isolato quanto più possibile e privo di finalità utilitaristiche e, allo stesso tempo, quella del ricordo della fugacità della vita, dal *memento mori* («polvere eri e polvere ritornerai») della fatalità morale propria del cristianesimo alla melanconia del *Et in Arcadia ego* («Anch'io, la morte, sono presente nell'Arcadia») che mette in relazione il neoclassicismo con il romanticismo[1].

Nella cristianità altomedievale, dopo l'atmosfera di impotenza lasciata dalla fine della *pax romana* e dal crollo della civiltà classica, dalle invasioni barbariche, dall'espansione dell'islam e dallo sconvolgimento provocato dall'affermazione dei tre ordini gerarchici propri del feudalesimo – guerrieri, monaci e lavoratori – sorge nei chiostri monastici e nei cortili coltivati all'interno delle mura dei castelli il concetto di *hortus conclusus*, microcosmo pacifico che si discosta dal caos disordinato e minaccioso della foresta esterna. Questo scorcio divino e meditativo, che riproponeva la remora della perdizione peccaminosa della Genesi, si trasformerà a partire dal VII secolo, grazie alle modifiche apportate da sant'Isidoro di Siviglia, in *hortus deliciarum*, ambiente di piaceri spirituali e materiali al margine della storia.

La stessa dualità dell'«orto edenico» si aveva a Bisanzio, dove in un manoscritto del XI secolo intitolato *Clarkianus* un anonimo descrive le virtù dell'anima cristiana come piante del *Giardino simbolico* o *Prateria spirituale*. In questo giardino ideale, del quale l'uomo aveva ricevuto da Dio il compito di lavorarlo e curarlo, il discepolo troverà nella natura e nei quattro elementi motivi di edificazione, fino ad assaporare la vera gioia dell'anima. Inoltre, in questo Paradiso dello Spirito, in cui il primo dovere dell'agricoltore è quello della recinzione al fine di preservare le piante dalla voracità degli animali selvaggi, trovano spazio anche le delizie offerte dai fiori più belli e

---

[1] La definizione dell'idea estetica di giardino si trova in R. ASSUNTO, *Il paesaggio e l'estetica*, Napoli, Giannini, 1973, 2 voll.; R. ASSUNTO, *Filosofia del Giardino e Filosofia nel Giardino. Saggi di teoria e storia dell'Estetica*, Milano, Bulzoni, 1981. Per il significato etimologico, si veda CH. DAREMBERG ed E. SAGLIO, *Dictionnaire des antiquités grecques et romanes*, Parigi, Hachette, 1986, II, nonché L. FOLENA, *Fruitful Beds and Flowery Borders*, in *Ricerche sull'idea del giardino in Donne, Marvell, Vaugham*, Padova, Franco Cesati Editore, 1983, pp. 69-83. Le diverse forme e simbologie del Paradiso in W.A. MCCLUNG, *The Architecture of Paradise. Survivals of Eden and Jerusalem*, Berkeley, University of California Press, 1983; J. PREST, *The Garden of Eden*, New Haven e Londra, Yale University Press, 1981.

simbolici. Non è altro che il preambolo del giorno in cui il giardiniere posto sotto una palma – simbolo della Giustizia sia in Occidente che in Oriente – riceverà la visita trionfale del Signore del Campo.

Entrambi i *tòpoi* troveranno il loro parallelo retorico nel *locus amoenus* letterario, che riproduce l'Eden immacolato della creazione e il paesaggio ideale dell'Età dell'Oro. Le lodi di questi giardini fantastici, che illuminano i capitolari e le miniature di codici e pergamene, lasciano ascoltare risonanze paradisiache, come ci ha segnalato l'anonimo poeta francese autore del *Mystère d'Adam*:

> Avrà fiori e foglie aromatiche; nel Paradiso ci sono alberi diversi e frutti che pendono da essi, in modo da renderlo un *amoenissimus locus* [2].

Quando la Vergine e i santi scompaiono dallo scenario misericordioso, rimangono le confidenze e le moine tra innamorati, spesso in simboli di lealtà reciproca: il cagnolino da compagnia, la bevuta da un recipiente comune, i garofani dell'amicizia. Questo cambiamento delle cose farà parlare di *hortus conclusus* per il mondo ecclesiastico e di *hortus deliciarum* per quello laico, utilizzando quindi termini differenti.

In breve, questa nostra piccola panoramica sulla bibliografia inerente al paesaggio dei giardini ci libera dalla presenza del vasto insieme di cataloghi illustrati, descrizioni di orti e giardini ornamentali, erbari e trattati di floricoltura, guide dei giardini botanici e dei parchi naturali, per selezionare titoli generali e monografie che approfondiscano i concetti di «orto chiuso» e «orto di delizie» nella loro relazione con il più ampio concetto della percezione del paesaggio.

Su questa lunghezza d'onda trovano posto manuali del livello delle opere di G.C. Argan, che pone problemi generici relativi ai giardini e ai parchi, quelli di G. Romano, che dedica alcuni capitoli al giardino all'interno della più vasta storia del paesaggio, o quelli di J. Harvey e

---

² Citato da F. Páez De La Cadena, *Historia de los estilos en jardinería*, Madrid, Istmo, 1998, p. 99. Per l'evoluzione del concetto di *locus amoenus*, si veda E.R. Curtius, *La littérature européenne et le moyen-âge latin*, Parigi, Presses Universitaires de France, 1956, pp. 226-247.

E.B. MacDougall, incentrati sul giardinaggio medievale [3]. Accanto a queste trovano inoltre posto le monografie che hanno come oggetto i singoli paesi, come quelli di L. Dami, G. Masson, F. Fardello, M. Azzi Vicentini e A. Pietrogrande per l'Italia e, per la Spagna, A. Rabanal Yus, C. Añón Feliú, V. Soto Caba e J. Disdier, artista quest'ultimo che plasmò su celluloide la sua proposta estetica del *Paradiso ritrovato* [4].

---

[3] G.C. ARGAN, *Giardino e Parco. Problemi generali*, in *Enciclopedia Generale dell'Arte*, Firenze, Sansoni, 1958, VI, pp. 156-159; G. ROMANO, *Studi sul paesaggio*, Torino, Einaudi, 1978; S. BERRALL, *The Garden: an Illustrated History*, Harmondsworth, Penguin, 1978; CH. THACKER, *The History of Gardens*, Londra, Croom Helm Ltd., 1979; J. HARVEY, *Medieval Gardens*, Londra, 1981; E.B. MACDOUGALL (a cura di), *Medieval Gardens*, Washington, Harvard University Press, 1986; P. HOBHOUSE e P. TAYLOR, *The Gardens of Europe*, Londra, G. Philip, 1990; M. MOSSER e G. TEYSSOT, *Histoire des Jardins, de la Renaissance à nos jours*, Parigi, Flammarion, 1991; P. HOBHOUSE, *Plants in Garden History*, Londra, Pavilion Books Limited, 1992; G. VAN ZUYLEN, *Tous les jardins du monde*, Parigi, Gallimard, 1994; M. BARIDON, *Les Jardins. Paysagistes, jardiniers, poètes*, Parigi, Éditions Robert Laffont, 1998.

[4] Per l'Italia L. DAMI, *Il giardino italiano*, Milano, Sestetti e Luminelli, 1921; G. MASSON, *Italian Gardens*, Londra, Thames and Hudson, 1961; F. FARDELLO, *Architettura dei giardini*, Roma, Scipioni, 1985; M. AZZI VICENTINI (a cura di), *Il giardino veneto. Storia e conservazione*, Milano, Electa, 1988. Per la Francia, *Les jardines de France et leur décor*, Parigi, Larousse, 1949; A. MARIE, *Jardins français classiques des XVIIe et XVIIIe siècles*, Parigi, Vincent, 1949; E. MACDOUGALL, *The French Formal Garden*, Washington, Dumbarton Oaks, 1974; W.H. ADAMS, *The French Garden 1500-1800*, New York e Londra, Scolar Press, 1979; J. GUYFFREY, *André Le Nostre*, Lewes, Book Guild, 1986; G. BAZIN, *Paradeisos, ou l'art du jardin*, Parigi, Chêne, 1988; M. LAIRD, *Jardins à la française*, Parigi, Chêne, 1993. Per l'Inghilterra, C. HUSSEY, *English Gardens and Landscapes*, Londra, Cuntry Life, 1967; J.H. DIXON e P. WILLIS, *The Genius of the Place. The English Landscape Garden, 1620-1820*, Londra, Paul Elek, 1975; G. JELLICOE e S. JELLICOE, *The Landscape of Man*, Londra, Thames and Hudson, 1975; A. HUXLEY, *An Illustrated History of Gardening*, Londra, Paddington Press, 1978; M. HADFIELD, *A History of British Gardening*, Londra, John Murray, 1979; P. GOODE e M. LANCASTER, *The Oxford Companion to Gardens*, Oxford, Oxford University Press, 1986; D. CHAMBERS, *The Planters of the English Landscape Garden*, Yale, Yale University Press, 1993. Per la Spagna, A. RABANAL YUS, *Los Jardines del Renacimiento y del Barroco en España*, in W. HANSMANN (a cura di), *Jardines del Renacimiento y del Barroco*, Madrid, Nerea, 1989, pp. 327-340; C. AÑÓN FELIÚ, *Jardines de España*, Madrid, Espasa-Calpe, 1991; C. AÑÓN FELIÚ, *Jardines y paisajes en el arte y en la historia*, Madrid, Universidad Complutense, 1995; C. AÑÓN FELIÚ, *El lenguaje oculto del Jardín: Jardín y metáfora*, Madrid, Universidad Complutense, 1996; V. SOTO CABA, *Jardines de la Ilustración y el Romanticismo en España*, in A. VON BUTTLAR, *Jardines del Clasicismo y el Romanticismo. El jardín paisajista*, Madrid, Nerea, 1993, pp. 277-338; J. DISDIER, *El Paraíso recobrado. Un paseo por los más bellos jardines de España y de la Unión Europea*, Barcellona, El Serbal y RTVE, 1994. La serie documentale omonima è stata trasmessa in diverse occasioni da TVE2.

Il diletto nel cosiddetto «orto chiuso» dovette lottare contro la condanna dei sensi operata da buona parte del pensiero cristiano. La base ideologica della dialettica tra carne e spirito, i sensi corporali contrapposti all'anima, venne stabilita da sant'Agostino nelle *Confessioni*; gli stimoli sensoriali, autentico deserto delle tentazioni, sono di ostacolo all'avvicinamento a Dio, le debolezze della carne sono in agguato in ogni luogo; per questo l'uomo deve rifiutarle e piegarle alla disciplina spirituale: il tatto, controllabile durante la veglia, deve dominarsi durante gli assalti degli appetiti sessuali che si hanno durante il sonno, il gusto obbliga a stabilire una frontiera tra le necessità alimentari e il piacere della gola, l'olfatto può essere addomesticato tramite la fiducia in sé stesso, la vista non deve godere degli oggetti del creato, bensì ricordarsi del Creatore, infine l'udito che, visto il favore con cui il nostro vescovo vedeva la musica nelle chiese, può essere tollerato quando si intonano parole sacre. In breve, la carnalità e la sensualità devono sottomettersi allo spirito, e solo allora potranno essere giudicate buone, benché sempre correndo il rischio che siano fonte di peccato.

Questa attitudine del venerato vescovo di Ippona si ripercuoterà nella valorizzazione dei significati iconico e scritturale, posto che se alle immagini viene riconosciuta una funzione pedagogica per i più semplici, soltanto la scrittura che contiene la legge divina ci permette però di ascendere fino ai «sensi occulti». D'altra parte le immagini dovevano stare al servizio del dogma e della dottrina, dovevano elevare l'uomo a piani superiori, rendere possibile la mediazione tra i mortali, schiavi dei sensi, e il sacro, per cui la creazione di immagini poteva cadere nella tentazione di rivaleggiare con la creazione divina e, proprio per questo, verrà accompagnata da proibizioni di natura alimentare e sessuale. Da qui infine, per quanto riguarda il dibattito sulla superiorità delle arti, emerge che quella specificamente divina, l'unica in grado di imitare la Creazione – il *tòpos* del *Deus pictor* – è la pittura, come precisa Baldassarre Castiglione nel *Cortigiano*:

> [...] veramente chi non apprezza quest'arte mi sembra uomo privo di ogni ragione; che se contempliamo attentamente, tutta la fabbrica di questo nostro mondo che vediamo con il vasto cielo illuminato da chiare stelle, con la terra circondata di mari, resa varia da monti,

valli, fiumi e ornata da diversi alberi, da bei fiori, da strane erbe, possiamo dire che non è altro che una miracolosa e grande tela composta dalle mani della natura e di Dio [5].

I teologi altomedievali, eredi del pensiero agostiniano e della patristica greco-latina, esprimeranno la più rigida morale monastica e imporranno ai fedeli – in accordo con quanto già sostenuto da Jean Delumeau – la paura «riflessa». Così, nel XII secolo, sant'Anselmo sostenne che le cose erano dannose in relazione al numero dei sensi che stimolavano: il giardino fiorito era pericoloso per gli istinti che risvegliava, la campagna doveva significare solo duro lavoro, le coste e le spiagge rappresentavano pericoli a causa delle mareggiate e della pirateria. Se la vita terrena non è altro che un breve momento, il mezzo fisico attraverso il quale si dispiega non dovrebbe richiamare la nostra attenzione, come non dovrebbe farlo neanche quella nociva summa dei sensi che è l'immaginazione. Se le idee sono divine e le sensazioni invece umane, la natura non sarà altro che fonte di peccato, davanti alla quale non rimarrà altro rimedio che la simbolizzazione. In questo modo la flora che appare nelle decorazioni delle cattedrali, come nelle lettere iniziali e nei margini dei manoscritti – i francescani chiameranno *fioretti* gli episodi della vita del santo – darà vita a un linguaggio simbolico che riflette le qualità e la perfezione di Dio.

Tra la prescrizione e il sotterfugio ornamentale si produce la riscoperta del giardino dell'Eden. Il recinto chiuso alle insidie del mondo, ibrido della tradizione biblica e di quella classica, portato dai crociati dall'oriente, sarà lo scenario ideale per il piacere dell'amore nelle sue varianti umana e divina. La prima materializza il suo teatro d'azione nei vivai castigliani, utilizzati a scopo medicinale o culinario, e raggiunge le sue vette letterarie nella poesia trobadorica e provenzale; così, per esempio, il *Roman de la Rose*, iniziato da Guillaume de Lorris tra il 1220 e il 1230 e completato da Jean de Meun tra il 1270 e il 1285, mostra una struttura di giardino protetto da un muro,

---

5 Per la relazione tra immagini e parole scritte, F. Tomás, *Escrito, pintado (Dialéctica entre escritura e imágines en la conformación del pensamiento europeo)*, Madrid, Visor, 1998, pp. 84-90 e 110. Circa la censura delle immagini e dei sensi, D. Freedberg, *El poder de las imágines*, Madrid, Cátedra, 1992, pp. 402 segg. La citazione è tratta da B. Castiglione, *Il Cortigiano*, Milano, Rizzoli, 1993.

una volta di alberi da frutto che filtrano il sole, un verde prato irrigato e completamente fiorito, animali che circolano in libertà; e lo stesso luogo edenico si può ritrovare nel *Franklin's Tale* di Geoffrey Chaucer. La seconda abbozza la sua decorazione ai margini delle comunità cenobitiche, centri religiosi, culturali e «imprese» agropastorali, che aspirano a porre in pratica la massima *ora et labora* che orienta la regola benedettina adottata dagli ordini che si riferiranno all'attività del santo di Norcia[6]. Le fonti tradizionali sull'orticoltura praticata nei monasteri si rifanno al *Capitulare de villis* carolingio che, oltre a consigli per la coltivazione nelle comunità imperiali, contiene una lista di piante imprescindibili. In ordine cronologico questo è subito seguito dal piano del giardino dell'abbazia svizzera di San Gallo, che contempla la tripartizione tra coltivazioni dedicate all'infermeria, piante aromatiche e piante alimentari, e un cimitero con alberi da frutto inseriti tra una lapide e l'altra. Circa della stessa epoca sono il poema *Liber de cultura hortorum* di fra' Walafrid Stabo, che contiene raccomandazioni relative ai lavori del giardiniere, nonché il calendario di giardinaggio del fratello Wandelbert de Prum, che danno conto delle varietà orticole, come un *viridarium* sofisticato e decorativo, base della profumeria e della cosmetica e un *herbarium sanitatis* al servizio della farmacopea[7].

In questo modo si giunge alla figura emblematica di Alberto Magno, che nella sua opera *De vegetabilibus* dedica la parte intitolata *De plantatione viridariorum* al giardinaggio: qui la novità consiste nel fatto che alla fine si avvalora l'esperienza sensoriale. In questo modo, non solo si riprendono lezioni tratte da trattati di agricoltura dell'antichità classica, ma si descrive anche il giardino ornamentale come un orto tra la cui erba si innalzano viti e alberi da frutto:

> [...] e dietro le porzioni di prato ci sono piantate molte erbe aromatiche il cui profumo alletta il senso dell'olfatto; ci sono inoltre an-

---

[6] L'immagine, spesso dimenticata, dei monasteri del clero regolare come cellule economiche perfettamente inserite nel mondo rurale, così come la vitalità degli stessi nei secoli dell'età moderna, sono state trattate in P. GARCÍA MARTÍN, *El monasterio de San Benito El Real de Sahagún en la época moderna*, Salamanca, Consejería de Cultura de la Junta de Castilla y León, 1985.

[7] P. HOBHOUSE, *L'Histoire des Plantes et des Jardins*, Parigi, Bordas, 1994, pp. 70-89; G. VAN ZUYLEN, *Tous les jardins du monde*, cit., pp. 30-40.

che alcuni fiori come la violetta, la rosa, l'iris, che con la loro varietà aggradano la vista [8].

Il cristianesimo cominciava a prefigurare, con quest'idea di giardino, un'anticamera del Paradiso celeste, benché manterrà l'ambiguità di una copia di quell'Eden lascivo in cui venne commesso il peccato originale. La nuova attitudine filosofica sanziona il lento trionfo del *microtheos*, concetto secondo cui Dio si manifesta nella natura e questa riproduce la purezza della creazione. Nonostante ciò i manuali di confessione continueranno a raccomandare ancora per secoli al sacerdote di chiedere al cristiano i sette peccati capitali, i dieci comandamenti e i cinque sensi.

La copia del giardino ornamentale proposta da sant'Alberto venne concretizzata da Pietro de Crescenzi, il cui *Liber Ruralium Commodorum*, benché scritto agli inizi del XIV secolo, non vedrà la luce fino al secolo successivo in una versione illustrata con accuratezza dai miniatori e tradotta in italiano, francese, tedesco, polacco, inglese e fiammingo. L'innovazione è data dal fatto che la dimensione e le parti strutturali del giardino sono concepite in funzione della gerarchia sociale, con pergolati, vigne e viottoli per i re e i principi, spazi con quadri floreali e fonti per i borghesi e piccoli orti *d'erbe piccole* per le classi medie [9]. Il movimento sociale che stava avendo luogo per mezzo dell'affermazione delle città e del commercio, insieme alle influenze dell'averroismo bolognese e a quelle provenienti dai contemporanei giardini siciliani, troverà eco nella letteratura relativa ai giardini.

In questo modo si sfocia nella doppia natura di *hortus conclusus* e *deliciarum* dei *loci amoeni* riportati nel *Decamerone* di Giovanni Boccaccio, che nelle parole di Antonella Pietrogrande «rappresenta il tipico giardino-paradiso, ma anche una somma di motivi canonici, passati e futuri, localizzabili in tutta la poesia cortese a partire dal *Dolce stil nuovo* fino ad arrivare a Poliziano». In questo senso, mentre per gli antichi greci la natura rappresentava un'epifania di dèi che poteva essere lavorata o goduta così com'era, per gli umani-

---

[8] Citato da K. CLARK, *El arte del paisaje*, cit., p. 18.

[9] R.G. CALKINS, *Piero da Crescenci and the medieval garden*, in E.B. MacDOUGALL (a cura di), *Medieval Gardens*, cit., pp. 155-173; J. HARVEY, *Medieval Gardens*, cit.

sti sarà portatrice di valori morali ed estetici, cosa che rende loro possibile l'estasi frutto della contemplazione. Questo è però un cammino lungo, in cui il giardino boccaccesco di edenica memoria si trova ancora a cavallo tra il recinto che funge da rifugio ai borghesi per liberarsi dei mali della città e il campo sensuale in cui i suoi protagonisti si dilettano con racconti e piaceri di diverso genere nel mezzo di un prato fiorito:

> La visione di questo giardino, la sua disposizione perfetta, le piante e i fiori con i ruscelli che da esso discendono, diede gran piacere a tutte le dame e ai tre giovani, tanto che tutti quanti cominciarono a dire che, se si potesse realizzare un Paradiso in terra, non avrebbero potuto immaginarlo in altra maniera che come quel giardino [10].

Quel che è certo è che la componente edenica persisterà nella reiterazione del *tòpos* del «giardino delle delizie», come dimostrato non solo dalla saga pittorica che seguì all'opera de El Bosco, ma anche da quella letteraria degli orti meravigliosi; a titolo di esempio valga soltanto l'accenno all'opera di Cervantes *Semanas del jardín*, disgraziatamente andata perduta, e a quella del botanico John Parkinson *Paradisi in sole: Paradisus Terrestris*, al cui interno fanno la loro comparsa tutte le piante create da Dio prima dell'espulsione di Adamo ed Eva dal Paradiso.

Anche il mondo arabo darà il suo contributo, attraverso la frontiera andalusa così come attraverso i semi e le idee che riportano con sé i crociati di ritorno dalla Terra Santa. Non si deve dimenticare, infatti, che la civiltà musulmana aveva identificato il giardino con il Paradiso primigenio così come con quello che sarebbe dovuto tornare alla fine della storia, in relazione con il circolo che va dall'origine alla ricompensa divina; nello stesso modo che nel «giardino chiuso» cristiano, il paradiso islamico era contenuto all'interno di una cinta muraria le cui pietre quadrate erano d'oro, d'argento e rubino, come mostrato e spiegato dall'arcangelo Gabriele a Maometto. Senza dubbio mentre teologi e frati pensavano che i lavori di giardinaggio li avrebbero riportati allo stato di grazia precedente la Caduta, in accordo con la massima *laborare et orare*, gli *ulema* consideravano i giardini

---

[10] G. BOCCACCIO, *Decameron*, Trento, L. Reverdito, 1995.

come spazi destinati al riposo dalle fatiche del lavoro. Se i cortigiani occidentali si rifacevano, in relazione al giardino dei piaceri, all'ideale classico dell'unione tra ragione e natura, gli orientali associavano in questo i giochi d'acqua alla vita e i frutti all'immortalità. Gli insegnamenti del *Corano*, pensati per i popoli nomadi e carovanieri dell'Arabia, contemplavano il giardino come un'esperienza sensuale da vivere all'interno del Paradiso terrestre, che la parola del Profeta aveva dichiarato essere l'anticamera del cielo; da qui discende che il *al-channa* – sia giardino che Eden nelle sure coraniche – si plasmi nel miraggio e nella realtà dell'oasi.

L'espansione dell'islam fece in modo che la sua arte dei giardini si sviluppasse in accordo con il *genius loci*, ovvero con lo spirito magico del luogo nelle distinte formazioni sociali dell'ecumene. In questo modo, in Persia rifletterà l'immagine del cosmo, con lo spazio diviso in quattro parti e una fonte quale simbolo del centro dell'universo; in India alcuni padiglioni racchiuderanno gli spazi ricolmi di vegetazione indigena ed esotica; soprattutto, però, ciò sarà evidente nel Al-Andalus, dove i testi sacri trovano una perfetta simbiosi con le conoscenze botaniche – evidente nel Patio degli Aranci e nella Medina Azahara di Cordova così come nell'Alhambra e nel Generalife di Granada. In questo modo i giardini ispano-arabi, con i loro rigagnoli sotterranei che rendono fertile la terra e con il loro orientamento che parte dal cortile di ristagno e incontro, incarneranno la metafora paradisiaca.

Allo stesso modo in Oriente, pacificato per mezzo della *pax mongolica*, l'islamizzazione comporterà un processo di urbanizzazione e di vitalità commerciale lungo la Via della Seta, cominceranno a integrarsi giardini e frazioni e a mescolarsi la bellezza naturale con quella artificiale frutto dell'opera umana. È per questo che quando l'ambasciatore castigliano Ruy González de Clavijo giungerà, nel 1404, alla corte dell'imperatore mongolo Tamerlano, nella mitica Samarcanda, avrà l'impressione di trovarsi di fronte a un paradiso verde ritagliato nel paesaggio. E la tradizione di questa raffinatezza nell'arte del giardinaggio continuerà con i giardini di Kabul e Delhi opera di Babur, il cui amore per i fiori poteva competere solo con le distese di alberi da frutta che indoreranno la cosmopolita Istanbul, capitale dell'impero del Gran Turco.

L'*hortus conclusus* ecclesiastico è intimamente connesso con la nascita del monachesimo, che perseguiva la realizzazione di una microsocietà perfetta volta alla realizzazione dell'uomo perfetto inserito in uno spazio altrettanto perfetto, microsocietà rappresentata dalla comunità regolare all'interno della quale viveva la famiglia monastica. L'architettura cenobitica riuscì ad adattarsi a questo ideale di autarchia, i cui valori – ordine, silenzio, obbedienza, umiltà, austerità – raccolti nella *Regola* di san Benedetto permettevano di meditare su Dio e di innalzare l'anima. In questo modo soltanto all'interno del chiostro, nucleo del monastero e trasposizione dell'Eden, si poteva raggiungere l'utopia della pace materiale e spirituale. Quest'area quadrangolare con una fonte o un pozzo al centro rispondeva al simbolismo sacro del numero quattro – i punti cardinali, gli elementi della materia eccetera – come sintetizzava il filosofo Onorio d'Autun nel secolo XII: «Il chiostro prefigura il Paradiso nello stesso modo in cui il monastero prefigura l'Eden»[11].

Nell'ambito di questa mentalità claustrale che vede nella natura qualcosa d'inquietante e di temibile, popolata di esseri e di pensieri pericolosi, si apre, come una luce in piena notte, la possibilità che l'uomo si costruisca un giardino protetto da quanto di minaccioso gli è prossimo. Intorno alle chiese si cominciano a costruire «paradisi», piccoli spazi verdi recintati, e nei successivi ordini religiosi sorti da un precedente rilassamento conventuale – in particolare le fattorie cistercensi, in cui verrà praticata una «agricoltura sperimentale» – si assegnerà a ciascun monaco un orto affinché combini la coltivazione e la preghiera. Nonostante ciò, bisogna però dire anche che i giardini bassi che circondavano le cattedrali si riempirono presto di neonati abbandonati, disadattati, lebbrosi e moribondi che aspettavano la venuta lenitiva dell'elemosiniere.

È così che prende corpo l'idea dell'«orto chiuso», le cui rappresentazioni nell'iconografia delle miniature gotiche mostrano la Madonna in un prato fiorito e multicolore in accordo con la massima *Terra nostra virgo Maria est*, per passare poi al tema della *Vergine e l'unicorno*, in cui questo animale appare inginocchiato in grembo

---

[11] H.JR. FRANCO, *As utopias medievais*, San Paolo, Editura Brasilense, 1992, pp. 16 e 22.

mariano, tema che verrà poi secolarizzato negli arazzi raffiguranti *La Dama e l'unicorno*, fino ad arrivare all'archetipo, popolare nel XV secolo, del giardino sacro in cui la Santa Madre seduta contempla il suo Figlio giocare con gli uccelli o con gli angeli. Questi giardini, che le tavole natalizie riprodurranno fino alla noia, e la cui origine si ritrova nei manoscritti illustrati, trarranno la loro ispirazione dalle miniature ormai perse che giunsero in Europa attraverso la frontiera andalusa, ma soprattutto testimonieranno la felicità celestiale espressa attraverso i simboli della croce. L'esempio paradigmatico di questo «bosco sacro» cristianizzato è *Il giardino del Paradiso*, quadro della Galleria di Francoforte opera di un anonimo pittore renano, in cui all'interno delle pareti rafforzate da una cintura di alberi e piante si ritrae Maria circondata da una corte di santi e angeli che adottano comportamenti rituali. L'immagine manichea è completata da Gesù simbolo del bene e il drago che invece sta a identificare il male[12].

Questo motivo conoscerà la sua epoca di splendore nel Quattrocento, con la riproposizione di tale archetipo nella *Vergine nel Giardino del Paradiso* di Stefano da Verona, nella *Vergine* di Pisanello e nella *Vergine delle Fragole* del Maestro dell'Alto Reno. Il genere si svilupperà poi in due direzioni: da una parte con una componente luttuosa, come nel caso della stampa *Incontro di Maria Maddalena con Cristo resuscitato* di Martin Schongauer, in cui il giardino recintato si trova nel mezzo di un deserto e un albero solitario sta a evocare la morte; dall'altra parte con una visione più positiva della natura e dell'uomo, come ne *La Vergine e il Bambino* di Hans Memling, in cui il prato colmo di fiori bianchi e rossi introduce una verde pianura adornata di alberi fino alle lontane montagne, mentre gli angeli accolgono festosamente Gesù con frutta e con musica di strumenti a corde. Quest'ultima versione è quella che si imporrà nel tempo, incentrandosi sulla figura di Maria, la cui purezza sarà simboleggiata dalla rosa senza spine, senza macchia né peccato, come per esempio ne *La Madonna e il Bambino in un giardino* di Cosmè Tura, ne *La Bella giardiniera* e ne

---

[12] K. CLARK, *El arte del paisaje*, cit., pp. 23-24; G. VAN ZUYLEN, *Tous les jardins du monde*, cit., pp. 40-41. Il simbolismo naturalistico nell'arte religiosa e la rappresentazione di animali sono analizzati da R. D'ARCY SHILLCOCK, *Pintores de la naturaleza*, Madrid, Banco Central Hispano, 1997.

La Vergine del prato di Raffaello Sanzio, nelle quali la dolcezza dei volti illumina il paesaggio rurale, o ne *La Vergine, Gesù e San Giovanni* del Correggio, in cui uno spazio aperto proiettato verso l'orizzonte rompe l'isolamento del «giardino chiuso».

Benché l'idea dell'*hortus conclusus* conventuale volto «a lo divino» come luogo di pace, in cui è possibile ritirarsi per fuggire il rumore mondano, continuerà a mantenersi vivo nella vita ritirata di Petrarca e di fra' Luis de León, così come nel ritirarsi in sé stessi degli osservanti, dei ritirati e dei mistici, la figura paradigmatica di ciò si ritrova nel «giardino eremitico» con cui il pensiero controriformistico meridionale si mette nuovamente in relazione con la natura rispetto alla secolarizzazione avvenuta nell'Europa settentrionale, e ancora nella proposta del *tòpos* della *aurea mediocritas* da parte del frate Antonio de Guevara, per il quale soltanto l'uomo chiuso all'interno del chiostro può realizzarsi appieno nella vita eterna:

> Avere nella religione le pareti alte, la chiusura stretta, serrare le porte del monastero, fuggire la conversazione col mondo, mangiare cibi semplici, indossare abiti molto grossolani [13].

L'*hortus deliciarum* laico manterrà una stretta relazione con la letteratura, la trattatistica agronomica e botanica, la filosofia, l'estetica e le arti plastiche, che modelleranno la sua tipologia in accordo con i diversi ideali di bellezza che ogni società ricerca nella natura. Non è nostro proposito realizzare qui una storia del giardinaggio, bensì mettere in relazione lo spazio dei giardini con la descrizione del paesaggio. In questo senso il «giardino delle delizie» fin dal Rinascimento – testimone degli amori tra Callisto e Melibea nella *Celestina*, opera che ci è tanto cara – appare associato al genere poetico-retorico e alla narrativa paesaggistica, agli scenari ideali e reali dell'armonia e del piacere.

---

13 L'idea controriformistica del «giardino eremitico» è analizzata da F. RODRÍGUEZ DE LA FLOR, *La penísula metafísica. Arte, literatura y pensamiento en la España de la Contrarreforma*, Madrid, Biblioteca Nueva, 1999, pp. 127 e segg. Il tradizionale giardino monastico è trattato da R. PERNOUD e G. HERSCHER, *Jardins de monastères*, Parigi, Actes Sud, 1996. La citazione di Antonio de Guevara è stata tratta da *Menosprecio de Corte y alabanza de Aldea. Arte de marear*, Madrid, Cátedra, 1984, p. 36 (a cura di Asunción Rallo).

Il *tòpos* del giardino ideale si irradiò con forza nella tradizione culturale occidentale, sia come luogo dove riproporre il felice stato originario strappandolo al caos delle forze della natura, ma anche attraverso la pratica della colonizzazione dei territori vergini in cui l'uomo «trasforma in giardino» l'ambiente civilizzandolo. Questa mentalità trova il suo archetipo paradigmatico ne *Il Libro del Cortegiano* di Baldassarre Castiglione, il quale con questo trattato ambientato nel principato di Urbino pretende di «convincere i suoi lettori che la politica è un prolungamento della natura»[14]. Quanto alle fonti letterarie, si può osservare lo stesso cambiamento di attitudine rispetto al discorso geocentrico medievale e al suo disprezzo per la natura, di modo che il manoscritto di racconti di viaggio intitolato *Los veinte libros del Pelegrino curioso y grandezas de España* di Bartolomé de Villalba y Estaña apporti modernità alla visione del paesaggio:

> L'altro giorno, di mattina, all'ora in cui le pompose nubi svelavano il loro colore granatino, e alcune sopravvenivano rosse, e altre azzurre e altre bianche, e davano speranza di una bella giornata di sole, che sempre sopraggiunge con un tempo del genere; in quell'ora dunque uscì il nostro Pellegrino dalla messa dell'alba, e prese la sua strada perché il Sole non lo offendesse e potesse godere del fresco della mattina, e potesse ascoltare il canto degli uccelli, prendendo la sua via diretta ad Aranjuez [15].

E non è un caso che la stessa percezione si ripeta, con leggere varianti dovute alle qualità dell'autore, nell'opera postuma di Miguel de Cervantes *Los trabajos de Persiles y Sigismunda*:

> I nostri pellegrini passarono per Aranjuez, la cui vista, per essere in primavera, allo stesso momento mise loro addosso ammirazione ed allegria; videro strade uguali e vaste, a cui facevano da spalla i verdi ed infiniti alberi, tanto verdi da sembrare di pregiatissimi smeraldi [...] Periandro diede alla fine per vera la fama che di questo luogo circolava in tutto il mondo [16].

---

[14] M. CASTIÑEIRA EZQUERRA, *El escenario del «Cortegiano» de B. Castiglione en la evolución del tópico del jardín ideal*, tesi di dottorato inedita discussa presso la Universidad Autónoma de Madrid, giugno 1998, pp. 2, 112 e segg.

[15] B. VILLALBA Y ESTAÑA, *El pelegrino curioso*, Madrid, Pascual Gayangos, 1889, t. I, libro II, pp. 145-146.

[16] M. DE CERVANTES, *Los trabajos de Persiles y Sigismunda*, Madrid, Castalia, 1992, pp. 331-332.

L'idea che l'arte relativa ai luoghi dovesse essere al servizio dei ceti privilegiati – nobiltà, clero, sovrani – e fungere loro da svago si manterrà intatta, fino a quando attraverso le mani dei rivoluzionari liberal-borghesi non faranno la loro comparsa i «giardini e parchi pubblici», in una specie di democratizzazione secolare ed edenica. Frattanto però primeggerà il giardino elitario, come non nasconde Gregorio de los Ríos nei primi paragrafi del suo *Agricultura de jardines*, il primo trattato moderno di giardinaggio scritto in spagnolo. Proprio a causa di questo carattere polivalente del giardino e dei suoi proprietari, la maggioranza degli autori del genere rintracciano quattro sequenze stilistiche, associate ognuna a un paese dominante in un determinato periodo cronologico: i giardini umanisti italiani del Rinascimento; il rigore barocco dei *jardins à la française*; i giardini paesaggistici inglesi del XVIII secolo; l'eclettismo dei giardini ottocenteschi.

Il giardinaggio del Rinascimento non è omogeneo né nella sua geografia, né nella sua cronologia, ma mostra una volontà diffusa di recupero degli ideali estetici e intellettuali dell'antichità, dei boschi di Virgilio e delle ville di Plinio, così come mostra una nuova relazione sensuale con il paesaggio naturale che si concretizza nel *locus* in cui l'uomo si umanizza. Di fatto, mentre Petrarca invocava lo spirito greco-latino e la «vita solitaria» leggendo e recitando poesie dal leggio rinverdito del suo giardino, Alberti nel suo *De re aedificatoria* armonizzerà l'opera architettonica con la contemplazione, consigliando che le abitazioni vengano costruite in un luogo in cui si possa godere di «una vista che si stenda su una città, su paesi, sul mare, sulla pianura e sulle vette di montagne e colline note» [17]. L'influenza di Alberti sarà avvertita tanto nella Roma papalina quanto nella Firenze medicea sopravanzando i modelli classici, cercando un'ubicazione per il giardino in grado di soddisfare le prospettive del paesaggio esteriore mediante lo spianamento di pendii e il terrazzamento e unendo gli elementi ornamentali con quelli architettonici; queste innovazioni sono ben visibili nelle opere del Bramante al Belvedere e nel Palazzo

---

[17] Citazione tratta da F. PÁEZ DE LA CADENA, *Historia de los estilos en jardinería*, cit., p. 129.

Vaticano. Da parte sua, imbevuto della cultura neoplatonica fiorentina – il quietismo dell'*otium cum dignitate* difeso da Marsilio Ficino e Angelo Poliziano alla corte del Magnifico – l'umanista Pietro Bembo fissa come *tòpos* mitico-retorico quello del *locus amoenus* del sapere e della vita contemplativa[18].

Sulla base di questi presupposti, a partire dal Cinquecento, e soprattutto dagli apporti di Michelangelo e di Giacomo da Vignola, i giardini cominceranno a essere disegnati alla *maniera* precedente; è così dunque che a Villa Castello, a Boboli, a Villa Medici a Roma, a Caprarola, a Villa d'Este, verranno aumentate le dimensioni delle recinzioni, saranno rese più complesse le forme e si moltiplicheranno gli spazi visivi; lo spazio ordinato seguendo le regole della prospettiva verrà invaso dal magico e dal meraviglioso. Bisogna poi aggiungere che i giardini iniziano in questo momento ad assumere il carattere di prolungamento della personalità dei loro proprietari, come è testimoniato dal caso del Bomarzo, il cui proprietario fece erigere una copia delle sue ossessioni nel «Parco dei Mostri» o «Villa delle Meraviglie».

Nello stesso tempo in altri paesi europei si cominciò a ricercare quella felicità di petrarchesca memoria che la borghesia aveva cercato di ricreare nella campagna toscana, per cui in molti territori dell'impero spagnolo ci fu un ripiegamento delle famiglie ricche verso le ville extraurbane. Così, per esempio, durante il periodo in cui la corona lusitana fu detenuta dai re di Spagna, si assistette a una ruralizzazione della cultura portoghese, con la comparsa di una moltitudine di Corti nobiliari nelle province, che andava di pari passo con la mancanza di una reggia a Lisbona e con la riflessione, da parte della nobiltà lusitana, circa i vantaggi di vivere in campagna.

Il classicismo e il razionalismo francesi del XVIII secolo trasformarono il paesaggio in un'opera d'arte equilibrata e controllata, portando agli estremi i principi geometrici e antropomorfi del giardino umanista, fino a trasformarlo in un motivo di dominio assoluto sulla natura. A differenza degli orti botanici, che erano cominciati a sorgere in tutta Europa col tentativo di far rivivere specie provenienti dal

---

[18] I. GÓMEZ DE LIAÑO, *Paisajes del placer y de la culpa*, cit., pp. 26 e segg. I due dimostrano come i campi delle isole descritti nell'*Odissea* serviranno da modello per i giardini edenici che appaiono nelle opere di Ariosto e Tasso.

Nuovo Mondo, e in cui lo spazio era suddiviso in base alle piante presenti e alla loro disposizione a fini di studio, nei giardini si trattava di creare uno spazio circostante gradevole; si procedette quindi a una specie di «tirannia sulla natura» a cui, tra l'altro, alluderà Saint-Simon per condannare questo matrimonio tra giardinaggio e architettura che diffonde per i quattro punti cardinali la luce apollinea dell'autoritarismo.

Questo giardinaggio geometrico, che conta tra i suoi precedenti illustri Fontainebleau e Les Tuileries, avrà come elemento ornamentale caratteristico il *parterre*, uno spazio animato da siepi all'incrocio dei viali, in cui si fa una sosta durante la *promenade*, passeggiata durante la quale gli interlocutori conversano amabilmente contemplando la magnificenza dei palazzi ed essendo allo stesso tempo ammirati dalle gallerie e dalle terrazze. In breve il giardino diverrà un riflesso edenico del regime politico assolutista, della corte del Re Sole, che si proietterà sulla vita sociale e artistica come un inno alla maggiore gloria della monarchia; e non a caso il paradigma di questo potere demiurgico del re sul giardino sarà dato da Versailles. Queste premesse facilitarono la successiva comparsa della saga dei «giardinieri del re» i quali, tramite i loro trattati e le conoscenze trasmesse di padre in figlio, getteranno le regole per la creazione del giardino *à la française*; su questo piano la dinastia più importante è incarnata da Claude e André Mollet, anche se il grande progettista di Versailles fu André Le Nôtre, *alter ego* della *grandeur* di Luigi XIV.

Il *new style* del secolo XVIII si forgerà nel giardino «paesaggista» e «pittoresco» inglese, in cui si avrà la combinazione di ambientazioni greco-latine, medievali e orientali in piena libertà stilistica. Coincidente con le innovazioni agricole precedenti la rivoluzione industriale, coerentemente con l'avanzamento sociale della *gentry* e della grande borghesia commerciale e manifatturiera che reinveste gli utili nelle campagne, il giardinaggio britannico beneficia della scoperta del concetto di *landscape* da parte degli intellettuali e della classe dirigente dell'unico paese retto da una monarchia costituzionale. La comparsa di nuove realtà, come il denaro e l'individualismo economico, minacciò l'ideale aristocratico della proprietà naturale e il paternalismo economico. Questa nobiltà si adatterà ai nuovi valori borghesi che trovano l'armonia nella vita lussuosa e riposata del signore, così come in quella semplice e sana del lavoratore che si vede ricompensato delle fatiche del lavoro. In questo modo non solo non verranno cancellate o nascoste le differenze di classe, ma si troverà anche una giustificazione al fatto che i signori vivano del lavoro degli altri, che verranno però trattati con benevolenza, di modo che questa contraddizione non porterà al conflitto sociale, bensì alla felicità di tutti nella *Happy Britannia* [19].

Gli apporti paesaggistici di teorici come Stephen Switzer nella sua *Ichnographia Rustica*, e di pratici come Charles Bridgeman, all'epoca *Royal Gardener* di Giorgio II, consacrano la curva come la linea per eccellenza da usare nei giardini. Questa decorazione del «giardino» inglese favorisce l'illusione tramite impressioni soggettive ed esperienze esotiche. Tutta la natura cominciava a essere considerata come un giardino che doveva subire modifiche minime, ritoccando con il disegno libero le asperità del terreno, allo scopo di ricreare un ambiente quanto più vicino possibile all'Arcadia classica.

Il XIX secolo vedrà spostarsi questo giardinaggio pittorico lungo un *continuum* che va dal movimento romantico alle impostazioni eclettiche. Tutte queste correnti si danno appuntamento nel *Laberinto de las Sirenas* che Pío Baroja ricrea nel villaggio calabrese di Roccanera. Il commercio internazionale di piante, i progressi tecnici, il lavoro delle società di giardinaggio e l'eredità botanica di naturalisti del calibro di Peter Collinson e Carlo Linneo permettono la proliferazione di tutti gli stili nei giardini selvaggi, in quelli asiatici o in quelli d'epoca. La coltivazione del genere di paesaggio è elemento nodale nella sensibilità estetica del Romanticismo e si realizzerà a pieno nel giardino assente. La democratizzazione della società inoltre comporta la nascita di parchi pubblici, i cacciatori di piante e la vendita di fiori «per corrispondenza» danno luogo a giardini esotici, l'allontanamento dei cimiteri dai centri urbani propizia la nascita di un giardinaggio interamente destinato ai riti della morte e, di pari passo con lo sfruttamento ambientale concomitante con il processo di industrializzazione, sorge la coscienza della tutela del patrimonio naturale. In questo modo, quando Claude Monet si trasferisce, alla fine del

---

[19] J. BARRELL, *The Dark Side of the Landscape. The Rural Poor in the English Painting, 1730-1840*, Cambridge, Cambridge University Press, 1992.

secolo, a Giverny, disegnerà un giardino con una libertà sufficiente a lasciare spazio alle influenze occidentali e orientali, che gli permettono di cogliere, nelle sue tele impressioniste, il gioco della luce sui colori e i riflessi acquatici – *fleurs de la terre, et aussi fleurs d'eau*.

L'udito dell'*hortus conclusus* ecclesiastico trovò nel *Canto Gregoriano* la musica per eccellenza. È di fatto molto difficile immaginare questa liturgia musicale senza pensare a grossi muri di pietra che circondano una cappella o un chiostro romanico, ma è proprio per questo che essa è stata mantenuta dai pontefici come l'arte musicale delle cerimonie sacre fino al nostro secolo:

> Queste qualità (santità, bontà della forma e universalità) si trovano espresse al meglio nella Corale Gregoriana; per questo essa è l'unico canto autentico della Chiesa romana. È l'unica che ci è stata tramandata dai Padri dell'antichità; che si è mantenuta con la maggiore cura, nel corso dei secoli, nei manoscritti liturgici [...] Per questi motivi il canto gregoriano viene considerato, in certo modo, come il più elevato ideale della musica sacra [20].

Il recinto monastico aveva anche dato il via a tutta una serie di commenti esegetici e a variazioni del tema proprio del *Canticum Canticorum* che, interpretando i dottori ebrei e la patristica greca e latina, daranno luogo a una sorta di *ludus liturgicus*, inscenato durante l'officio della perfetta unione dello spirito con Dio, e a una specie di *ludus sacrus*, testi autonomi in cui appaiono personaggi e passi facilmente rintracciabili nella *Bibbia*. L'uso della mimica unita alla parola cantata diviene una specie di musica ballata, come nel caso de *La Danza di Sulamite*. E l'influenza di questi connotati propri del canto gregoriano si trasmetterà anche alle epoche successive; tutta la musica derivata dal canto piano, come la polifonia religiosa del Rinascimento, ispira infatti in maggiore o minore misura l'immagine di uno spazio di raccoglimento e orazione.

Quanto all'udito nell'*hortus deliciarum* laico, nel giardino degli accordi naturali e strumentali, tutto è dolcezza e delicata armonia; un'armonia tanto raffinata quanto è quella che si dirama dall'Al-An-

---

[20] Pius X, *Motu Proprio*, in *Codex musicae sacrae juridicus*, Roma, s.e., 1903.

dalus al Vicino Oriente medievali, in cui i re rivaleggiavano con le loro orchestre di musici e cantanti schiave; tanto piacevole come la Cristianità che vive gli ultimi attimi del XIV secolo, quando gli uomini cominciano a riscoprire la gioia di vivere dopo il «trionfo della morte» dato dal diffondersi della peste nera. Nell'*ars nova* italiana e nell'*ars subtilior* francese, di cui una preziosa testimonianza è data dal cosiddetto *Codex Reina*, abbondano le canzoni derivate dall'amor cortese medievale, che sotto forma di rondò, di ballate e di *virelais* raccontano l'allegria e il dolore degli amanti, espressi in tono scherzoso dal poeta e dal musico.

Nel XVI secolo il canto degli uccelli diviene uno dei temi fondamentali di quella corrente che intende imitare la natura e che riassume l'estetica musicale del Rinascimento; la cosiddetta *Musique Naturelle* si contrappone quindi alla *Musique Artificielle*. Tra i suoi esponenti si segnala Clément Janequin, che ricrea queste sonorità selvagge nel suo *Chant des oyseaulx*. In questa realtà si era soliti distinguere tra il mondo dei *musiciens*, compositori di pezzi polifonici e di musica sacra, e quello dei *ménétriers*, maestri di corporazioni che assegnavano un'importanza capitale al segreto professionale, controllando il repertorio mediante la memorizzazione, l'improvvisazione e la trasmissione orale. A quest'ultimo gruppo appartiene un ricco repertorio di canzoni e danze, che servirono per allietare i pasti di Caterina de' Medici, le sessioni dell'Accademia di Poesia e Musica diretta da Jean-Antoine de Baïf sotto la protezione di Carlo IX e le *soirées* della corte di Enrico III.

Senza dubbio il genere che però più si può identificare con le ville di campagna, utilizzate per lo svago e il divertimento delle classi agiate, è il madrigale. Per la loro tematica amorosa e per la possibilità di essere parzialmente rappresentati, soprattutto quando, nella prima metà del XVII secolo, i madrigali *di genere rappresentativo* si traducono in una versione domestica della nascente opera, facevano di queste *pièces* dei simboli caratteristici della cultura aristocratica, adempiendo dunque alla stessa funzione propria della pittura, della scultura e degli stessi giardini. Lo stesso Claudio Monteverdi compose numerosi madrigali per la Corte dei Gonzaga a Mantova, alcuni dei quali considerati dei classici del repertorio musicale barocco, in cui il gioco amoroso di pastori e ninfe durante dolci stagioni primaverili rende protagonisti quei *Canti amorosi* presenti in quasi tutti gli autori coevi. Appare inoltre significativo che ad alcuni compositori fossero richiesti dei madrigali destinati all'ascolto dei soli nobili nell'intimità delle loro stanze; questa modalità di composizione sarà nota con il nome di *musica segreta* o *musica riservata*, e uno dei suoi massimi interpreti sarà l'italiano Luzzasco Luzzaschi.

Infine, com'è naturale, vi sono moltissime opere e rappresentazioni teatrali che hanno come scenario dei *loci amoeni* destinati all'intrattenimento dei ceti privilegiati, come avviene nella danza cortigiana che è ambientata nei campi. Di questo sono esempi tipici le due opere di Mozart *Le nozze di Figaro*, il cui ultimo atto è ambientato in un giardino, e il *Don Giovanni*, la cui trama si svolge all'interno di un palazzo.

L'odore, nelle chiese e nei monasteri, è quello della cera e dell'incenso, l'odore della santità, alludendo a una credenza molto diffusa nel mondo cristiano secondo la quale la virtù era accompagnata da gradevoli effluvi corporali. Questi erano avvertiti attraverso il vestiario e le celle finanche nel letto di morte. Anche in quello che Nicolás de Claravall chiamava *paradisus claustralis*, i fiori dovevano emanare un profumo di tranquillità. Il sacrestano depositava le rose da poco colte sull'altare per indicare che si doveva osservare il silenzio e i lilla ai piedi delle statue della Vergine per combattere il cattivo odore frutto delle epidemie; l'incenso e la mirra servivano a calmare la collera e ricordavano la nascita di Cristo. Inoltre per favorire meglio la contemplazione melanconica dell'immaginario edenico vennero creati degli spazi ornati con piante.

Gli odori del giardino laico emanavano dalla stessa purezza dell'aria e dell'acqua. I fiori e l'erba alimentarono il simbolismo dei poeti, che invitavano ad approfondire, attraverso questa strada, l'amore e la morte che l'uomo prova col proprio corpo. Nel linguaggio dei fiori cominciarono a mescolarsi elementi della simbologia cristiana e di quella pagana; così, mentre in chiave religiosa la rosa rappresentava un'allegoria del sangue di Cristo e l'emblema mistico della purezza mariana, come eredità dell'amore cortese l'ulivo verrà associato a Minerva, il rovere a Giove e il mirto a Venere.

Il giardino diviene così un labirinto di odori e un mosaico di aromi che si compone a partire dall'oreficeria della natura. Che sia il florilegio vegetale ed esuberante che avvolge colui che passa attraverso il giardino, che siano gli alberi che assorbono le esalazioni dei corpi inumati nei cimiteri, gli odori attuano come metafore del tempo e dello spazio che ci precipitano verso immagini e associazioni[21]. La fragranza floreale, come il fumo, ubriaca l'anima e mitiga in forma velata lo spazio circostante occupato dalla gente.

Pertanto si può convenire sul fatto che l'olfatto sia un manipolatore organico ed emozionale, e non inutilmente l'aromaterapeuta confida negli effetti curativi degli odori e l'aromacologo pensa che questi possano interferire sugli stati anemici. Esso inoltre si lega agli altri sensi, per cui combinato con il gusto influirà sul sapore dei cibi, con il colore si esprimerà attraverso il vocabolario visuale delle piante, con la memoria e con il tatto evocherà i ricordi, con il suono dividerà armonia o dissonanze e produrrà profumi omofonici e polifonici[22].

Gli aromi del giardino, elevati al rango di arte dalla profumeria, furono introdotti in Occidente dalla cultura musulmana. Ammesse dallo stesso Maometto quale parte della capacità edonistica dei sensi, le formule segrete arabe trovarono nelle piante aromatiche del Mediterraneo la materia prima ideale per la fabbricazione delle fragranze, e attraverso la frontiera iberica raggiunsero l'Europa rinascimentale; qui il termine laico e moderno «profumo» sostituì quello ecclesiastico e medievale «balsamo», vincolato all'epifania dell'incensiere. A partire da questo momento si assisterà a un proliferare di elisir, acque odorose, oli fragranti e di ogni tipo di unguenti usati anche in medicina, nella cura della pelle e nell'ostentazione sociale dei ceti privilegiati. Dalla Versailles di Luigi XIV, poi, la profumeria si trasformerà in un'industria all'avanguardia in Francia e i suoi delicati prodotti riforniranno l'intero mondo occidentale[23].

---

[21] C. VARAONA, *El laberinto de los perfumes*, in «Album de las Letras y las Artes», estate 1997, pp. 74 e segg.

[22] R. GONZÁLEZ, *Historia del Perfume. Aromas de leyenda, Creaciones de lujo*, Madrid, Temas de Hoy, 1994, pp. 63 e segg.

[23] G. PILLIVUYT, *Histoire du parfum*, Parigi, Editions Denoël, 1988.

Per quanto riguarda il gusto tra gli ecclesiastici, si può assistere a una diluizione, nel corso del tempo, dell'estrema rigidezza degli anacoreti africani e orientali riguardo alla gola e all'ubriacatura, fino al punto che queste diverranno fonti di peccati capitali. L'automortificazione di san Macario di Alessandria venne sostituita dalla moderazione della regola benedettina che permetteva al monaco di procurarsi un sufficiente sostentamento, da combinarsi però con digiuni e astinenze; è per questo che a tutt'oggi monaci e monache coltivano delle piante che passano direttamente dagli orti alle cucine, distillano vini e liquori e sono consumati maestri nell'arte pasticcera. In agguato si trovava però la rilassatezza, favorita dal passare del tempo, e la comparsa di nuovi argomenti dietetico-religiosi, come l'elemosina fatta in generi alimentari ai poveri e l'ospitalità di piatto e letto con cui accogliere il viandante; rilassatezza che portò i monaci, i preti e i pastori a naufragare nel mare della gola, condannata senza pietà dai puritani e tutto sommato tollerata dai cattolici.

Lo scenario in cui si muovono i commensali non sarà più dato dal chiostro, ma dal refettorio, in cui la comunità condivide cibi e letture edificanti, e dalla casa del parroco. L'austerità di alcuni ordini più rigorosi contrasta con il dispendio di cibi della famiglia conventuale in occasione delle molte celebrazioni in onore dei santi; le cifre più alte erano spese per i grandi banchetti dovuti a qualche evento particolare o a festività importanti – visita del padre generale dell'Ordine o di qualche altro personaggio di particolare rilievo, il giorno di san Benedetto e quello dell'Immacolata, Natale e Corpus Domini e così via. Anche il divieto di mangiare carne nei giorni di astinenza era sbeffeggiato dai frati, che sceglievano queste date per sottoporsi a opportuni salassi, che richiedevano un ricovero ospedaliero per il quale era sospeso il rispetto del voto dell'astinenza.

Per quanto riguarda il gusto laico all'interno del giardino delle delizie, esso è solito accompagnarsi ad altri sensi, con la nascita delle buone maniere di comportamento a tavola proprio nelle sale da pranzo dei palazzi. In questo modo, scegliendo icone di differenti periodi, ci si può trovare di fronte al celebre bagno della *Sphaera*, edita nel XV secolo a Modena, che riproduce un giardino chiuso al centro della città preceduto da una grande fonte in cui si immergono uomini e donne nudi, circondati da musici e cantori, e con una coppia intenta a baciarsi e una tavola colma di manicaretti posti in primo piano che danno simmetria e prospettiva a tutta la composizione. Come ha studiato Jacques Rossiaud nella sua storia della prostituzione, vi erano diverse case di tolleranza oltre al bordello pubblico, tra le quali bisognava aggiungere anche i bagni come «stabilimenti per la prostituzione che attendono ad una doppia finalità, quella onesta e quella disonesta»[24]. E se questi bagni municipali nascondevano le bravate dei parrocchiani di varia condizione, non si può neanche immaginare che cosa potesse accadere negli spazi privati dei giardini delle corti, autentici lupanari racchiusi fra le mura dei palazzi volti al «conforto mondano» degli amori venali.

Lo stesso aspetto si ritrova alcuni secoli più tardi ne *Il gioco della gallina cieca* di Jean-Honoré Fragornard, nel quale mentre alcuni cortigiani praticano questo gioco per bambini, altri sono intenti a mangiare su di una tavola imbandita all'interno di una villa di campagna. Infine gusto, tatto, vista, udito e olfatto si ritrovano tutti insieme nel *Déjeuner sur l'herbe* di Edouard Manet, in cui il tema del pranzo campestre al centro di un bosco mescola suoni e aromi della natura, unisce colori e rumori, e mette in risalto il doppio senso della carnalità degli alimenti con quella delle ragazze nude al bagno nonché la lascivia complice dei due cavalieri *voyeuristes*.

Il tatto è vincolato, in alcuni spazi edenici, all'espressione dell'intimità per mezzo della contemplazione e dell'incontro di due esseri. Il giardino è il luogo ideale per un appuntamento amoroso, che sia cortese o religioso, per divertire il corpo e lo spirito. Nei parchi reali e in quelli aristocratici vennero creati dei giardinetti in forma di boschetti, ombrosi e circondati da fiori, con la porta ritagliata nel bosso e con una sola panca destinata alle conversazioni segrete. Il *giardino segreto* diventa così lo scenario di flirt e galanterie amorose, per cui sarà l'ambiente prediletto per i capricci di Cupido in molte opere e drammi, per i giochi degli innamorati nei dipinti galanti di Watteau, Boucher, Fragonard, Gainsborough, Hogart, e per l'atto sessuale in immagini che eccitano il desiderio: i

---

[24] J. ROSSIAUD, *La prostitución en el Medievo*, Barcellona, Ariel, 1986, p. 13.

bagni che mascheravano la prostituzione dietro la facciata dell'igiene, mostrando in alcuni casi la nudità tentatrice, i *tòpoi* del Satiro rissoso e della Ninfa che si abbandona che saranno oggetto di una censura ufficiale, i frutti del giardino come metafora delle delizie della carne proibite, filmate da Peter Greenaway ne *I misteri del giardino di Compton house* e che conducono alla morte... Don Giovanni deve scalare tutta una serie di mura conventuali e di palazzi come prova, ma è anche la sua specialità, per ottenere la sua ricompensa carnale[25].

Comunione spirituale e accoppiamento carnale si perdono nelle profondità dei giardini. L'estasi mistica e quella sensuale si possono trovare nell'intimità degli orti. L'*hortus conclusus* sparisce per lasciar posto all'*hortus deliciarum*.

---

[25] Per il giardino come spazio intimo, O. RANUM, *Los refugios de la intimidad*, in P. ARIÈS e G. DUBY (a cura di), *Historia de la vida privada*, Madrid, Taurus, 1989, III, pp. 211-265; sulla censura delle immagini erotiche si veda D. FREEDBERG, *El poder de las imágines*, cit., pp. 359-474.

CAPITOLO V

La dicotomia classica tra i paesaggi dell'ecumene, giardini principeschi o terreni coltivati, e i paesaggi dell'assoluto, ascrive ai mari il *limes* incolto il cui orizzonte infinito non può in alcun modo integrarsi «nell'orto conchiuso» del Paradiso. Il fragore e il moto incessante delle acque, la furia dell'uragano e il carattere teratologico delle creature marine, rivelavano agli uomini dell'era pre-scientifica e pre-industriale l'impossibilità di ricreare la terra antidiluviana nella quale si trovava l'Eden delle Delizie. Il deserto, la spiaggia, la montagna e il bosco, gli acquitrini e il lago erano altrettante rappresentazioni della *gehènna* del quale si parla nell'*Antico Testamento*.

A partire dal terzo giorno della Creazione, sappiamo che, osservando la superficie del pianeta, l'acqua è la regola e la terra l'eccezione. «Disse Dio: – così è riportato nel *Genesi* – "Che le acque si accumulino, sotto il cielo, in un unico insieme [in greco; o 'in unico luogo', in ebraico] e che lascino vedere l'asciutto"; e così fu. Dio chiamò le parti asciutte "terra" e le acque "mari" e Dio decise che era cosa buona».

A sua volta, la cosmologia mosaica distingueva due estensioni, l'abisso oceanico e la volta celeste, ognuna separata da una frontiera, quella fissa del litorale tra la terra e il mare e quella mutevole delle nubi tra il cielo e l'aria. Da parte sua Maometto, durante la sua ascensione al cielo, ha una visione marittima che è piena di angeli che lodavano Dio ripetendo questa cantilena: «Sia benedetto tu che sei avvolto da cortine di nebbia, di acqua, di tenebra, di fuoco, di mare e di chiarore»[1].

---

[1] *Libro de la escala de Mahoma. Según la versión latina del siglo XIII*, Madrid, Siruela, 1996, p. 76.

Rispetto al mondo coltivato, cartografia tangibile adorna di toponimi e divisioni, dove ogni elemento ha un nome e ogni particella naturale o artificiale ha un limite, le rive costiere intonano una talassofania, l'apoteosi del mare divinizzato, enorme e misterioso. Quello che nella cultura occidentale e orientale, nei viaggi e nelle avventure da Ulisse a Sinbad – i nostri pellegrini del mare – è stato definito come «la notte dell'abisso» e «il paese della paura e delle tenebre». Oppure quando nella cabala ebraica, metafora del pensiero e crittografia mistica, si identifica il mare come il simbolo dell'infinito[2].

La bibliografia recente che si è occupata dell'elemento acquatico trae la propria origine, come accade per molti altri temi storiografici, dalla scoperta dell'oceano come materia di studio operata da Jules Michelet nel suo libro *Il mare*, del 1862. In questa bella cosmovisione l'intellettuale parigino prendeva in esame gli attori dell'opera acquatica – spiagge, arenili, scogliere eccetera – e la sua origine a partire dalla fecondità lattiginosa delle acque fino ai sanguigni fiori di corallo. Nonostante l'eliminazione dell'elemento drammatico del mare operata da Michelet, alcune opere di narrativa a lui contemporanee, come *I lavoratori del mare* di Victor Hugo del 1866 e *20.000 leghe sotto i mari* di Jules Verne del 1869, conservano nelle loro descrizioni un poco di *suspence* e di leggenda.

Ma se restringiamo il campo di analisi alla relazione tra il Vecchio Mondo e il mare, dobbiamo arrenderci alla maestosità di Fernand Braudel che, con la sua opera *Il Mediterraneo all'epoca di Filippo II*, farà scuola metodologicamente anche con riferimento al territorio: partendo dall'influenza che l'ambiente, inteso come mezzo, ha sulle unità fisiche e umane, si fornisce un quadro delle popolazioni e dei sistemi economici presenti nel crogiolo del *Mare Nostrum* nel XVI secolo[3]. Michel Mollat, con una cura similare, ha dedicato vari studi di storia marittima alle vicissitudini navali e al ricco universo delle coste, studi che sono culminati nella sua opera *L'Europa e*

---

[2] J.L. Borges, *La cábala*, in *Siete noches*, Buenos Aires, Emecé, 1997, pp. 171-195.

[3] F. Braudel, *La Méditerranée...*, cit. Una visione sintetica dello spazio e della storia mediterranei si trova in F. Braudel e altri, *Il Mediterraneo. Lo spazio, la storia, gli uomini, le tradizioni*, Milano, Bompiani, 2002.

il mare, nella quale si traccia un suggestivo paesaggio umano ed economico dell'elemento acquatico[4].

Nel testo *Il territorio del vuoto* del francese Alain Corbin si esamina la nuova armonia che si stabilisce, alla fine del XVIII secolo, tra il corpo e il mare e la trasformazione di quest'ultimo in spettacolo sociale. I piaceri e i divertimenti da spiaggia erano già popolari nell'antica Grecia quindi, superata l'avversione al bagno propria del medioevo, si ritorna sulle coste come terapia e valvola di sfogo[5].

I percorsi degli oceani sui quali navigano gli esploratori sono stati ricreati da moltissimi narratori sia attraverso il racconto quotidiano delle condizioni dei viaggi per mare sia trascrivendo, sotto forma di saggio, racconti tipici dell'oralità leggendaria e mitologica. Tra gli altri ricordiamo le memorabili *Favole e leggende del mare* di Álvaro Cunqueiro, per il quale: «Il mare è molto più complesso, nella realtà e nella fantasia, di tutto quello che potremmo immaginare dalla terra ferma»[6].

La maggior parte degli europei, a prescindere dall'ammirazione per i colori e per la voce del mare che circonda la periferia del continente, ha sempre considerato le coste come frontiere della paura e rive della speranza. A partire dall'antichità si ripete presso tutti i popoli europei, con le sfumature proprie di ciascuno, il proverbio latino: «Elogiate il mare, però rimanete sulla riva». L'impressione iniziale di colui che percepisce l'oceano come inavvicinabile è il misto di timore e di eccitazione di fronte al *finis terrae* che funge da confine alla massa di umori mutevoli e geografie fantastiche scatenate dai deliri dell'immaginazione.

In questo senso, l'ingegno di Cervantes, ancora pregno di avventure marinare nell'intervallo tra una valorosa impresa guerresca e una dolorosa prigionia, si mostra comprensivo di fronte alla prima

---

[4] M. MOLLAT DU JOURDIN, *Le commerce maritime normand à la fin du moyen-âge: étude d'histoire économique et sociale*, Parigi, Librairie Plon, 1952; *La vie quotidienne des gens de mer en Atlantique, IXᵉ-XVIᵉ siècles*, Parigi, Hachette, 1988; e *Europa y el mar*, Barcellona, Crítica, 1993.

[5] A. CORBIN, *El Territorio del vacío. Occidente y la invención de la playa (1750-1840)*, Madrid, Mondadori, 1993; L. LENCEK e G. BOSKER, *La playa. Historia del paraíso en la tierra*, Londra, Martin Secker & Warburg, 1998.

[6] A.S. RAPPOPORT, *El mar. Mitos y Leyendas*, Madrid, M.E. Editores, 1995; A. CUNQUEIRO, *Fabulas y leyendas de la mar*, Barcellona, Tusquets, 1998.

visione del mare che i suoi personaggi più cari – originari dell'entro-terra *manchego* – sperimentano sulla spiaggia di Barcellona:

> Don Chisciotte e Sancho spaziarono con lo sguardo da ogni lato: videro il mare che fino ad allora non avevano mai visto; gli parve spaziosissimo ed ampio, perfino più grande delle lagune di Ruidera, che avevano visto nella Mancha; videro le galere che stavano in rada che, ammainate le vele, scoprirono piene di fiamme e gagliardetti che tremolavano al vento e baciavano e sfioravano il pelo dell'acqua [7].

L'immensità della massa d'acqua salata, facendo impallidire il dolce ricordo lacustre della campagna di San Juan, insieme ai remi colorati che facevano spostare le barche, abbindolarono i nostri eroi. Ma quando, seduti a poppa e all'ordine di salpare dato dal capitano, videro il còmito frustare la ciurma sulla schiena, gli sembrò di essere all'inferno per il fiammeggiare delle fruste e di contemplare finalmente accadimenti veramente incantati. Sarà sulla spiaggia di Barcino, di fronte al mare, che il cavaliere Don Chisciotte abbandonerà la sua ventura per ritornare carico di amarezza, insieme con Sancho, alla sua dimora avita per esercitarsi nel virtuoso esercizio della vita pastorale nella solitudine dei campi, lontani dalle avventure mutevoli e spaventevoli del mare.

Questa sorta di prostrazione dell'elemento liquido sotto l'egida di Phobos si doveva all'impreparazione tecnica della civiltà europea di fronte alle aggressioni di uno spazio minaccioso. Alla sua ostilità intrinseca, al terrore del pelago, venne a sommarsi la sua condizione di vettore di disgrazie, dovuta al fatto che attraverso il mare giunsero le invasioni vichinghe, la peste nera o le incursioni turche e berbere. Le acque profonde, il cui respiro e ruggito si potevano sentire dalla terraferma, erano un abisso pronto a inghiottire i vivi. I mostri, a partire dagli Scilla e Cariddi della mitologia greca fino al nordico Kraken, tendevano agguati dalle loro tane abissali battezzate con idrotoponimi propri di ogni lingua marinara. Le sirene, alate nel Mediterraneo e squamate nel Nord, prima che il mito omerico fosse trasformato in una volgare manciata di lamantini, simbolizzavano con il loro canto e la loro sensualità la seduzione letale.

---

[7] M. DE CERVANTES, *El Quijote*, II parte, cap. LXI.

Questo è il motivo per cui uno storico della paura come Jean Delumeau situa il mare e la sua gente nel mondo incolto, quando afferma:

> L'oceano ha fatto perdere, da molto tempo, valore all'uomo che si sentiva piccolo e fragile di fronte ad esso e sopra di esso: ragion per cui la gente di mare è assimilabile ai montanari ed agli abitanti del deserto [8].

Per questo, i marinai erano associati con il peccato secondo la mentalità delle popolazioni dell'interno, erano considerati cattivi cristiani – pirati, fornicatori, camorristi, blasfemi eccetera – i peggiori mariti – ricordiamo la tradizione del marinaio con una donna in ogni porto – e si tendeva ad accoppiare il mare con la demenza, intesa come opposto dell'ordine, la cui espressione di massimo delirio era la tempesta[9]. L'alienazione rivelava, però, una condizione magica, temuta ma allo stesso tempo riverita, per cui i malati di mente erano considerati posseduti dal demonio, ma, ciò nonostante, possedevano il dono di rivelare la verità ed esprimere l'esoterico[10]. Bosch ci ha tramandato in ogni sua opera il trattamento riservato alla *stultitia*, sia che si tentasse *La cura della pazzia* mediante una trapanazione del cranio per rimuovere dal cervello la pietra che la causava, sia attraverso imbarchi collettivi forzati, come avveniva in *La nave dei pazzi*, con destinazioni disgraziate. Queste espulsioni di idioti in barche senza governo oppure la loro reclusione all'interno di torri era la risposta di una politica che tendeva all'emarginazione, non priva di un istinto moralizzatore della società, che prelude a quello che sarebbe stato il *Gran Encierro*, altresì detto «confino», del XVII secolo, che porterà umanisti di diverse generazioni a presentare il folle come profondamente saggio, come infatti accade ne *L'Elogio della Follia* dell'olandese Erasmo da Rotterdam. L'abbigliamento grottesco di questi idioti, che possiamo vedere nelle preziose incisioni di Albrecht Dührer, consisteva di vesti adorne di sonagli, copricapo con lunghe orecchie d'asino e lo scettro del buffone, lo specchio della vanità oppure la pietra della demenza nella mano[11].

---

8 J. DELUMEAU, *El miedo en Occidente*, Madrid, Taurus, 1989, p. 54.

9 M. FOUCAULT, *Histoire de la folie à l'âge classique*, Parigi, Gallimard, 1972.

10 M. RISTICH DE GROOTE, *La folie à travers les siècles*, Parigi, Robert Laffont, 1967.

11 N. GUGLIELMI, *Marginalidad en la Edad Media*, Buenos Aires, EUDEBA, 1986.

Ebbene, se conveniamo sul fatto che la cartografia sia l'espressione di una civiltà, dobbiamo calarci nel mappamondo umoristico che Oronce Finé disegnò nel 1536, ubicato dentro la testa di un buffone e circondato di iscrizioni che facevano allusione al proverbio *Vanitas vanitatum et omnia vanitas*, con il quale pretende di farsi gioco delle aspirazioni della piccola Europa al dominio del mondo intero[12]. Non è casuale che nella stessa epoca il tema del *theatrum mundi*, all'origine del quale possiamo rintracciare elementi di senechismo e stoicismo, godesse di una certa fortuna. In esso gli ipocriti venivano paragonati ai commedianti e il teatro alla piazza mondana, mentre le ricchezze e i titoli non erano altro che una maschera di cui liberarsi prima della morte, esattamente come gli attori si tolgono il costume quando cala il sipario.

A questo punto possiamo distinguere almeno due diverse concezioni del «gran teatro del mondo»: quella erasmiana – il cui mentore considera una pazzia affidarsi al mare, come sottolinea nel suo colloquio *Naufragium* – che mette in ridicolo la società cortigiana sostenendo che i ruoli sono inganni che nascondono l'uguaglianza degli uomini; la più tradizionale concezione calderoniana, invece, rifiuta la possibilità di cambiare questi ruoli che, attraverso la morte, conducono a una realtà più profonda[13].

Quale che fosse la realtà, bisognava dominare le potenze luciferine dell'oceano, che si manifestavano attraverso fuochi fatui, raggi verdi – tanto cari a Jules Verne e a Eric Rohmer – e uragani sterminatori, come ci racconta Ariel, lo spirito dell'aria de *La Tempesta* di William Shakespeare:

> Ho fatto risplendere il terrore. A volte mi dividevo e ardevo da tutte le parti: sopra all'albero, sulla coffa, sui pennoni, sul bompresso, accendevo fiammelle distinte che poi si incontravano e si univano. I lampi di Giove precursori del terribile tuono, non erano più istantanei né più fugaci allo sguardo [14].

---

[12] M. MOLLAT DU JOURDIN, *Europa y el mar*, cit., che include anche la mappa conservata presso la Biblioteca Nazionale di Parigi.

[13] P. CALDERÓN DE LA BARCA, *El gran teatro del mundo*, cit.; L. VÉLEZ DE GUEVARA, *El diablo Cojuelo*, Madrid, Castalia, 1988, p. 81.

[14] W. SHAKESPEARE, *La Tempestad*, Madrid, Espasa-Calpe, 1998.

Il fatto che questa situazione patetica in alto mare non fosse frutto di una licenza letteraria è corroborato da una moltitudine di testimonianze di viaggiatori, pellegrini e avventurieri che naufragavano, come racconta William Johnson:

> La nave era solida, il pilota abile ed il vento favorevole: che cosa si poteva temere? Però senza dubbio, il mio istinto presentiva l'approssimarsi di una tempesta... Che spettacolo orribile si offrì alla mia vista! Il terrore aveva trasformato le sembianze di tutti, talmente tanto che ci riconoscevamo appena l'uno con l'altro; uno pregava, un altro si torceva le mani, quello più in là piangeva e si lamentava [15].

Gli uragani o le barche in balia dei venti saranno tra i temi prediletti della pittura paesaggistica che si forgiavano nelle Province Unite durante il XVII secolo. In tutte quelle tele si respira un'atmosfera salubre e carica di umidità, si sente il movimento delle onde e si afferra la vitalità dello scenario marittimo [16].

La cristianizzazione del mare comincia per dare una spiegazione al diluvio universale, ritorno temporaneo al caos, come viene rappresentato nella versione erculea di Michelangelo nella Cappella Sistina o nella tela manierista di Van Scorel nel Museo del Prado, che avrebbe lasciato l'oceano e la montagna come vestigia di quella catastrofe punitiva. Gottfried Leibniz secolarizzerà il tema e lo orienterà verso la geologia presentandolo nella sua *Protogea* del 1683 come «la

---

[15] A. JOARIZTI, *Viaje dramático alrededor del mundo: aventuras de los más afamados viajeros... y naufragios célebres en Europa, África, Asia, Oceanía y América: aspecto y naturaleza de los países menos conocidos, historia, carácter y costumbres de los pueblos que los habitan, según las relaciones más autorizadas de testigos oculares; arreglado por Adolfo Joarizti*, Barcellona, 1864, I, p. 52. Sempre nella Biblioteca del Museo Naval de Madrid si possono consultare *La aguja de las tormentas, o sea, manual sobre huracanes...*, Madrid, 1863, di A. BECHER, e i *Naufragios célebres* di ZURCHER Y MARGOLLÉ, editi a Barcellona nel 1886. Fondi cartografici dello stesso tipo e della stessa ubicazione hanno ispirato il romanzo di ARTURO PÉREZ-REVERTE, *La carta esférica*, Madrid, Alfaguara, 2000.

[16] R. GENAILLE, *La Pintura holandesa*, Barcellona, Garriga, 1963; W. STECHOW, *Dutch Landscape Painting of Seventeenth Century*, New York, Hacker Art Book, 1980; S. ALPERS, *Arte del descrivere: scienza e pittura nel Seicento olandese*, Torino, Boringhieri, 1984; E.J. WALFORD, *Jacob van Ruisdael and the Perception of Landscape*, New Haven e Londra, Yale University Press, 1991.

rivoluzione del globo». Più tardi, gli scienziati «nettuniani» distingueranno tra il diluvio geologico e quello mosaico, il che presuppone un lungo periodo di sedimentazione sottomarina tra la Creazione e la Catastrofe e di conseguenza conciliano la scienza con le sacre scritture. L'arca di Noè, intanto, sarà concettualizzata come strumento di salvazione, tanto che nel XVII secolo vi fu un tentativo di ricostruirla, effettuato da un commerciante tedesco.

Nello stesso modo, si ricorre all'esempio di Gesù che cammina sopra le acque, invitando Pietro e i suoi compagni a gettare le loro reti nel lago Genezaret, oppure che placa le acque del lago di Tiberiade, che Tintoretto dipinge nella tela *Cristo cammina sopra il mare di Galilea*, paragonando la furia del mare, velato da nembi quasi in segno di sfida, con la fiacchezza della fede dei suoi spaventati apostoli che come la loro barca andavano alla deriva. Oppure all'esempio di Mosè che, conducendo come un pastore il popolo d'Israele, apre un passaggio nel mezzo delle acque, come vediamo illustrato con didattica ingenuità in *Il passaggio del Mar Rosso* del 1356 che Bartolo di Fredi plasmò nella cattedrale di San Gimignano, per farlo richiudere subito dopo a maggior disgrazia dei loro inseguitori egiziani. La metafora della Chiesa rappresentata sotto forma di nave, il cui timone è lo Spirito Santo che la conduce al porto della salvazione eterna, si contrappone alla deriva che comporta il peccato. La traversata marittima, per finire, altro non sarebbe se non un simbolo del Purgatorio, che si abbandonava grazie al pentimento per attraccare successivamente ai moli del giubilo e della gloria.

Se tutto ciò non fosse stato sufficiente, i marinai procedevano a esorcizzare il mare minaccioso e lugubre, attraverso riti propiziatori. I portoghesi recitavano il Prologo del Vangelo di Giovanni, gli spagnoli immergevano delle reliquie tra le onde, i greci dipingevano occhi sulle prue delle loro imbarcazioni per mettere in fuga gli spiriti maligni. Questi «scongiuri oculari» si possono vedere in alcuni calici attici sui quali è rappresentato Dioniso che naviga circondato da delfini, e il tema si ripete anche nelle moderne ceramiche rodiote, che conservano un notevole parallelismo con le tavole andaluse, turche e marocchine che ancora modellano i vasai contemporanei. Gli scozzesi non pronunciavano mai la parola chiesa e ministro quando erano imbarcati, i bretoni pregavano sant'Eregano, che a Pasqua obbligava i delfini a sentire la messa in una cappella costiera, per restituirli all'Atlantico senza macchia, gli irlandesi credevano che il suono delle campane spaventasse i demoni e i maltesi che la melodia dei carillon calmasse il maestrale. Tutti condividevano la credenza che le donne e i morti non dovessero rimanere a bordo perché attiravano la malasorte e che non si dovesse mai partire di venerdì, perché coincideva con il giorno della crocifissione.

Gli uomini, la cui donna carnale è la Madre Terra, penetrano con i rostri delle loro navi nel mare femminile e amante, il cui latte materno altro non è che il riflesso delle squame e lo scintillio della fauna oceanica. Le donne, a loro volta, ricevono nel loro ventre le onde virili del mare maschile per rimanere incinte e generare futuri marinai. Di conseguenza, le barche si battezzano al momento del varo, possibilmente accompagnando la cerimonia con libagioni, poi si cristianizzano tutte le possibili divinità animiste di questi autentici «boschi galleggianti»; si porta in processione sull'acqua l'immagine mariana della *Stella Maris* – la Vergine del Carmelo sacra ai marinai – o di alcuni santi patroni di confraternite – ricordiamo che i due fratelli Pietro e Andrea furono pescatori prima che apostoli e santi; inoltre si offrono *ex voto* – a volte riproduzioni delle barche – in chiese e cappelle dei paesi costieri.

L'Europa dei naviganti presenta tre grandi regioni marittime, a mo' di frontiere periferiche che – come le montagne – allo stesso tempo integrano e isolano: il Mare del Nord, dove le saghe vichinghe lasceranno il passo all'esplorazione dei poli e all'estrazione del petrolio; il Mar Mediterraneo, culla delle civiltà più antiche; l'Oceano, che muterà da una vastità ignota a una linea regolare con gli orizzonti africani e americani.

Il paesaggio sociale dei paesi di mare, delle comunità che vivono per il mare e grazie a esso, ha dato luogo a locuzioni plurali in ognuna delle lingue europee che danno luogo a un mosaico di gruppi socio-professionali: *gente del mar* in spagnolo, *gens de mer* in francese, *genti di mare* in italiano, *seamen* in inglese, *seeleute* in tedesco e così via. Ciò nonostante, dobbiamo distinguere tra i naviganti propriamente detti che dominano il mestiere dell'*ars maris* – pescatori, mercanti e militari – e le popolazioni che dipendono dal mare – porti, basi, cantieri navali, saline eccetera – uniti dalla cosmovisione condivisa di un medesimo universo nautico.

I diversi tipi di pesca sono il risultato della forma delle coste, delle condizioni idrologiche, delle imbarcazioni e degli strumenti; tutto questo porterà ognuno dei settori marittimi a dotarsi di tecniche e organizzazioni sociali particolari – benché appaiano come un'immagine unificata agli occhi degli uomini della terraferma. La pesca costiera mediterranea andava dalla canna in piedi alla collocazione di nasse e reti sulla riva del mare per trovare i tanto desiderati frutti di mare, così come le spugne sulle coste di Grecia e Turchia e il corallo in Sardegna, nonché il tanto apprezzato tonno catturato mediante le sanguinose mattanze in Andalusia e in Sicilia. L'omonima pesca oceanica si svolgeva nel segno della signoria tradizionale, per cui il pescatore dipendeva dal calendario stabilito dal signorotto per potersi addentrare in acqua a una distanza anch'essa stabilita, per poi combinare i proventi della pesca con i prodotti che gli provenivano dalla coltivazione del suo piccolo podere, tenendo conto che le aringhe necessitavano di una lavorazione e di una commercializzazione impegnativa. Viceversa, la pesca d'altura in mari lontani, come quella dei pescatori di merluzzo di Terranova e quella dei balenieri del Labrador, portò a stringere dei legami di cooperazione tra il Nord e il Sud del mondo per facilitare questo tipo di traffico transatlantico.

Questa attività estrattiva portava con sé una divisione familiare del lavoro, di modo che, se il *paterfamilias* si trovava imbarcato, cosa comune per tutti i maschi in giovane età che si arruolavano come mozzi, la sposa non soffriva passivamente per la solitudine e l'attesa come vorrebbe il *tòpos* lirico, ma gestiva la casa, si occupava dei bambini e degli anziani, rammendava vele e reti, vendeva il pesce e coltivava un orticello. Inoltre, se i pescatori si trovavano inquadrati in terraferma in parrocchie per la salvezza dell'anima e in confraternite per quella del portafoglio e per gli svaghi, svilupparono gli stessi valori di solidarietà anche in alto mare, data l'interdipendenza delle attività, a partire da formule di comproprietà delle imbarcazioni fino alla divisione dei proventi della pesca, relazioni che erano annotate con precisione dallo *scriba navis*.

La sicurezza a bordo veniva ottenuta tramite una rigorosa disciplina che pretendeva di castigare la negligenza di fronte ai gravi pericoli del mezzo – l'ammutinamento del «Bounty» ha fatto scorrere fiumi di inchiostro e di pellicola – e di trasformare l'immagine «primitiva» che i marinai avevano sulla terraferma, come ci dice il laureato Vidriera:

> I marinai sono gente gentile e inurbana che non conosce altro linguaggio che non sia quello che si usa sulle navi; sono diligenti durante la bonaccia, pigri nella burrasca; durante la tempesta comandano molto e obbediscono poco; il loro Dio è la loro nave e il loro rancio; il loro passatempo è vedere i passeggeri con il mal di mare [17].

I mercanti delle diverse «nazioni» aprirono imprese nei principali porti dell'Europa moderna – dalla anseatica Lubecca all'«indiana» Siviglia, dalla Venezia delle spezie all'esotica Istanbul – creando reti clientelari e imprese familiari che negoziavano mediante quel linguaggio per iniziati che era la «fiducia reciproca», propiziando la creazione di nuovi metodi di pagamento, delle assicurazioni e della borsa valori.

I militari che ingrossavano le file dell'Armata Reale erano al servizio di un'industria attiva e ricca quale era la guerra, a partire dal momento in cui i distinti regimi politici – monarchie, imperi, repubbliche – si disputavano la talassocrazia europea, da cui dipendeva la prosperità e l'egemonia delle grandi potenze. Per Niccolò Machiavelli non c'era ombra di dubbio che: «L'intenzione di coloro che promuovono una guerra sia sempre stata, ed è logico che sia così, arricchirsi ed impoverire il nemico» [18].

Il sultano della Sublime Porta, la minaccia più temibile per una cristianità che vedeva infestate le proprie acque da corsari barbareschi e le proprie coste levantine colpite da razzie islamiche, principiava le sue lettere, a prescindere da tutta un'altra serie di titoli, con l'ambizio-

---

[17] J. BERNARD, *Navires et gents de mer à Bordeaux (vers 1450 - vers 1550)*, Parigi, SEVPEN, 1968, 3 voll. Per le considerazioni sociali sui marinai e sui loro costumi si veda: M. ALFONSO MOLA, *El marinero de altura*, in «Historia 16», Madrid, novembre 1997, 259, pp. 32-44; al proposito si veda anche P.E. PÉREZ MALLAÍNA, *Los hombres del Oceano*, Siviglia, Diputación de Sevilla, 1992; M. DE CERVANTES, *Novelas ejemplares*, Madrid, Espasa-Calpe, 1976, p. 121.

[18] N. MACHIAVELLI, *Storia di Firenze*, Firenze, 1520, Libro VI, I.

so titolo di «Dominatore del Mare Universale» [19]. Tommaso Campanella, durante gli ultimi anni di vita di Filippo II, redige il suo progetto politico *Monarchia di Spagna,* nel quale rivela di auspicare una monarchia universale di cui il Re Cattolico sia il braccio esecutore, e a quest'ultimo consiglia di «creare due ordini di cavalieri del mare, come quelli di Malta, e di non dare la paga a gente oziosa ma soltanto a quei cavalieri che lo fossero veramente, in modo che il re non debba sempre confidare in marinai ausiliari e mercenari, come i genovesi» [20]. Nel mezzo di questa lotta, le marine castigliana e portoghese che diedero inizio alle grandi scoperte in America e in Africa difesero il principio del *mare clausum* di fronte alle pretese inglesi e olandesi del *mare liberum,* che finirà per imporsi per la forza del contrabbando e il lavoro dei legulei anglosassoni e francesi in diritto marittimo e internazionale. La politica del mare era stata elevata a componente nodale del potere e le navi da guerra, in campo azzurro, passarono a occupare uno dei quattro quarti negli scudi araldici delle case reali.

Un capitolo a parte meritano i marinai «autonomi», come ad esempio la categoria dei pirati, così come coloro che, previa autorizzazione, si ponevano al servizio di un determinato potere per esercitare la corsa. Gli scontri sanguinosi e il rituale macabro di questi criminali saranno stemperati dal culto dell'eroe romantico, come ad esempio *Il pirata* di Walter Scott e *Il pilota* di Fenimore Cooper, e la loro tempra di «lupi di mare» sarà resa immortale da opere del valore di *Moby Dick* di Herman Melville – ancora risuonano i giuramenti indiavolati del capitano Achab – di *Capitani coraggiosi* di Rudyard Kipling e di *Tifone* di Joseph Conrad. Al contrario, il tema pittorico delle battaglie navali segue un cammino inverso, visto che di fronte alle immagini di commiserazione di Lepanto o dell'Armata Invincibile, l'artista si compiace per le acque insanguinate e gli orrori del combattimento per sublimare le gesta di Nelson o di Napoleone. Il problema della scarsità della manodopera per le imbarcazioni a remi di-

---

[19] A. ANDRÉS Y SOVIÑAS, *Malta invadida por Solimán II,* Madrid, F.J. García, 1761, p. 1 *v.*

[20] Tra le numerose edizioni dell'opera di Tommaso Campanella abbiamo utilizzato quella intitolata *La política,* Madrid, Alianza, 1991, p. 126, con un'introduzione di Moisés González. La citazione relativa a Malta e alla marineria si trova a p. 126.

venterà endemico e questo problema renderà obbligatorio passare dai *buonavoglia*, rematori volontari che offrivano la loro forza-lavoro per denaro, ai galeotti forzati nella loro condizione di schiavi, prigionieri e condannati tramite una sentenza giudiziaria[21]. La vela e il motore rappresenteranno nuovi mezzi tecnologici e logistici che modificheranno la caratterizzazione mentale della marineria.

Per quanto riguarda i lavoratori del mare, alcuni erano vincolati alle attività portuali, altri alle *enclaves* fortificate che difendevano una piazza o una polveriera, ai cantieri navali dove si costruivano, calafatavano, armavano e riparavano le navi – dalle darsene gotiche di Barcellona all'Arsenale di Venezia, che passava per essere l'impresa più poderosa del suo tempo – alle saline e ai granai di proprietà di ricchi possidenti e della Corona, di cui si occupavano uomini umili che vigilavano gli impianti che si trovavano in balia degli agenti atmosferici, per ottenere un prodotto basilare come il sale, l'*oro bianco*, consumato in tutte le case e impiegato come conservante per il pesce.

Non da ultimo bisogna considerare che esiste una simbiosi tra la terra e l'acqua – nitida in *La caduta di Icaro* di Pieter Brueghel del 1555 o in altre composizioni intitolate *La terra e l'acqua* di Brueghel dei Velluti – dai *polders* olandesi al gioco delle maree in Bretagna e in Normandia che si può osservare ancora oggi a Mont-Saint-Michel, ai mulini delle maree utilizzati per la macinazione delle farine e l'uso dell'energia alternativa.

Per quanto riguarda il paesaggio fisico, l'orografia delle coste e delle isole è conosciuta e familiare ai naviganti, plasmata in ogni dettaglio dai cosmografi e registrata nei portolani e nelle carte per la navigazione, il cui linguaggio si è andato perfezionando fino a cartografare la geografia marittima[22]. In questo senso, il Mediterraneo e il

---

[21] Lo studio classico sulla corsa nel Mediterraneo è quello di S. BONO, *I corsari barbareschi*, Torino, ERI, 1964. Per quanto riguarda la pirateria, E. SOLA CASTAÑO, *Un Mediterráneo de piratas: corsarios, renegados y cautivos*, Madrid, Tecnos, 1988. Sul mondo delle galere si veda invece A. ZYSBERG, *Gloria y miseria de las galeras*, Madrid, Aguilar, 1989.

[22] L'evoluzione della cartografia può essere seguita in J. GUILLÉN TATÓ, *Cartografía marítima española*, s.l., s.d.; J. GUILLÉN TATÓ, *Europa aprendió a navegar en libros españoles*, Madrid, s.e., 1943; R. CEREZO MARTÍNEZ, *Cartografía náutica española en los siglos XIV, XV y XVI*, Madrid, C.S.I.C., 1994.

Baltico, come se si trattasse di strade segnate e illuminate, si contrappongono all'Atlantico tempestoso e turbolento, un oceano ancora tutto da scoprire. Ma il buon capitano non solo è capace di interpretare la tavola delle maree e gli atlanti, con i loro punti di fuga e le rose dei venti, ma anche di leggere il mare con il tatto dei mascheroni di prua e dello scandaglio, adoperando l'astrolabio, la bussola e le stelle.

Dall'antichità i popoli costieri e insulari avevano costruito torri di guardia per difendersi dalle incursioni nemiche, che facevano bottino delle ricchezze che trovavano e ingrossavano le fila di prigionieri e schiavi, per cui avvistato l'invasore erano soliti dare l'allarme suonando le campane a distesa per rifugiarsi nelle cittadelle fortificate. Gli antichi fuochi accesi sugli scogli mantennero sempre la funzione ambigua di orientare o disorientare i naviganti, ora servendo come segnale visivo per la navigazione notturna di cabotaggio, ora fungendo da segnale per fare incagliare le imbarcazioni o perché si riducessero in pezzi contro le rocce. Questi fanali primitivi diedero luogo alle «torri della pace» anche detti «occhi luminosi della notte» che sono i fari – resi mitici nell'antichità a partire dalla settima meraviglia del mondo, il faro di Alessandria d'Egitto, fino alle colonne d'Ercole, che aprivano le porte alla rotta oceanica – e che non finiranno mai di perfezionarsi grazie alle nuove tecniche sia nel campo dell'ottica, sia in quello delle fonti di energia. I porti, per finire, con i loro moli pieni di gru, i loro arsenali dove si fabbricano e si riparano le imbarcazioni e i loro quartieri sordidi e rumorosi, completavano la percezione paesaggistica della circolarità del viaggio, essendo a loro volta sia punto di partenza verso l'incerto e l'avventura sia punto di arrivo che, come il seno materno, simboleggia la sicurezza e la salvezza[23].

Quindi, una volta spogliato il mare della sua fisionomia demoniaca, arriviamo all'invenzione della spiaggia, che avviene durante la seconda metà del XVIII secolo. In quel periodo, le *élites* occidentali iniziarono a placare le proprie ansie classiste e l'angustia marittima attraverso una sociovelezza terapeutica che presupponeva un soggiorno di riposo sulla costa, che rimediava, secondo gli igienisti, agli effet-

---

[23] Sui porti come luoghi di rifugio, si veda M. AGUILÓ, *El paisaje construido: una aproximación a la idea de lugar*, Madrid, Colegio de Ingenieros de Caminos, Canales y Puertos, 1999, pp. 109-144.

ti perniciosi del *comfort* urbano senza abbandonare i privilegi della *privacy*. I bagni di mare si trasformarono in una cura di moda: si riteneva, ad esempio, che le onde fredde e saline fossero il lenimento ideale per le persone sterili, per i malati di nervi, per gli idrofobi, per lo *spleen*, per le alterazioni sessuali e per la malinconia. Il freddo si sostituisce nuovamente al caldo nello scontro d'umori per combattere le malattie, come iniziano ad anticipare Francis Bacon e Hermond van der Hayden e come più avanti esplicitano le argomentazioni scientifiche riguardanti la purificazione mediante l'acqua salata. Questa nuova teoria medica, in cui il piacere del soffocamento era prescritto dal dottore e controllato dal bagnante, trasformò le località balneari del diciannovesimo secolo – sia gli stabilimenti termali dell'interno che le coste dove si praticavano terapie con l'acqua salata – in quello che Alessandro Baricco chiama la «*promenade* del dolore», frequentata dai personaggi protagonisti del suo romanzo *Oceano mare*.

L'azione terapeutica su un infinito numero di malanni spinge più di un medico a divulgare il potere curativo dei bagni di mare, come fa nel caso della Spagna A. Bataller y Contasti, con la sua *Guida del bagnante* in cui, lasciando da parte le considerazioni scientifiche sull'atmosfera marina, sulla composizione dell'acqua, sul modo e sul luogo più appropriato dove fare il bagno e l'enumerazione di tutte le infermità che possono essere curate, constata gli effetti che questa crescente affezione per le località di mare ha sortito sul territorio. La storia della spiaggia è un processo lento verso le forme di svago dei giorni nostri, «paradiso sognato» che conduce al trionfo della moda nautica, intesa come spettacolo, e al culto del corpo nell'estetica attuale del consumo turistico. Però, prima che ci sollazzassimo con questo canone di bellezza, iniziarono a fare la loro comparsa, all'inizio del XIX secolo, gli sport acquatici – dalle corse di cavalli in riva al mare fino all'intimità del navigante con il suo *yacht* – che immediatamente richiamarono l'attenzione dei pittori di «marine». Con il precedente stabilito dai maestri olandesi del XVII secolo, quel che è certo è che a partire dalle *Picturesque views of the Southern Coasts of England* di Joseph William Turner fino a *Regata ad Argenteuil* di Claude Monet, le raffigurazioni dei litorali e di vacanze al mare costellano questo genere pittorico. In questo lasso di tempo s'interporrà anche il robinsonismo romantico che cerca rifugio nello spazio intimo della cala e della grotta insulare, cerca di comprendere l'effetto che ha sull'anima questo utero acquatico e roccioso, cerca il sogno e l'immaginazione di fronte alla massificazione della riviera. Questi sentimenti spirituali li sperimenta Caspar David Friedrich durante la sua contemplazione della natura sull'isola di Rügen, plasmandoli in opere quali *Monaco sulla riva del mare*, nella quale entrano in gioco tre superfici fondamentali, la spiaggia, il mare e il cielo. Ma questa difesa delle impressioni e dell'esperienza propria dell'insularità sarà superata alla metà del secolo grazie alla documentazione previa del viaggio e alla strategia emozionale delle guide turistiche. Tramite il *Grand Tour* si arriva ad apprezzare la mitezza degli inverni sulle coste meridionali, si sviluppa l'«architetturizzazione» delle spiagge mediante la promozione immobiliare e a partire da cartelli e simboli fino ad arrivare alle cartoline e alle fotografie, la pubblicità contribuisce all'esoticizzazione dei paesaggi marittimi, con il richiamo ricorrente al «luogo paradisiaco».

La nostalgia del paradiso perduto e la sua relazione con il mito delle isole della felicità sarà una costante nelle società marinare. Tra i due estremi dell'isola più urbanizzata, raffinata e splendida che è Venezia, quella più rurale, legata alla terra e contadina che è la Barataria governata da Sancho, e la più utopica che è la stessa Utopia di Tommaso Moro, gli arcipelaghi e gli isolotti reali servono come punto di scalo, approvvigionamento e riposo dopo una lunga navigazione. Nella cosmografia gaelica, ad esempio, il mondo era costituito da un insieme di isole e tutti i collegamenti erano marittimi, come quelli che utilizza san Brandano per arrivare al Paradiso; gli stessi che conducono san Patrizio all'entrata del Purgatorio e all'eremitismo fatto di prove e sofferenze che troviamo in Lérins.

Nelle società contadine europee aveva preso piede la leggenda del Paese della Cuccagna, come metafora dell'abbondanza e del permissivismo quale contraltare della miseria e dell'intolleranza: un paese nel quale regnava la pigrizia e l'assenza di dolore, dove erano state abolite le leggi e le gerarchie e veniva celebrata l'apoteosi della carne nella doppia accezione venerea e ghiottona [24]. Quando la stessa cre-

---

[24] P. García Martin, *Il Paese di Cuccagna*, in «Ludica. Annali di Storia e Civiltà del Gioco», Treviso e Roma, 1995, 1, pp. 19-29.

denza, ancorata alla cultura contadina, si farà largo anche nei borghi dei pescatori, la rotta da seguire andrà a nord fino all'isola di Jauja. Gli scopritori post-colombiani continueranno a indicare Giardini delle Delizie alle Canarie, alle Azzorre e alle Antille. Ancora alla fine del XVI secolo, quando ormai da molto tempo gli spagnoli e i portoghesi avevano stabilito le proprie colonie nelle Indie americane e asiatiche, c'erano cronisti che descrivevano la Cina come un arcipelago ricchissimo e pieno di *mirabilia*, a immagine e somiglianza del racconto di Marco Polo e dei sogni di Cristoforo Colombo.

I paradisi universali che Omero illustra nell'*Odissea*, le «Isole Fortunate» che cataloga Plinio nella sua *Storia Naturale* e «l'Isola dei Fortunati» che Luciano include nelle sue *Verae Historiae* sono altrettante varianti del tema. I giardini insulari più antichi della civiltà occidentale serviranno da base per quelli di Ludovico Ariosto e Torquato Tasso. In relazione a questa geografia immaginaria di isole fortunate, Julio Caro Baroja affermava che «apparentemente, l'idea che esistano sulla terra dei luoghi nei quali la vita scorre in termini di assoluta felicità è molto antica e generalizzata»[25]. Su questa linea c'è un certo mimetismo tra la cultura cristiana e quella mussulmana, grazie a ciò che abbiamo chiamato «circolarità culturale», manifestata attraverso l'oralità e l'interscambio, attraverso i contatti commerciali e religiosi, dalla Via della Seta alle peregrinazioni verso le città sante. Per questo, l'episodio della confusione di una balena con un'isola lo troviamo nei racconti del monaco irlandese Brandano e in quelli di Sinbad il marinaio, come pure troviamo la credenza che esistano isole popolate solo di donne tanto nei mari che bagnano l'*Arabia Felix* e l'India indù come nell'Eldorado del Nuovo Mondo.

Il paesaggio idillico delle isole fantastiche riapparirà ancora molte volte nelle opere di letteratura utopica, come per esempio nel *Gulliver* di Jonathan Swift.

Comunque, l'isola più ammirata, la porta europea che conduce alle meraviglie d'Oriente, sarà la Venezia dai mille volti e dalle altret-

---

[25] I. GOMEZ DE LIAÑO, *Paisajes del placer y de la culpa*, cit.; J. CARO BAROJA, *Jardín de flores raras*, Barcellona, Seix Barral, 1993; F.J. GÓMEZ ESPELOSÍN, A. PÉREZ LARGACHA e M. VALLEJO GIRVÉS, *Tierras fabulosas de la antigüedad*, Alcalá de Henares, Universidad, 1994.

tante maschere, alla quale abbiamo dedicato un discorso riguardo al gioco dell'acqua e del cielo, del potere e dello splendore, della festa continua e della decadenza. Ingegneri e filosofi vi confluiranno, come se si trattasse di una *fabbrica dei mondi*, mettendo in relazione la comprensione filosofica delle arti liberali umanistiche con le applicazioni pratiche delle arti meccaniche. Da ciò deriva il fatto che questa quinta teatrale su palafitte, perduta nel *dolce far niente* del carnevale, questo scenario tragicomico della *commedia dell'arte*, sia stato ridisegnato e ridefinito da pittori e scrittori di ogni tempo e condizione[26]. Così dunque, le vedute di Antonio Canaletto e Francesco Guardi, in cui si respira un perfetto equilibrio tra le masse architettoniche e le imbarcazioni bagnate dal sole, tra Piazza San Marco e le chiese e il *Bucintoro* spinto per il Canal Grande il giorno dell'Ascensione, saranno seguite dalle impressioni di William Turner, Auguste Renoir e Claude Monet, che captarono gli effetti furtivi della luce mediante tonalità delicate. Allo stesso modo, la Serenissima perla dell'Adriatico sarà «l'ammirazione del mondo intero» secondo Miguel de Cervantes, la «maschera d'Italia» secondo *lord* Byron, il «santuario della religione della bellezza» per Marcel Proust, la metafora della dolce morte di Thomas Mann così come nel cinema di Luchino Visconti.

Per queste ragioni noi ci confessiamo infermi di una malattia dello spirito chiamata «isolomania», che permise a Gerard Durrell di trovare a Corfù il «Giardino degli Dei» e a Lawrence Durrell di trovare a Rodi il «Paradiso Terrestre». Poveri «isolomani», discendenti nostalgici della perduta Atlantide, per i quali «La semplice consapevolezza di trovarsi su un'isola, in un piccolo microcosmo circondato dal mare, li riempie di una indescrivibile ebbrezza»[27].

---

[26] P. García Martín, *La «ciudad invisible»: Venecia*, in *La cruzada pacífica*, cit., pp. 66-82. Riguardo alle relazioni tra ingegneria e filosofia nella Venezia del XVI secolo, si veda D. Cosgrove, *Platonism and Practicality: Hidrology, Engineering and Landscape in Sixteenth Century Venice*, in D. Cosgrove e G. Petts (a cura di), *Water, Engineering and Landscape. Water Control and Landscape Transformation in Modern Period*, Londra, Belhaven Press, 1990, pp. 35-53.

[27] L. Durrell, *Reflexiones sobre una Venus marina. Viaje a Rodas*, Barcellona, Península, 1998, p. 11. Uno dei più completi repertori bibliografici sulle isole è *Isole di carta*, Nuoro, Istituto Superiore Regionale Etnografico della Sardegna, 1990.

Per quanto riguarda l'acqua dolce, i corsi dei fiumi e le conche lacustri contribuiranno alla fertilità delle pianure riverasche, agendo come rotte per il trasporto di mercanzie e passeggeri. A volte, però, i fiumi fermano il loro corso dando luogo a paludi, pantani e acquitrini, nei quali la malaria si cela tra giunchi e canneti, mantenendo la veridicità del detto italiano: «acqua, ora vita, ora morte». Senza parlare poi delle leggende poiché, a partire dal dragone di Rodi fino al mostro di Lochness, non esiste fiume che si rispetti senza la propria ninfa né laguna senza la propria bestia.

Nel corso dei secoli l'acqua sarà addomesticata, nelle pianure più ricche d'Europa, con ogni sorta di opera di ingegneria e di idraulica. A tal punto che gli umanisti, oltre a fare propria la massima filosofica del «fiume della vita», troveranno nell'elemento liquido una fonte di grande diletto. Nel periodo barocco, prese le distanze dal pessimismo tardo-medievale dei versi di Manrique – «Le nostre vite sono come i fiumi, che si buttano nel mare, che è come morire» – si afferma il *tòpos* dei fiumi e degli affluenti come «padri benefattori», alimento per campi e sollievo per la sete, come dimostra la descrizione dei sogni avuti da Don Chisciotte mentre si trovava all'interno della grotta di Montesinos.

Il rumore del mare è impressionante per sua propria natura, sia che si tratti della calma innaturale che prelude alla fame e alla sete, sia che si tratti dei venti che, provenienti dalla superficie increspata, si abbattono sulle coste flagellando la vegetazione, ma soprattutto quando l'occhio del ciclone atterrisce gli uomini con il ruggito della collera divina, e dalle città leggendarie inghiottite dal mare, come Atlantide o la mitica Babele, risuona di volta in volta il canto del gallo, il rintocco delle campane e le note del *Dies irae*.

Se pure si concorda con l'immagine del vento e delle onde come elementi di un'orchestra sinfonica, comunque, una cosa è la musica del mare e un'altra cosa è il mare nella musica. La prima accezione deve essere unita alla capacità creativa degli esseri umani e nello specifico del marinaio. Il suono di una semplice conchiglia era un potentissimo richiamo tra le comunità marinare. Le voci del porto sono un amalgama atonale nel quale risuonano funi e carrucole, la predica di venditori e ciarlatani, le bestemmie dei carrettieri, il trotto dei cavalli... Allo stesso modo, sulle galere e sulle altre barche a remi, la cadenza dei tamburi scandita dal còmito, lo schiocco della frusta sulle spalle dei galeotti e i canti, più forzati che volontari, degli stessi galeotti che scandivano il ritmo della voga. Inoltre, tutte le flotte disponevano della propria banda da campo, che formava parte del protocollo di partenza e di arrivo delle navi e che arringava con i suoi inni patriottici i marinai che si apprestavano ad andare in battaglia. La nostalgia che le lunghe traversate e l'assenza dal proprio domicilio producevano nella ciurma era mitigata dal suono degli strumenti musicali e dalle canzoni popolari, come seppe captare Pío Baroja nella poesia *Elogio sentimental del acordeón*, le cui umili note gli producevano una tristezza solenne, data dalla melodia della vita di fronte all'orizzonte notturno e illimitato del mare[28]. Forse per dissipare questa malinconia, i transatlantici del XIX secolo che collegavano il Vecchio e il Nuovo Mondo mediante rotte regolari includeranno nei loro programmi di attività concerti e orchestrine.

Il risultato di questo dualismo antitetico di attrazione e repulsione nei confronti del mare ha fatto in modo che fosse fonte di ispirazione costante per i compositori, i quali si sono sentiti tentati a descrivere i suoi suoni attraverso la musica. L'esponente medievale è il ciclo delle *Cántigas de Amigo* di Martín Codax, nel quale le onde del mare di Vigo giocano un ruolo letterario particolare. Questo trovatore dell'amor cortese, portavoce della tradizione galaico-portoghese, tocca il punto più elevato della sua produzione nelle *Cántigas de Santa María*, compilate sotto la protezione del mecenate Alfonso X. Tra i creatori del Rinascimento, che, con le grandi scoperte geografiche come sprone e con la sfida della navigazione oceanica, intensificarono la produzione di inni, mottetti, antifone e messe in onore della Vergine, sotto la denominazione di *Ave Maris Stella*, ricordiamo alcuni compositori quali Pedro Escobar e Cristóbal de Morales. Siamo negli anni di maggior splendore della «Nuova Roma» sivigliana, che riceve le flotte cariche di metalli preziosi dalle Indie e dove accorre tutta una fauna di commercianti, banchieri e la abituale «corte dei miracoli» richiamata dall'odore dei tesori americani e dalla possibilità di fare fortuna in un microcosmo di grande mobilità sociale.

---

[28] P. Baroja, *Fantasías vascas*, Madrid, Espasa-Calpe, 1969, pp. 36-37.

In pieno barocco, incontriamo riferimenti al dio Nettuno in *Il ritorno di Ulisse in patria* di Claudio Monteverdi, quando sorge dal mare e afferma: «Superbo è l'huom ed è del suo peccato/ cagion benché lontana: il Ciel cortese/ facil è ahi troppo il perdonar l'offese!» [29]. Per quanto riguarda invece il tema ricorrente della tempesta, che offre tante possibilità agli effetti sensoriali, Antonio Vivaldi ci offre un famoso concerto per flauto intitolato *La tempesta nel mare* (RV 433) e Henry Purcell sviluppa la musica de *La Tempesta* per il testo shakesperiano. Allo stesso modo anche in molte altre opere del XVII e XVIII secolo si rappresentavano tempeste con il solo scopo di poter utilizzare tutti gli strumenti dell'orchestra, compresa la cosiddetta «macchina del vento», uno strumento a percussione che, sfregato su un'altra superficie, produce un suono simile a quello del vento. La rappresentazione scenica consentiva, mediante l'uso di effetti speciali, di simulare il movimento delle onde, le imbarcazioni, il bagliore del lampo e i tuoni. Tra queste produzioni operistiche si distingue *L'Idomeneo, Re di Creta* di Mozart.

La sensibilità del romanticismo si fece presto eco della sonorità oceanica. Felix Mendelsshon captò il paesaggio dei mari del Nord nella *ouverture* de *La grotta di Fingal*; Hector Berlioz si ispirò durante un periodo di vacanza sulle coste del Mediterraneo nizzardo per scrivere la sua *ouverture* del *Corsaro*, nella quale si passa dalla tempesta alla calma con un solo colpo di orchestra; Richard Wagner riprese il mito dell'«olandese volante» nel *Vascello fantasma*, la cui azione trascorre tra la barca e il naufragio nel mezzo della minacciosa immensità del mare. Alcuni autori sentirono l'ispirazione proveniente dal mare in prima persona, mediante le loro esperienze nautiche, navigando ora per diporto – quando iniziarono a essere di moda le regate con gli *yachts* – ora arruolati tra le ciurme delle loro rispettive marine nazionali. Quest'ultimo è il caso di Nikolaj Rimsky-Korsakov, che in qualità di cadetto di marina viaggiò in tutto il mondo e, insieme a un'ampia produzione operistica, riuscì a dedicarsi al manuale che doveva rinnovare la musica del vento della marina da guerra zarista.

---

[29] Si confronti in merito i libretti di C. MONTEVERDI, *Il ritorno di Ulisse in patria*, Teldec, 1986 (CONCENTUS MUSICUS WIEN, dir. NIKOLAUS HARNONCOURT, CD 2292-42496-2) e di M. LOCKE, *The Tempest*, Teldec, 1998 (IL GIARDINO ARMONICO, CD 3984-21464-2).

La sinfonia contemporanea interpreterà con audacia le infinite sensazioni del «deserto d'acqua». Già lo annunciava il gruppo di pittori che, dopo l'esposizione del dipinto di Claude Monet *Impression, soleil lévant*, furono denominati «impressionisti» e che, dipingendo *en plein air* con i loro cavalletti posati di fronte alla costa, riflettevano la fugacità del mare e gli effetti dell'acqua selvaggia durante i disgeli o le inondazioni. Questa tendenza culminerà nell'impressionismo musicale di Claude Debussy, evidente nei suoi tre bozzetti intitolati *Il mare*, il cui movimento è un'autentica meraviglia della musica descrittiva. La stessa vitalità acquatica che ritroviamo nell'opera *Una barca sull'Oceano* di Maurice Ravel.

L'olfatto marittimo è una mescolanza «cromatica» di sinestesia. Una barca in mezzo al mare è un luogo maleodorante frutto dell'accumulo umano e parassitario, ma la brezza che spira è salubre e mite. Il porto è un guazzabuglio olfattivo fatto di pescatori e mercanti – sgradevole nelle ceste e nei mercati generali del pesce, ubriacatore nei barili di vino e spezie – di moltitudini in ebollizione e di trambusto tra le navi ormeggiate. Però la spiaggia, una volta superato il topico di nerezza e desolazione, è portatrice di aromi dilettevoli uniti al sole, alla sabbia e all'acqua. Come scrive Rafael Chirbes a proposito dei suoi viaggi in giro per il Mediterraneo: «Tutti noi abbiamo già imparato che le immagini non sono solo macchie di colore, ma anche l'impressione violenta suscitata da un aroma imprevisto e che arriva carico di ricordi». Anche se il passare del tempo muta i segnali odorosi, quando il carbone muove le barche a vapore e il petrolio si spande tenebroso nelle acque, il mosaico di odori salmastri continuerà a comporre il mare e le sue sponde. Al punto che, negli spazi più reconditi delle isole, paradisiache in quanto perdute e ritrovate, si conserverà l'essenza marinara e l'imeneo degli uomini con gli elementi.

Nelle profondità, le acque conserveranno per lungo tempo il segreto dei profumi nascosti e dei colori sonori delle «cattedrali vegetali», a volte prati di benigna posidonia, a volte selve di alghe velenose. Queste immagini di luce filtrata dalle acque saranno contemplate solo dall'uomo contemporaneo, quando le navi sottomarine gli permetteranno di passare al setaccio il letto dell'oceano, quando le scoperte scientifiche propizieranno la «riforma agraria» della geografia degli abissi trasformandoli in ecosistemi differenziati. Questa fonte di viveri che è la fauna marina contempla un'alimentazione differenziata secondo che si stia a terra o imbarcati. Il marinaio dovrà adattare le proprie abitudini alle esigenze mutevoli del mezzo. Per questo motivo, mentre presso i focolari domestici o nelle taverne dei villaggi costieri la dieta sarà più ricca, avendo accesso a una vasta gamma di prodotti agricoli, nelle barche d'altura bisogna regolare le provviste della ciurma mediante razioni bilanciate di carne, gallette, biscotti e bevande alcoliche come il rum o contro lo scorbuto, contenenti acido citrico.

Le difficoltà della navigazione prolungata, a partire da quelle estreme dei naufraghi sino alle malattie dei marinai causate dalle deficienze vitaminiche o dalle infezioni parassitarie, saranno superate solo a partire dal XIX secolo grazie alle innovazioni tecnologiche nella conservazione degli alimenti e alla rivoluzione dei trasporti, che consentiranno la meccanizzazione delle imbarcazioni a vapore e, più tardi, l'installazione di frigoriferi, fino a trasformare le navi nelle fabbriche galleggianti dei giorni nostri.

Per quanto riguarda il tatto marittimo, infine, i lavori connessi alla pesca modelleranno «un corpo per il mare», che inizia a manifestarsi con la prima uscita in barca e affina la sua sensibilità tattile con l'addestramento al lavoro. Questo conferisce ai pescatori e ai marinai una sensibilità speciale che coinvolge i cinque sensi:

> Di queste percezioni l'osservatore prende atto ma non può realmente condividerle. Penso ad esempio a come i pescatori sentono l'avvicinarsi del tempo cattivo [30].

Nel momento in cui si riconosce la salubrità della spiaggia alla fine del XVIII secolo, le classi agiate procedono a una primitivizzazione del popolo, nasce l'archetipo del «buon selvaggio» che gode di un'armonia tra il suo corpo e la natura che lo circonda che si è ormai perduta in città, grazie alla quale si loda il vigore e la longevità degli abitanti dei villaggi di pescatori [31]. In conseguenza di ciò, lo stereoti-

---

[30] G. MONDARDINI MORELLI, *Gente di mare in Sardegna: antropologia dei saperi, dei luoghi e dei corpi*, Nuoro, Istituto Superiore Regionale Etnografico, 1997, pp. 247-248.
[31] P. CAMPORESI, *Le belle contrade. Nascita del paesaggio*, Milano, Garzanti, 1992.

po di un corpo segnato dal lavoro e dalle giornate in mare aperto, del fisico irrobustito dall'ambiente si perpetua fino ai giorni nostri.

L'idiosincrasia marinara contempla un habitat particolare, nel quale l'imbarcazione è considerata come un prolungamento dell'abitazione, il calendario è molto più mutevole rispetto a quello agricolo o cittadino a causa degli eventi climatici e delle maree, la festa più grande sta nell'attraccare sani e salvi dopo la traversata più che nello spettacolo delle «naumachie» di palazzo; una comunità nel cui spazio sociale i nativi si occupano della pesca e i forestieri dei servizi, e una vita materiale di grande ricchezza antropologica e linguistica. I figli del mare riponevano tutti i loro problemi e le loro speranze nello stesso patrimonio naturale che gli conferiva i segni della loro identità [32].

L'immagine dei porti durante i secoli è sempre rimasta quella di una selva di remi e una boscaglia di vele e di bandiere colorate e quindi possiamo condividere l'emozione che i viaggiatori moderni provavano contemplando le galere e i galeoni ancorati al riparo della rada e che noi sperimentiamo anche alla vista degli aeroplani allineati sulle piste degli aeroporti. La nostalgia per la vita di mare ha fatto sì che la nomenclatura marinara fosse applicata anche alla navigazione aerea. Per questo, adesso che abbiamo terminato questo periplo storiografico attraverso il «deserto d'acqua», ricordiamo l'avventuriero nautico che ci ha aperto e segnato la rotta con l'epitaffio che Francisco de Quevedo ha dedicato al *Sepolcro di Giasone l'Argonauta*:

> Oh amico viandante! Oh viaggiatore! Rivolgi, quest'oggi, parole cortesi alle polveri di Giasone il marinaio.

---

[32] Per assaporare la ricchezza etnografica di una società di pescatori si veda il catalogo de *L'Ecomusée de Groix*, Brest, s.e., 1985. Il mondo delle galere è ricreato nel Musée de la Marine di Parigi e nel Museu Maritim di Barcellona. La ricchezza oceanica è oggetto di esposizione nel Pabellón de La Navegación, costruito a Siviglia per l'Esposizione Universale del 1992. La cartografia nautica raccoglie i suoi esemplari migliori nel Museo Naval di Madrid. Questo, così come il Ministero della Marina spagnolo, è ubicato tra le statue di Cibele e Nettuno, e non poteva essere altrimenti, luogo da cui i madrileni sognano il mare.

CAPITOLO VI

Il deserto non è l'assenza. È lo stato precedente la presenza, prima che i nomadi lo percorrano, prima che gli avventurieri vi si fermino per andarsene più tardi e incamminarsi verso un altro luogo. Questo è [...] Questo luogo in cui ci perdiamo, in cui il mondo è annichilito, in cui il tempo manca di velocità, in cui il giorno e la notte si succedono senza che abbia importanza che giorno sia [...] E tutto intorno lo spazio e il cielo.

(IVES SIMON, *Voyageur magnifique*, 1987)

Gli eroi classici, e anche gli uomini moderni, hanno sempre guardato con diffidenza l'ignota terra subsahariana, che si estende più in là rispetto alla fascia verde che punteggia l'Africa settentrionale. «Tra il deserto e il mare» sarà il titolo con cui, nella letteratura occidentale, verrà definito lo spazio noto del Maghreb, della Libia, dell'Egitto e del Medio Oriente. E non si fidavano del resto del continente non soltanto perché la maga Circe trasformò in animali Ulisse e i suoi audaci marinai, o perché la regina Didone fece soffrire pene d'amore a Enea lì, sul confine dell'«oceano di sabbia», che con ogni certezza custodiva sorprese più sgradevoli e pericoli più spaventosi. Non si fidavano, anche e soprattutto, perché le successive ondate di popoli che si erano sedimentati sulla costa – cartaginesi, vandali, arabi, e da sempre berberi di ogni genere e condizione, insieme alla mobilità incontrollata dei nomadi – minacciarono il controllo europeo su un Mediterraneo che cessava di essere il *Mare Nostrum* del passato splendore. Il conflitto tra mare e deserto si concretizza, allo stesso tempo, nella rivalità economica tra agricoltura e allevamento, nella dialettica sedentarietà-nomadismo, come tra modelli demografici e sociali, tra religioni e civiltà. Possiamo, dunque, iniziare con una conclusione: nonostante la diversa origine, asiatica o autoctona, di questi successivi abitanti nordafricani, tutti alla fine finirono per «disorientare» la sua alterità cristiana.

Per questo, nel pieno della riscoperta dell'Africa da parte degli europei del XVI secolo, che coincise con il doppio processo di penetrazione cristiana nelle regioni ultramarine del Levante e di espansione dell'impero ottomano nelle terre e nelle acque in direzione del Ponente – quello che può essere chiamato l'«islam nordico» – cronisti e geografi presero come fonti d'informazione le opere lasciate in eredità dall'antichità classica. Tale è il recupero del mito greco della formazione del continente nero, che Antonio de Sosa, compagno durante la prigionia algerina di Miguel de Cervantes, inizia un suo testo con queste parole: «In tutti i tempi passati fu percepita come infame questa terza parte del mondo chiamata Africa»; e così continua:

> Essendo questa parte del mondo tanto fertile per generare morti, finsero i poeti che tornando Perseo, fratello di Pallade, dopo aver ucciso Medusa [...] e portando a penzoloni nella mano la testa della detta Medusa [...] non volle passare per nessuna parte del mondo se non per l'Africa, che era terra sabbiosa e dove minore sarebbe stato il danno arrecato da quella testa. Ma tanto fu il veleno che, gocciando da quella sozza testa, ricevette questa terra, e la pioggia del crudele sangue di Medusa fu di tale forza, che cotto dal calore della regione produsse infiniti e velenosi serpenti [1].

Dunque, lo sguardo della mortifera Gorgone e il suo gocciolio sanguinolento pietrificarono le terre già di per sé poco feconde dell'Africa interna, fino a renderle quel vuoto di sabbia adornato di dune e fame che è giunto fino ai giorni nostri. «Non è altro che sabbia, terribile aridità, deserto assoluto», Erodoto *dixit*. Da lì trasse origine il proverbio che parlava di una Barberia mostruosa, composta da una natura velenosa e da abitanti bestiali, contraria al buon ordine che si ritrovava invece in Europa e in Asia. Qualcosa di quella nociva inquietudine circonda la creazione di *Perseo e la Medusa*, scultura nata dall'umore violento di Benvenuto Cellini nella Loggia dei Lanzi di

---

[1] A. DE SOSA, *Topographia e Historia general de Argel*, Madrid, 1927, citato in E. SOLA, *Argelia, entre el desierto y el mar*, Madrid, MAPFRE, 1993, p. 31. Lo stesso titolo è scelto da R. DEZCALLAR, *Entre el desierto y el mar. Viajes por Israel y Palestina*, Barcellona, Destino, 1998.

Firenze, quando il figlio di Zeus e Danae cominciava a costruire la propria leggenda decapitando la Medusa. Soltanto artisti di questo livello si spinsero a ricreare l'atmosfera agreste e lussuriosa di imprese tanto grandi nel teatro di operazioni dell'antico Meridione.

La bibliografia africanista in uso risente della tardiva scoperta del continente nero da parte degli occidentali. La *Geografia* di Tolomeo e la *Storia naturale* di Plinio il Vecchio come eredità greco-latina e la *Descripción del África* di Leone Africano come contributo della cosmografia araba, saranno le fonti a cui si abbevereranno i cronisti dei secoli XVI e XVII per descrivere la geografia della Barberia musulmana, nello stesso tempo in cui si raccolgono e si importano le notizie sulla Turchia[2]. Questa mediazione nella cultura spaziale africana verrà superata soltanto quando i viaggiatori illuministi e i membri delle spedizioni del XIX secolo tracceranno la mappa del continente. Nel frattempo, sopravvivranno le divisioni del mondo antico.

Anche i più famosi viaggiatori del mondo islamico, che potevano contare sull'illustre precedente del tangerino Ibn Battuta, avevano fatto ricorso al mondo conosciuto dai carovanieri, che segnavano come frontiera delle loro rotte commerciali i confini nigeriani. L'ultimo mercato era Timbuctù, magico terminale dell'oro e delle mercanzie – materiali e umane, prodotti e schiavi – mentre oltre aspettava l'ignota Terra dei Negri. Come ci mostra il granatino al-Hassan b. Muhammad, battezzato l'Africano da papa Leone X de' Medici, quando descrive i paesaggi africani:

> Divisa l'Africa in quattro parti [la Barberia, la Numidia, la Libia e la Terra dei Negri], queste si trovano in luoghi molto diversi. La riva del Mar Mediterraneo, dallo Stretto di Gibilterra fino al limite estremo dell'Egitto, tutta questa è terra montagnosa, che si estende verso sud all'in-

---

[2] La biografia di Leone Africano e le successive edizioni della sua opera appaiono sintetizzate in P. GARCÍA MARTÍN, *Infieles en la Cristianidad. Los tránsfugas modernos del mundo islámico*, contenuto nel saggio *Refugiados, tránsfugas y desarraigados. Los límites de la fidelidad en el siglo XVI*, in «Historia 16», Madrid, febbraio 1998, 262, pp. 38-45. Riedito in P. GARCÍA MARTÍN, E. SOLA e G VÁZQUEZ CHAMORRO, *Tránsfugas, viajeros y renegados. Comportamientos heterodoxos y frontera en el siglo XVI*, Alcalá de Henares, Fugaz, 2000 (con introduzione di M.A. DE BUNES IBARRA ed epilogo di A. TENENTI).

circa per cento miglia [...] Da questi monti fino all'Atlante si estendono pianure e alcune basse colline, e per tutti i monti della riviera si incontrano molte sorgenti, che in seguito si tramutano in fiumi, limpidi, piacevoli e gradevoli alla vista. Vengono, in seguito, altre pianure, colline e la catena dell'Atlante, che si succedono dall'Oceano, ossia da Ponente, fino al Levante e ai confini dell'Egitto. A seguire si scoprono le pianure in cui si distende la Numidia e dove nascono i datteri, su di un terreno quasi interamente di sabbia. Vengono, dopo la Numidia, i deserti della Libia, anche questi sabbiosi fino alla Terra dei Negri [...] la maggior parte della quale è piana e sabbiosa, eccetto le rive del fiume Niger e tutti i luoghi bagnati e beneficiati dalle acque [3].

In un modo similare, la letteratura araba conosciuta con il termine *rihla* informava descrivendo popoli e persone attraverso il tema del viaggio, in accordo con la classificazione dei generi «geografia matematica», «scienza delle longitudini e delle latitudini» e «scienza delle determinazioni dei paesi», e dei sottogeneri «rotte e regni», «meraviglie e rarità» e «viaggi». Il titolo di uno di questi lavori non può essere più chiarificatore: *Libro de los caminos y de los reinos* dell'andaluso Ubayd Allah b. Abd al-Aziz al-Bakri.

In breve, come dimostrato da Nieves Paradela, la genesi della diffusione del messaggio islamico risale alla *hiǧra* (tradotta in Europa col termine «ègira») di Maometto verso la città di Medina, a partire dalla quale si cominciò a distinguere tra i viaggi interni, che raccolgono gli *hadices*, ovvero detti e fatti del Profeta che fungono da complemento della dottrina coranica, e i rapporti del *haǧǧ*, la peregrinazione rituale nei luoghi santi dell'islam nella Penisola Arabica, e i viaggi esterni verso nuovi ambiti raggiunti per la conquista, per commercio o per missioni diplomatiche. A partire dalla trattatistica araba medievale, dunque, i popoli che abitavano il mondo conosciuto furono divisi in tre gruppi: *Dar al-Islam*, ovvero paesi appartenenti all'islam, *Dar al-Harb*, ovvero il resto della terra abitata che conteneva le «regioni della guerra», e la terra deserta [4].

---

[3] LEONE AFRICANO, *Descripción general del África y de las cosas peregrinas que allí hay*, Madrid, Lunwerg Editores, 1995, p. 77 (con introduzione e note di S. FANJUL).

[4] N. PARADELA ALONSO, *El otro Laberinto español. Viajeros árabes a España entre el siglo XVII y 1936*, Madrid, Universidad Autónoma, 1993, pp. 29-34. Ringrazio questa collega di Facoltà, arabista di successo, per le informazioni che mi ha fornito so-

Da parte loro, geografi e storici europei hanno convenuto di distinguere tra i «deserti caldi» del Vicino Oriente e dell'Africa settentrionale, dove a partire dal VII secolo l'avanzata araba diffonde l'uso del dromedario, e i «deserti freddi» dell'Asia Centrale e dell'Anatolia in cui, a causa delle invasioni turcomanne che cominciano nell'XI secolo, si espande l'utilizzo del cammello[5]. Nonostante questa ascrizione di diversi animali a ecosistemi differenti, nel corso dei secoli questi sono stati confusi, come fa, ad esempio, Savary alla metà del XVIII secolo nel suo *Dictionnaire du Commerce*, o Domingo Badía all'inizio del XIX.

Questa immagine dei deserti africani e asiatici che gli europei coniarono in libri e pitture trova il suo corrispondente nella cartografia. Nella Sala del Guardaroba di Palazzo Vecchio di Firenze, Cosimo I de' Medici ed Eleonora di Toledo, all'epoca duchi di Toscana, si fecero illustrare, nella seconda metà del XVI secolo, le porte degli armadi con una delle collezioni di carte geografiche più complete dell'epoca. La mano degli astronomi e dei cosmografi domenicani Egnazio Danti e Stefano Bonsignori diede vita a queste *tavole geografiche* che, con la logica esclusione di un'Australia ancora di là dall'essere scoperta, comprendono il resto dei continenti, chiaramente nella misura in cui di questi si avevano notizie nel Vecchio Continente. In questo modo, nel caso delle aree desertiche, se l'Anatolia e la Palestina appaiono con una toponimia abbastanza dettagliata, l'Arabia alterna macchie di verde con distese sabbiose e montagne, mentre dell'Africa si conoscono soltanto le coste e i fiumi che penetrano fino all'interno, abitato questo da animali selvaggi e tribù esotiche. E queste macchie bianche, che testimoniano dell'ignoranza europea circa il cuore della Terra dei Negri, rimarranno fino a quando le esplorazioni del XIX secolo le riempiranno e le coloreranno con la colonizzazione, per poi frammentarle in frontiere artificiali che seguiranno il tracciato dei meridiani e dei paralleli, a dispetto delle etnie e delle frontiere naturali.

---

pra il Mediterraneo musulmano nei pochi dialoghi tra colleghi di «diverse» discipline. Per la divisione musulmana del mondo, si veda A.M. Delcambre, *La voz de Alá*, Madrid, Aguilar, 1989, p. 14.

[5] X. DE PLANHOL, *Nomades et Pasteurs*, in «Annales de l'Est», Nancy, 1961, pp. 291-310, e 1962, pp. 295-318; X. DE PLANHOL, *Caractères généraux de la vie montagnarde dans le Proche-Orient et dans l'Afrique du Nord*, in «Annales de Géographie», Parigi, 1962, 384, pp. 113-129.

A questo punto, lo spazio geografico oggetto della nostra analisi è il Grande Sahara caldo, nell'ampia accezione braudeliana, la cui linea di demarcazione settentrionale è data dalle coste mediterranee punteggiate di palmeti, mentre il confine meridionale è segnato dall'alto corso del Niger e del Nilo, dove è possibile rinvenire le tracce dei popoli fino ad allora rimasti nascosti e intuire i regni immaginari. La stessa pigmentazione degli uomini contrappone l'oasi, in cui si abbeverano il gregge nomade e la *cafila*, ai paesi aridi e vergini, l'autentico «mare senz'acqua», quell'omerico «incoltivabile mare», per il quale si giunse a predisporre «carte di navigazione» per orientarsi con le carovane tra le dune[6]. Di questo, un esempio è dato dalla testimonianza lasciataci dal traduttore Cristóbal de Arcos nel 1520, nella descrizione spagnola dell'ambiente desertico:

> Vi sono dei campi piani, pieni di sabbie molto bianche e fine come la farina macinata. E se per ventura accade che qualche sventurato si trovi a passare per questi campi con vento austral, mentre sono soliti andare con vento settentrionale, lo copre questa sabbia in un modo che muore e rimane lì sepolto. Anche se noi andavamo allora con un vento molto favorevole, a tal modo ci accecavano i mulinelli di sabbia, che a una distanza di dieci passi non ci vedevamo gli uni con gli altri. Per questo gli abitanti di queste terre si spostano chiusi in casse di legno poste sui Cammelli e si orientano con la bussola e la carta, allo stesso modo che in ogni altro mare del mondo [7].

Laddove si abbozzano sulle mappe i limiti diffusi delle frontiere naturali, come ci ricorda Emilio Sola:

> Il deserto e il mare, per loro stessa natura, configurano una grande frontiera, una barriera difficile da superare, ma permeabile. Fino al

---

[6] F. Braudel, *La Méditerranée et le monde méditerranéen...*, cit. (vol. I, p. 226, della traduzione spagnola realizzata dal Fondo de Cultura Económica nel 1953). Sulla cartografia e i viaggi in relazione con il continente nero, si vedano gli apporti di M. Terán, *El conocimiento de África*, in *Del mythos al logos*, in «Estudios Geográficos», Madrid, 1987, numero speciale, pp. 163 e segg.

[7] C. de Arcos, *Itinerario del venerable varon micer Luis patricio romano: en el qual cuenta mucha parte de la Ethiopia Egipto: entrambas Arabias: Siria y la India. Buelto del latín al romance por el clérico cura de Sevilla*, Siviglia, Jacobo Cromberger, 1520, fol. 8 *v*.

punto di trasformarsi a sua volta in «luogo di passaggio», in ponte tra mondi separati e distanti, finanche in filtro per prestiti «culturali» essenziali [8].

In epoca moderna, nonostante la fragilità della frontiera, gli europei, associando la qualità della terra alla caratura morale dei suoi abitanti, inizieranno a considerare come regioni africane le seguenti.

Barberia

La terra dei berberi, che a partire dalla seconda metà del XIX secolo verrà ribattezzata Maghreb, era divisa, secondo il modello delle mappe politiche tradizionali, nei regni di Marocco, Fez, Mauritania, Tlemcén e Tunisi. Su questo sfondo dispiegheranno il loro interventismo alcuni governanti cristiani – il cardinale Cisneros, Sebastiano di Portogallo, Carlo V – guidati ora da uno spirito messianico, ora dalla presenza di piazze amiche sull'altro lato del mare interno, e sempre per combattere la pirateria che devastava le coste levantine e infestava le acque del *Mare Nostrum*.

Numidia

La terra dei datteri era conosciuta per le sue popolazioni isolate e i suoi terreni sterili. Per opera del determinismo, i suoi abitanti erano considerati semiselvaggi, di basso profilo morale, e le loro forme di governo erano ritenute tribali e primitive. Per questo non era riconosciuta loro la facoltà di creare un «ordine civilizzato», nonostante il loro coraggio e la loro bellicosità, come notato da Luis de Mármol. Dal momento che gli autori cristiani conoscevano il Sahara più per i *tòpoi* letterari che per essersi addentrati nelle sue distese sabbiose, l'immagine più appropriata di queste regioni la dobbiamo al pennello di Raffaello Sanzio ne *Le tre grazie*, opera che era unita, in un dittico, alla tavola de *Il sogno del cavaliere*, e nella

---

8 E. SOLA, *Argelia, entre el desierto y el mar*, cit., p. 17.

quale Castitas, Pulchritudo e Amor offrono le mele delle Esperidi, laddove termina l'oasi fertile e comincia un deserto fatto di colline ondulate e di vegetazione rada.

Egitto

Il giudizio di questa regione come di un'area nobile e illustre – che deriva dalla rivalorizzazione tolemaica – discende dalla considerazione dell'antichissima civiltà che la popolò, dall'impero dei faraoni a quello di Alessandro Magno, e dalla magnificenza del fiume Nilo, che la rende fertile fin da quando fu scoperta l'agricoltura come arte per regolare la natura. Ma le fasce verdi e le ricche città, come Il Cairo e Alessandria, non impedirono che i margini del corso fluviale fossero battezzati con il nome di «terra mummia», non tanto perché cominciavano a essere scoperti gli inquilini dei sarcofagi custoditi nelle piramidi, quanto per il fatto che il clima secca la carne, screpola la pelle, mummifica gli uomini. E la mummificazione ha luogo quando «suole morire qualche uomo o qualche animale mentre tenta di attraversare il Sahara, per via del calore e dell'aridità della sabbia, che consuma l'umidità del corpo, senza che questo si corrompa» [9]. Questo rovescio della medaglia rendeva valida la profezia di Ermete Trismegisto contenuta nel *Corpus Hermeticum* (secoli I e III): «Oh, Egitto, Egitto. Solo favole rimangono dei tuoi culti, e neanche i tuoi figli crederanno in futuro ad esse. Non sopravvivranno altro che parole scolpite nelle pietre che raccontano le tue opere misericordiose. Senza dèi e senza uomini, l'Egitto non sarà altro che un deserto!» [10]. Dalla riscoperta rinascimentale del mito egizio fino alla spedizione napoleonica del 1798, però, l'Europa collabora alla riscoperta dell'an-

---

[9] *Relación de la jornada que el rey de Marruecos ha hecho a la conquista del reyno de Gao, primero de la Guinea hacia la parte de la provincia de Quitehoa, y lo que ha sucedido en ella hasta agora*, in «Hésperis», 1921, 3, p. 467.

[10] Si veda P.A. CLAYTON, *Redescubrimiento del Antiguo Egipto. Artistas y viajeros del siglo XIX*, Barcellona, El Serbal, 1985; S. DONADONI, S. CURTO e A.M. DONADONI-ROVERI, *L'Egitto dal mito all'Egittologia*, Torino, Istituto Bancario San Paolo, 1990; F.J. GÓMEZ ESPELOSÍN e A. PÉREZ LARGACHA, *Egiptomanía*, Madrid, Alianza, 1997.

tico splendore e alla nascita dell'egittologia, con la decifrazione della scrittura geroglifica e con il moltiplicarsi degli scavi, trasformando la valle del Nilo in una delle mete turistiche per eccellenza.

Terra Santa

Il paesaggio dei Luoghi Santi delle grandi religioni monoteiste verrà sempre più precisato attraverso i diari dei romei i quali, se – in un primo momento – faranno riferimento soltanto ai luoghi della fede, con i loro templi e le loro reliquie, in tempi più moderni spenderanno maggiori dosi di realismo e di fedeltà descrittiva per le loro terre e i loro popoli. A partire da quel momento, alla ricompensa spirituale si aggiunsero il desiderio di conoscere altri popoli e le altre culture, la rottura con la vita quotidiana, l'attrazione esercitata dall'elemento esotico, la mescolanza di eccitazione e rischio che si ritrova nell'avventura, le promesse messianiche e paradisiache. Come risultato di questo processo, vennero regolarizzandosi le rotte, i mezzi di trasporto e le mentalità. Nel tempo in cui la *peregrinatio* contemplava una deformazione del suo senso originario, gli amanuensi davano conto, nei loro manoscritti, di quello che siamo soliti denominare «crociata pacifica». I testimoni stessi finiranno per cambiare in un breve lasso di tempo. Così, Don Fadrique Enríquez de Ribera, all'epoca *adelantado mayor* di Andalusia e marchese di Tarifa, nel 1520 si trova in visita a Gerusalemme ed esprime un giudizio negativo per i musulmani che tollerano i cristiani «per via del nostro denaro». Nonostante il timore del turco e la diffidenza verso l'islam, i pellegrini gerosolimitani che viaggiano per il Vicino Oriente un secolo più tardi cominciano a sentirsi più sicuri e ad ammirare le bellezze della regione, cosa che in precedenza era resa più difficile dagli scontri tra crociati e *gazis* in un'area che era piena di pericoli leggendari. Nel 1589, il maestro di cappella della cattedrale di Siviglia Francisco Guerrero giunge a Damasco attraversando gli impervi cammini siriani, e scopre una città «molto bella per le sue tante torri, assisa ai piedi del monte Libano». Lo allietano i dintorni della città, che «ha una vastissima pianura fertile, in cui si semina abbondantemente, e in cui vi sono molti campi irrigati, e canali d'irrigazione, e fonti, e mille luoghi freschi», e il gironzolare nelle vie cittadine spinge a tesserne le lodi.

Il mimetismo esotico tra l'oceano sabbioso e la foresta popolata ci conduce alla considerazione di come le grandi religioni monoteiste eurasiatiche abbiano associato l'ambiente desertico al misticismo: Eucherio, nel suo *De laude eremi*, definiva il deserto monastico come «il luogo di tutti i carismi e di tutte le teofanie»; Ernest Renan, nella sua *Storia del popolo d'Israele*, affermava che «il deserto è monoteista»; mentre Essad Bey aggiungeva, nel suo *Allah est grand*, che «l'Islam è il deserto» [11]. Benché oggigiorno si ritenga che questi giudizi siano frutto di un determinismo geografico semplicistico, quel che è innegabile è che il deserto è molto presente nelle mitologie e nelle religioni, sia sotto forma di devozione attraverso il sole implacabile come principio unitario dei miti, sia come rappresentazione reale o immaginaria dell'ascetismo e della meditazione. In questa natura nuda, di una bellezza selvaggia e di vasti orizzonti, gli uomini stanchi della civiltà, che si sentono sporchi nel loro intimo, trovano la limpidezza della desolazione, il vuoto di fronte al rumore e all'inutile abbondanza che annichilisce le vite piene di niente. E sempre avverrà che il mondo non lavorato dall'uomo, l'universo della solitudine, il luogo più lontano dalla cultura erudita si contrapponga, a livello valoriale, alle città.

Tutto ciò si traduce nella vita eremitica, nel teatro delle ombre delle tentazioni e nel territorio delle prove, ambivalenza orientale che verrà successivamente importata dagli europei, così come segnalato da Jacques Le Goff:

> I modelli culturali dell'Occidente medievale procedono anzitutto dalla Bibbia, vale a dire dall'Oriente. Lì il deserto costituisce una realtà insieme geografica, storica e simbolica [...] In contrapposizione alla città, che è una creazione di Caino, il deserto conserva ancora a lungo, nella vecchia Israele, il suo prestigio. Nonostante le difficoltà affrontate nella traversata del deserto durante l'esodo, il ricordo dell'universo desertico permarrà nella memoria degli ebrei [12].

---

[11] Per le citazioni si vedano: X. DE PLANHOL, *Le cadre géographique de l'experience religieuse*, in *Les mystiques du désert dans l'Islam, le Judaisme et le Christianisme*, Parigi, Association des Amis de Sénanque, 1974; E. BEY, *Allah est grand*, Parigi, Payot, 1937.

[12] J. LE GOFF, *El desierto y el bosque en el Occidente medieval*, in *Lo maravilloso y lo cotidiano en el Occidente medieval*, Barcellona, Gedisa, 1986, pp. 25-26.

In questo modo, nel *Vecchio Testamento* il deserto concepito come luogo di sofferenza e di esperienze individuali dai patriarchi si contrappone al destino collettivo del popolo ebraico guidato da Mosè attraverso il Sinai, mentre nel *Nuovo Testamento* è il luogo in cui dimorano gli spiriti maligni nella Giudea di Giovanni Battista e in cui Satana tenta Gesù il Galileo.

Queste accezioni verranno poi fissate nell'agiografia e nella spiritualità del cristianesimo latino attraverso libri quali *La vita di Antonio* o la *Vita di Paolo di Tebe*, in cui l'archetipo eremitico presenterà il deserto come «una montagna, una caverna, un'oasi e una sorgente».

Da ciò dipende il fatto che, quando gli scrittori e i pittori europei dei secoli moderni si troveranno di fronte il compito di creare l'immagine del deserto, di un universo solitario e selvaggio che non hanno mai visto, ricorreranno all'immagine delle foreste, al tempo stesso inospitale ma noto. L'eremita del Vecchio Mondo fuggiva nel deserto (*eremus*) proprio come indicato dal suo nome. Ma il deserto europeo sarà dato dal bosco, almeno fino alle spedizioni scientifiche dell'epoca contemporanea. Il modello iconografico di questa foresta desertica venne tracciato per la prima volta ne *La Tebaide* di Gherardo Stagnina e nelle *Scene di vita eremitica* di Paolo Uccello. L'opera tardogotica degli Uffizi è una profusione pittorica di anacoreti appartenenti a diversi ordini monastici, ma non si tratta di uomini santi in atteggiamenti quietisti, bensì di un autentico andirivieni di fauna umana e animale tra monti pietrosi e fiumi di grande portata.

Sempre sacralizzato, abitato una volta dagli dèi e dai mostri pagani dei popoli barbari, il deserto cristiano acquistò un'immagine familiare di immediatezza. Così, per esempio, ne *L'incontro di sant'Antonio e san Paolo* del Sassetta appare un centauro nel mezzo della foresta senese; nei pannelli dell'*Armadio degli Argenti*, dipinto dal Beato Angelico nel convento di San Marco, la Sacra Famiglia si inoltra in un Sinai adornato da cipressi toscani; nelle *Stimmate di San Francesco*, Domenico Ghirlandaio riproduce l'eremo e il casale del monte della Verna; nel *San Girolamo nel deserto* di Tiziano la vegetazione sfuma in un'ampia astrazione.

Questo tema troverà posto nell'atmosfera estetica degli amanti del paesaggio, e questo non soltanto perché idealizzato da maestri del paesaggismo come Nicolas Poussin e Claude Lorraine, o perché questa esperienza venga messa in pratica dai francescani osservanti e dai giansenisti, o ancora perché il discorso venga ripreso dai naturalisti e dagli ecologisti del nostro secolo bensì perché, come dimostra Lawrence Durrell nel suo *Reflections on a Marine Venus*:

> La funzione della storia in tutto ciò è modesta ma precisa, come in un quadro del Rinascimento, nel quale l'eremita occupa il primo piano, seduto dentro un'opaca cella color ocra, ma nel quale, al di sopra della sua spalla, incastonata come un gioiello in una roccia, la sua unica finestra si apre su di un panorama illimitato di una campagna sorridente, perfettamente riprodotta e risplendente nella sua prospettiva, simbolo del meraviglioso paesaggio a cui il monaco ha volto le spalle [13].

Per quanto riguarda l'eremita e le sue varianti – anacoreta, recluso, eremita, girovago, predicatore ambulante eccetera – un archetipo venne tracciato nell'Europa barocca, archetipo che si ritrova perfettamente espresso nella scultura, dal momento che il realismo ascetico non poteva essere modellato sullo sfondo piano di una tela, mentre era possibile intagliare nel legno o nella pietra i raggi di questo «vivere sul terreno». Ci troviamo di fronte, qui, alla sacra austerità e alla nobile sofferenza che si possono contemplare nel *San Girolamo penitente* di Pietro Torrigiano, in Juan Martínez Montañés e in Francisco Salzillo, così come nelle magnifiche sculture lignee portate in processione durante la Settimana Santa.

In parallelo con una caricatura novellesca, la Controriforma aveva riscattato dall'immaginario cristiano la prassi anacoretica, in cui l'uomo pio si ritira dal mondo costruito per vivere nello spazio creato. In contrapposizione al chiostro monastico, la figura estrema della «abitazione edenica» affiora, nel corso del XVII secolo, nell'organizzazione simbolica dello spazio, prendendo corpo, in particolare, nei giardini certosini e camaldolesi, ma, soprattutto, nei «deserti» carmelitani fondati in ogni angolo dell'Europa e dell'America. Questi eremi resuscitati potevano essere stazionari, occupando uno spazio minimo – una roccia, una radura, una grotta, la vetta di una montagna o *dendriti* arboree, che vivono nel tronco degli alberi, trasformando il dominio della propria ascesi nel giardino mistico. E benché presto

---

13 L. DURRELL, *Reflexiones sobre una Venus marina...*, cit., p. 131.

finiranno per scomparire o mitigarsi all'interno degli ordini conventuali, manterranno per un certo tempo un significato salvifico.

Le basi per l'esplorazione, da parte europea, del deserto sorgono in seguito al clima orientalizzante che affascina le *élites* illuministiche e romantiche dei secoli XVIII e XIX. Questo interesse prese le mosse dal mondo letterario, a partire dall'edizione dei racconti de *Le mille e una notte* di Antoine Galland fino all'edizione, al tempo stesso critica e utopistica, delle *Lettere persiane* di Montesquieu, ma soprattutto dai libri di viaggio che proliferarono in seguito all'impatto profondo generato dalla campagna napoleonica in Egitto (1798-1801), che avrà una sua continuazione nel Mediterraneo con le spedizioni di Morea (1829-1831) e Algeria (1839-1842).

L'Oriente eserciterà un'attrazione sempre più forte sugli scrittori illuministici e romantici, e si succederanno pubblicazioni quali *Le voyage en Egypte et en Syrie* di Volney, *L'itinéraire de Paris à Jérusalem* di Chateaubriand e *Souvenirs, Impressions, Pensées et Paysages pendant un Voyage en Orient* di Lamartine. Da Jan Potocki a Carsten Niebuhr, da Victor Hugo a Gustave Flaubert, da Gerhard Rohlfs a Ladislaus E. Almásy – il personaggio reale che ha ispirato il film *Il paziente inglese* – da Isabel Eberhardt a Lawrence d'Arabia, le relazioni dei viaggiatori che attraversano e vivono il deserto dai quattro punti cardinali non abbandoneranno più gli scaffali delle librerie e dellebiblioteche occidentali.

La ciliegia sulla torta venne messa dalla moda pittorica dell'orientalismo, più tardi affiancata dal dagherrotipo e dalla fotografia, che vincolò l'esaltazione romantica al formalismo accademico per presentare allo spettatore un Oriente esotico pieno di una vitalità variopinta e sensuale. Gli storici dell'arte distinguono diverse tendenze all'interno di questa corrente, ovvero: quella dei paesaggi e degli ambienti (E. Delacroix, J.F. Lewis, C. Haag, M. Fortuny, E. Fromentin), quella dei monumenti antichi e degli scavi archeologici (R. Ker Porter, D. Roberts, E. Flandrin), quella delle ricostruzioni per il pubblico europeo (J.-L. Gérôme, P. Bonnaud) e quella del genere storico (L. Alma-Tadema, E. Long, J.A. Rixens) [14]. Quello che venne definito come «egittomania»

---

[14] L. THORNTON, *Les Orientalistes. Peintres voyageurs, 1828-1908*, Courbevoie, ACR Edition, 1983; A. MARÍ ed E. ARIAS, *Pintura orientalista española (1830-1930)*, Madrid, Fundación Banco Exterior, 1988.

continuerà a proiettarsi, seppure con alti e bassi, fino ai nostri giorni, sia tramite l'elevazione di obelischi cristianizzati nelle piazze della Roma papalina, sia tramite l'accesso ai fondi orientali conservati nel Museo del Louvre attraverso la piramide di cristallo, in cui l'*intelligencija* europea ha rinchiuso i segreti di un deserto prigioniero di un sogno.

In quell'epoca, le due sponde del Mediterraneo stavano sperimentando uno stesso processo di esotizzazione della costa, anche se partendo da presupposti e agenti differenti. In questo modo, i francesi che colonizzano l'Algeria, e che avevano cooptato la scienza e la tecnica come alleate nella conquista e nell'occupazione dei territori africani, applicano la botanica e la topografia medica – piantagione di eucalipti e vaccinazione contro le malattie tropicali – affinché la razza europea possa abituarsi alle forme di vita locali e per certificare il trionfo della civiltà sulla barbarie [15]. Allo stesso tempo, però, gli aristocratici inglesi, seguiti da colonie di tedeschi, russi e nordamericani, cominciano ad alloggiare in hotel e palazzi per giovarsi degli inverni miti della Riviera, stabilendosi in località scelte per la possibilità di praticare sport, per il gioco d'azzardo, per i bagni di mare. L'arrivo della ferrovia e la costruzione di una strada costiera facilitano sempre più lo sfruttamento di questo *glamour* vacanziero da parte di borghesi, artisti e membri delle casate aristocratiche europee. Le vivide descrizioni di questa fauna umana dedita alla bella vita, che Stephen Liégeard traccia nel suo libro *La Côte d'azur*, hanno una tale fortuna che il titolo dell'opera finisce per dare il nome alla regione.

Da qui discende il progetto saint-simoniano, erede del progetto coloniale francese, di fare del Mediterraneo «il letto nuziale tra Oriente e Occidente», tramite un sistema integrato di ferrovie, canali e porti che avrebbero fatto fluire, tramite i canali di Suez e di Panama, la circolazione mondiale di uomini e merci [16]. Ma il cammino

---

[15] M. Osborne, *Nature, the Exotic, and the Science of French Colonialism*, Indiana, Indiana University Press, 1994; si vedano anche gli atti del seminario *L'invention scientifique de la Méditerranée: Egypte, Algérie, Morée*, Parigi, École des Hautes Etudes en Sciences Sociales, 1998.

[16] La citazione si trova in M.L. Ortega Gálvez, *La construcción científica del Mediterráneo: las expediciones francesas a Egipto, Morea y Argelia*, in «Hispania», Madrid, 1996, 192, pp. 77-92. Ringrazio questa collega del Instituto de Ciencias de la Educación per i dati relativi alla «esotizzazione» nordafricana.

della storia metterà da parte queste fantasiose formulazioni dottrinarie e sposterà l'interesse geopolitico delle grandi potenze verso altre regioni del pianeta.

La percezione sensoriale del deserto è debitrice del contrasto tra civiltà occidentali e orientali e di quello tra le rumorose città – Gerusalemme, Antiochia, Alessandria – e le vuote steppe che si estendono appena fuori le loro porte. Soltanto in questo modo è possibile comprendere come la sua apparente negazione della sensualità potesse invitare al controllo dei sensi.

Per questo, l'udito ispirato al deserto è dato dall'eco dei canti tribali africani e del rituale islamico, risultando in questo modo come uno dei temi più lontani dalla tradizione musicale europea. Nelle *Tentazioni di San Girolamo* perfidi peccatori tormentano l'eremita con strumenti musicali, e ciò non è dovuto al fatto che i maestri paesaggisti fossero in qualche modo melomani, bensì accade che il riflusso controriformistico riporterà in vita la condanna, da parte ecclesiastica, dei sensi.

In ogni modo, le composizioni del repertorio classico ispirate al deserto sono poche, e comunque sono scelte sulla base della lettura biblica operata, generalmente, da autori riformati, come è il caso dell'oratorio di Georg Friedrich Händel *Israele in Egitto* – tra l'altro l'autore, nel libretto del suo *Rinaldo*, include «una gran campagna deserta, nel fondo della quale si vede la città di Gerusalemme». Questo interesse degli europei per l'esotismo delle *turcherie* va di pari passo con il lavoro di raccolta musicale della Sublime Porta, in cui si segnalano figure come Wojciech Bobovsky, schiavo polacco islamizzato con il nome di Ali Ufki che lascia anche composizioni personali, e Dëmëtrius Cantemir, principe romeno che inventa un sistema di notazione speciale per la musica ottomana. Nello stesso modo in cui maestri del calibro di Mozart, Gluck e Haydn tracciano barocche pennellate «orientali», i musicisti ottomani le interpretano con i loro strumenti tradizionali, il che dà luogo a reciproci riflessi musicali con linguaggi e tecniche vocali differenti [17]. L'armonia musicale del-

---

[17] Alcune composizioni di stile turco appartenenti a Mozart, Gluck e Haydn si possono ascoltare in *Alla Turca*, Harmonia Mundi, 1998 (COLEGIUM AUREUM, CD

l'oasi nel mezzo del deserto è tutto un misto di colori e rumori di uccelli, alberi e specchi d'acqua, come descritto nel racconto «La fonte d'oro» narrato ne *Le mille e una notte*.

L'olfatto situa la sua cornice fisica paradisiaca nell'oasi, nello scalo sicuro delle città immobili e nei fertili giardini situati in mezzo al nulla, che ha la stessa funzione delle isole che servono da rifugio nella varietà di casi che si danno nell'immensità del mare, con un paragone tra le tempeste di sabbia e quelle d'acqua. La casa e la famiglia, l'acqua imprigionata e le coltivazioni delicate, in contrapposizione alla vastità delle estensioni sterili. Paradiso terrestre in cui abbandonarsi ai piaceri di cui godiamo quando riusciamo a fermare il tempo e a umanizzare lo spazio.

Ma anche in altri luoghi, come l'*harem*, l'uomo può trovare diletto con i profumi, con i colori delle tinte e con i sapori delle spezie. Esempio di ciò si ha quando il re Muley Haŝan torna, nel 1535, a Tunisi dopo che Carlo V lo ha restaurato sul trono in seguito alla cacciata del corsaro Khayr al-Dîn Barbarossa: il re cerca di salvare gli oggetti di valore nel mezzo del saccheggio, lamentando la perdita della biblioteca reale in cui erano raccolti diversi esemplari rari del *Corano* e la storia dei suoi antenati, «y no menos le dolió la pérdida de una botica, en que avía grandísima cantidad de olores, y perfumes, que era muy aficionado; y otra grandísima tienda de colores excelentísimos, como grana, azul, o alaxurí, y otras cosas preciosas» [18]. Nell'iride si mantengono, a volte, le immagini impressioniste di questo canto ai colori dell'amore e della vita che impreziosiscono le pellicole iraniane *Gabbeh* di Moshen Makhmalbaf e *Il colore del Paradiso* di Majid Majidi. La civiltà araba raggiunse una tale raffinatezza in

05472774793). La migliore selezione di pezzi di *style turc* occidentali e orientali, da Mozart a Bobovsky e Cantemir si trova in *Alla Turca*, Teldec, 1999 (L'ORIENT IMAGINAIRE DE VLADIMIR IVANOFF, CD 3984-24573-2). Tra i tentativi di ricostruzione della musica nei vasti domini turchi è degno di menzione *Metamorphosis. Música en el Imperio Otomano. Grecia. Bizancio. Constantinopla*, Glossa, 1997 (HRISTOS TSIAMULIS, DIMITRIS PSONIS e PEDRO ESTEVAN, CD GDC 92 1001).

[18] FRA PRUDENCIO DE SANDOVAL, *Historia de la vida y hechos del emperador Carlos V*, Madrid, Biblioteca de Autores Cristianos, 1955, Lib. XXII, p. 205.

fatto di profumi che Baghdad, Damasco o Granada evocavano la fragranza delle *Mille e una notte*.

Questi sono gli stessi ingredienti che alimentavano il gusto dei palati squisiti e al tempo stesso docili nel banchetto ospitaliero e nel digiuno del *ramadan*; o, ancora, nell'ancor più miracolosa manna che Jahvè invia al popolo d'Israele e nella moltiplicazione dei pani e dei pesci che Cristo realizza davanti alla mancanza di fede e alla fame dei suoi accoliti.

La rivoluzione agraria nella Mezzaluna Fertile e i prodotti dietetici, portati dalle carovane fin dall'Estremo Oriente, diedero il via a una ricca cucina fatta di sapori forti e di delicati contrasti. La degustazione di frutti nel giardino e il rito del caffè nell'atrio saranno lussi privati, ma anche la persona più ricca vivrà in una casa il cui aspetto esteriore mostrerà a mala pena i segni di un certo benessere. Al contrario il nomade disporrà soltanto del latte e dei datteri come prodotti di lusso nel mezzo della penuria delle distese di sabbia, in cui tutto serve da alimento. E anche le città privilegiate che possono contare su una fascia verde faranno la guardia alla caccia nei dintorni e al sacrificio degli agnelli in occasione di una festa per accompagnare l'abituale cuscus.

Il tatto è un eden di tentazioni, sia diaboliche sia carnali, davanti alle quali gli occidentali si apprestano a esprimere la loro condanna o a soccombere. I miti letterari europei hanno generalmente contemplato la donna musulmana da due poli opposti: rinchiusa dietro il velo e la rete, e che fa ricorso all'aiuto di terzi per eludere la reclusione a cui è sottoposta dal marito. Da un altro punto di vista, invece, l'idealizzazione della poligamia, del Serraglio del sultano e dei dignitari di corte, l'ambiguità della sessualità maschile, la danza dei sette veli realizzata da odalische sottomesse e il premio per la morte nella *jihad*, rappresentato dalla concessione sotto forma corporea di vergini voluttuose – promessa di sesso in moneta sonante – riempirono di fantasie amatorie gli intellettuali della vecchia cristianità. Soltanto con le prime e tardive testimonianze dirette, come quella di *lady* Montagu che, grazie alla sua condizione di moglie dell'ambasciatore britannico presso la Sublime Porta poté addentrarsi nei meandri dell'*harem*, comincerà a cambiare, al riguardo, il giudizio carcerario in favore di quello di spazio inviolabile che protegge l'intimità femminile [19]. Nonostante ciò, questo sottile filo su cui camminano affetti e piaceri continua a essere di rabbiosa attualità sulla base delle interpretazioni ortodosse del ruolo dei generi operate dalle diverse leggi e confessioni religiose.

In conclusione e come sollievo per i credenti, la più pura tradizione sufista presenta l'universo e l'uomo come uno specchio in cui si riflette Dio, la sostanza unica, l'immacolata verginità della bianchezza che dà luogo al mondo dei colori e dei profumi che percepiamo.

---

[19] Lady Montagu, *L'Islam au péril de femmes*, Parigi, Maspero, 1981.

CAPITOLO VII

La montagna era sconosciuta. La montagna in cui non risiedevano divinità dalla figura umana, i contrafforti su cui non si ergeva nessuna statua visibile, i declivi non calpestati da nessun giovanetto, non meritavano una sola parola. Tutto era scenario vuoto in quanto non appariva l'uomo a riempire con la sua azione corporea, in modo tragico o allegro, la scena. Tutto aspettava l'uomo, e laddove giungeva, tutto retrocedeva e gli lasciava spazio libero.

(RAINER MARIA RILKE, *Del paesaggio*)

Il paesaggio, per gli antichi popoli europei imbevuti, per via dell'eredità dei classici, dell'idea della bellezza feconda del corpo, era il percorso per cui si muoveva l'uomo, lo stadio in cui gareggiava, il campo di battaglia dove lottava, il porto in cui si imbarcava, il teatro in cui recitare il proprio dramma e in cui danzare, l'altare sacrificale. Era, allo stesso tempo, lo spazio della presenza umana e divina. Per questo le montagne reali, non l'Olimpo abitato dalle divinità, ma quelle materiali, costituirono per molto tempo quello scenario vuoto di cui ci parla Rainer Maria Rilke, l'ignoto ristretto al grembo dell'assenza.

La *silva* di boschi e montagne che fuoriusciva al passaggio dell'uomo supponeva una sfida sia fisica, sia mentale.

Si tratta di un percorso che passerà dalla mitologia al pensiero, dal *mythos* al *logos*, benché i luoghi selvatici continueranno sempre a essere abitati da paure leggendarie e seduzioni fantastiche. Come risultato di ciò, nell'Ellade tragica, che trasformò alcuni monti nella dimora degli dèi, Euripide aveva lasciato la credenza di un Dioniso irato che, in qualità di dio della natura e per castigare l'incredulità del re di Tebe, attraeva le donne dalla città alla montagna dove, tra cacce e orge, le trasformava nelle sue sacerdotesse, le menadi. E i suoi concittadini non considerarono l'ambiente selvaggio come una categoria fisica e culturale, bensì, come annota John Ruskin: «I greci non si rendevano conto, dal punto di vista artistico, che nel mondo esistevano tali cose. Intagliavano e rappresentavano uomini, cavalli, animali, api e qualsiasi tipo di creatura vivente, finanche pesci ed alberi, ma nella loro arte non vi è alcuna traccia di montagne» [1].

Al contrario, nella Roma imperiale che preferiva, sulla base del suo intrinseco pragmatismo, le pianure, Plinio il Vecchio renderà le montagne protagoniste. Come annota nella sua enciclopedica *Historia Naturalis*: «La Natura ha creato da sola le montagne dalla terra, al fine di domare la violenza dei fiumi, frangere le onde del mare, e contenere con quel che ha di più duro, gli elementi più turbolenti» [2].

Dalla copiosa bibliografia che tratta del bosco, della montagna, dei sentieri e dei ghiacci nordici, bisogna estrarre quei titoli che hanno segnato la mutevole percezione del mondo incolto operata dagli europei, da quando il sentimento romantico ci fece aprire gli occhi sulla maestosità della natura allo stato puro. In questo senso, è opportuno fare di nuovo ricorso ai maestri delle «Annales» per rintracciare le prime revisioni della nostra concettualizzazione della foresta e della catena montuosa, come fanno Marc Bloch quando rifiuta l'idea di una selva non sfruttata e disabitata a causa della presenza dei silvani, e Fernand Braudel quando definisce il Mediterraneo come un mare chiuso tra montagne in cui la povertà e la desolazione si alternano all'abbondanza favorita dalla pioggia e dal sole [3].

Nel tentativo di dare una prima definizione concettuale, di tracciare i contorni del significato del concetto di *silva* nell'Europa moderna, dobbiamo mettere in risalto il carattere polivalente delle montagne e delle valli che la compongono. Posto che potevano essere allo stesso tempo baluardi militari dotati di castelli inespugnabili o trasformarsi in rifugi sedentari per gruppi emarginati e razze scacciate, potevano funzionare anche come frontiere tra formazioni politiche

---

[1] J. RUSKIN, *Modern Painters*, New York, T.Y. Crowell, 1956, III, pp. 149-150.

[2] Citazione in M. DE TERÁN, *Del mythos al logos*, cit., p. 39.

[3] M. BLOCH, *Les caractères originaux de l'histoire rurale française*, Oslo, Instituttet for Sammenlingnende Kulturforskning, 1931; F. BRAUDEL, *La Méditerranée et le monde méditerranéen...*, cit.

confinanti o integrare l'economia e la società di villaggi vicini dei due versanti, come avviene sia sui Pirenei che nelle multinazionali Alpi.

Quanto alle forme culturali, scaturienti da matrici ataviche, queste mostreranno tracce arcaizzanti. L'economia confinante con la povertà favorirà la loro classificazione di cinture «proletarie» intorno alle pianure. Gli abitanti delle montagne, sulla base della durezza del loro ambiente, saranno considerati asociali e selvaggi dagli agricoltori delle terre fertili della pianura. Come risultato, i custodi dell'ortodossia situeranno tra le montagne la sede diabolica della magia e della stregoneria, della superstizione e del sabba, paure intrinseche delle *élites* dominanti che scuotono le coscienze dei benpensanti nei tempi oscuri. Dalla Navarra al Friuli, dalla Foresta Nera alla Transilvania, il folclore primitivo dei popoli montani si scontrerà con la figura dei santi mistici, fino a popolarsi di mostri e di liturgie ammaliatrici che supereranno largamente l'elenco contenuto nei *bestiari*, culminando nell'allarme con cui, tra paure riflesse e sanguinose repressioni, i redentori riformisti e tridentini scateneranno la caccia alle streghe e lanceranno la crociata per cristianizzare le marche di confine. L'immagine riflessa dallo specchio montano consisterà nella deificazione delle libertà montanare, ultimo bastione dell'uomo libero, che si trasformeranno in un luogo comune letterario, che si tratti del buon bandito che ruba ai ricchi per dare ai poveri o dei regni della redenzione terrena ricercata dai movimenti millenaristi e pauperisti.

E nel corso dei secoli, confinando con le agricolture tradizionali e come contrappunto al dominio dei locali, si espanderà quella selva abitata da animali selvatici in cui osava entrare soltanto l'uomo di passaggio: il nomade in cerca di nuovi pascoli, l'eremita alla ricerca del contatto con Dio, il fuorilegge in cambio della sua salvezza mondana... Precedente alla rivoluzione industriale, il «libro della giungla» rimarrà aperto per gli europei, e non solo per i *conquistadores* e per i pionieri che percorrevano in lungo e in largo i nuovi mondi da poco scoperti, ma anche per quanti vivevano vicino a luoghi spopolati e ai boschi del vecchio continente, che dovevano resuscitare senza troppo sforzo il loro vago ricordo di cacciatori paleolitici[4].

---

[4] P. García Martín (a cura di), *El mundo rural en la Europa moderna*, Madrid, Historia 16, 1989, p. 13 («Colección Biblioteca de Historia Moderna», 8).

In questo arco di tempo le connotazioni, edeniche e diaboliche al tempo stesso, dei monti, sia del *mons* singolo, sia della *montanea* o sistema montuoso, vissero durante il medioevo uno dei loro capitoli più prodigiosi nella chimera del Paradiso della Regina Sibilla. Le meraviglie iniziatiche che spingevano gli audaci cavalieri ad avventurarsi in luoghi tanto aspri nascevano nella grotta di Sibilla, mentre le prove e i segni che venivano superati nel corso dell'ascesa aumentavano l'emozione in essa contenuta. Di modo che, man mano che salivano, si abbandonavano i contorni pietrosi e scarni, fino ad arrivare a un punto in cui «dovunque sono prati, tanto belli e piacevoli che a malapena si possono descrivere, e tante sono le piante e i fiori di tutti i colori e delle più diverse forme, che le loro fragranze danno il massimo diletto». Giunti in vetta, la viola e la centofoglie spargeranno le loro virtù ovunque, sorgenti di acqua tanto fresca quanto buona disseteranno quanti si sono messi in cammino, finché alla fine si scorge il baratro spaventoso e tentatore. Cose strane e sorprendenti erano chiuse in quella grotta, abitata da bellissime creature dedite ad amorosi diletti con i visitatori di sesso maschile, ma sottomesse a un potere demoniaco che trasformava la loro bellezza in perversità e faceva assumere al loro corpo forme animalesche.

Certamente, tra i mezzi utilizzati nel teatro religioso medievale per divulgare e universalizzare le verità cristiane, il dramma liturgico intitolato *Il canto della Sibilla* venne rappresentato durante le messe di Pasqua e Natale, fino alla sua decadenza seguita al Concilio di Trento. Ma fino ad allora sia sant'Agostino che i padri della Chiesa utilizzarono i testi sibillini per convertire i pagani, in particolare riprendendo il sermone pronunciato dalla cosiddetta Sibilla Eritrea che, nel suo *Judicii Signum*, vaticinava la venuta del Messia. Alcuni di questi lavori, dal sermone *Contra Judaeos, Paganos et Arianos* al dramma liturgico *Auto de la Sibila Casandra* di Gil Vicente, sono carichi di odio antisemita, ponendo in contrapposizione l'indovina con la Vergine Maria nell'annuncio della venuta al mondo di Cristo e confondendo la mitica visita della regina di Saba o Sibilla al savio Salomone.

In seguito godrà di gran successo l'associazione tra i monti e le grotte da una parte e le lettere e le arti amorose dall'altra. Così per esempio, nel romanzo bizantino e amoroso intitolato *Selva de aventuras*, composta da Jerónimo de Contreras, il protagonista è un cavaliere sivigliano chiamato Luzmán che, ferito nei suoi sentimenti dalla sua dama Arborea, s'incammina nella solitudine più completa. Nel corso del suo lungo peregrinare nei territori italici, sulla strada di Napoli vide una strana grotta tra le rupi vicine a Pozzuoli, a proposito della quale alcuni pescatori che si trovavano lì vicino gli dissero che era abitata dalla saggia Cuma e piena zeppa di grandi cose degne di essere viste, ma che nessun uomo vi si era potuto addentrare più di cento passi. L'incontro con l'indovina solleticò la curiosità del nostro intrepido, il quale iniziò a percorrere un oscuro tunnel finché, poco dopo

> [...] si trovò in un verde e bel prato, intorno alle grandi rocce che lo circondavano, e attraversandolo entrò in un altro angusto sentiero, e non tardò molto che si trovò in un bel cortile costruito con singolari pietre, coperto di un bel legno sottilmente lavorato e indorato con fine oro, e circondato da molte stanze [5].

A cavallo tra l'amor sacro e l'amor profano, Claudio Monteverdi dota di una veste lirica i suoi madrigali, dotati di grande audacia armonica, per far fronte alla *Selva morale ed altre raccolte spirituali*, titolo con cui l'editore di questa raccolta volle richiamare l'attenzione del pubblico toccandone la sensibilità e gli affetti, ma in cui non mancano i *loci amoeni* evocati dall'orto palestinese inserito nel mezzo del mondo selvatico del *Cantico dei Cantici*.

Attraverso simili peripezie Miguel de Cervantes fa passare il suo immortale cavaliere errante e il suo altrettanto imperituro scudiero vagabondo quando, dopo aver assistito come testimoni agli avvenimenti festivi di Camacho il Ricco e a quelli amorosi di Basilio il Povero, intrapresero «la grande avventura della grotta di Montesinos, che si trova nel cuore della Mancia, che coronò con successo il valoroso don Chisciotte della Mancia». Giunti sull'orlo del baratro, il cavaliere venne calato attraverso l'oscuro abisso e, mentre Sancho e lo studente di turno gli davano sempre più corda, egli si addentrò in quell'oscura regione come se fosse assalito da un profondo sonno. L'anfitrione non era altri che lo stesso Montesinos da cui la grotta prende il nome, il quale mostrerà a don Alonso Quijano le meraviglie e i miti che risiedevano nel suo palazzo di cristallo: il fiore della ca-

---

5 J. DE CONTRERAS, *Selva de aventuras*, in B.C. ARIBAU (a cura di), *Biblioteca de Autores Españoles. Desde la formación del lenguaje hasta nuestros días*, Madrid, Atlas, 1963, pp. 498-499.

valleria Durandarte, la dama Belerma, lo scudiero Guadiana, donna Ruidera e le sue figlie e nipoti, e via dicendo.

Senza dubbio, in questo successo si annida una delle costanti della percezione della montagna da parte degli europei finché rimasero in vigore le società confessionali, come ad esempio la fusione tra la *silva* e l'eremitismo, con la caverna che diventa, per l'anacoreta, quello che la colonna è per lo stilita o che la cella è per il monaco. In questo modo la spiritualità veniva accentuandosi in riferimento ai monti sacri – Sinai, Fujiyama, Tibet, Ararat... – divenendo questi un luogo ricorrente nelle religioni monoteiste in virtù della sua onnipresenza evangelica.

La fuga geografica dall'ordine stabilito comportava una ricerca deliberata dei «confini», come avviene nella marcia verso gli spazi semideserti della foresta, in cui si possono incontrare personaggi marginali ed esseri fantastici. Se i guerrieri vollero fare dei monti le loro riserve di caccia, gli ecclesiastici edificarono su di essi eremi e monasteri, mentre gli agricoltori, i pastori e i raccoglitori li utilizzavano come complementi delle loro economie di sussistenza. Il comune denominatore consisteva nel ricorso alla selva per isolarsi e, al tempo stesso, prolungare i campi delle attività umane.

Nel capitolo dedicato al deserto abbiamo già anticipato come, per gli europei, questo sarà dato, per molto tempo, dal bosco, un mondo circoscritto e privo di grandi estensioni aride, in contrasto con i mari di sabbia brucianti e ignoti dell'Africa e dell'Asia. A questo riguardo, è significativo il soccorso portato dall'etimologia, il mutevole significato delle parole. Dalla radice latina *silva* deriva la *selva* dello spagnolo e dell'italiano, che insieme all'accezione germanica *wald*, darà origine al *forêt* francese, al *forst* tedesco e al *forest* inglese, tutti sinonimi delle voci *forestis* e *foresta*. Il bosco si definisce, inoltre, come una vasta estensione solitaria in cui si riproducono gli animali selvaggi[6]. La selva suscitava al tempo stesso paure che ne facevano stare lontani e ansie utilitaristiche. Questa ambivalenza deriva dal suo carattere di frontiera, che la trasformava in rifugio di banditi, assassini,

---

[6] CH. HIGOUNET, *Les forêts de l'Europe occidentale du Ve à XIe siècle*, in «Agricolture e mondo rurale in Occidente nell'Alto Medioevo». *XIII Settimana di Studio del Centro Italiano di Studi sull'Alto Medioevo, 1965*, Spoleto, CISAM, 1966, pp. 343-398.

diseredati e di ogni sorta di esclusi, ma anche nell'habitat naturale dei draghi e delle altre bestie che compaiono nelle *chansons de geste* e che devono essere sconfitte dall'eroe di turno come prove iniziatiche che popolano la letteratura cavalleresca. In questo modo, possiamo vedere Tristano e Isotta rifugiarsi nel bosco di Morois, tirando con l'arco contro prede silvestri, non disponendo dell'alimento culturale, costituito dal pane; oppure i cavalieri della corte di re Artù che si addentrano in foreste primitive alla ricerca della Croce o del Santo Graal. Anche il meglio della nostra letteratura infantile è popolato di orchi che divorano tutto quello che incontrano sulla loro strada, come contraltare alla scarsità in cui erano costretti a vivere quanti ascoltavano o leggevano questi racconti accanto al fuoco, e nella moralità «politicamente scorretta» dei racconti tradizionali, come *Cappuccetto rosso*, in cui il lupo famelico non è altro che una metafora della perfida contemplazione dell'uomo nei confronti delle donzelle indifese, la cruda illustrazione della massima *homo homini lupus*. Fino ad approdare nei paesaggi montuosi del Paese della Cuccagna, dal cui cratere fuoriuscivano latte e miele che scorrevano nei fiumi e nelle fontane, nello stesso modo in cui i prodotti della pastorizia e dell'apicoltura lo facevano in certo modo come un lusso per la umile gola dei contadini.

Nella *silva* avverrà l'incontro tra selvaggi e santi, tra i mediatori con la natura e quelli con Dio, incontro che permette a Jacques Le Goff di circoscrivere l'archetipo dell'eremita nelle seguenti caratteristiche: *a*) la parentela tra l'eremita e il selvaggio, accomunati dall'abito di peli, entrambi equidistanti dagli stati asimmetrici del primitivismo e della cultura; *b*) la popolarità dell'eremita, a cui ricorrono i semplici per confessarsi, curarsi o ricevere benedizioni; *c*) come con maghi e profeti, i re cercano il consiglio dell'anacoreta, che è parte della sacralità del bosco; *d*) l'asceta mantiene relazioni con personaggi che si trovano al di fuori della legge, com'è il caso del famoso Robin Hood, ladro gentiluomo nel parnaso del folclore; *e*) il cenobita solitario incarna il modello di vita santa e si esercita nella lotta contro il diavolo e le sue tentazioni[7].

---

[7] J. Le Goff, *El desierto y el bosque en el Occidente medieval*, in *Lo maravilloso y lo cotidiano en el Occidente medieval*, Barcelona, Gedisa, 1986, pp. 36-37; si veda anche il capitolo *El adivino y el santo en el bosque encantado*, in R. Bartra, *El salvaje en el espejo*, Barcellona, Destino, 1996, pp. 101-132.

L'ideologia desertica della foresta si impregnerà di saggezza nella lezione impartita da san Bernardo ai suoi discepoli: «I boschi ti insegneranno più dei libri. Gli alberi e le rocce ti insegneranno cose che non apprenderai dai maestri delle scienze»[8]. Le apparizioni mariane avverranno nei *loci rustici*, in cui può aver luogo la meraviglia della presenza della vergine, abitati dai testimoni delle visioni – *pastoris, infans et rustici* – la cui semplicità e innocenza rendono vero il miracolo celeste. Era, infatti, necessario cristianizzare un bosco popolato da fauni, ninfe pagane e dèi germanici, che la Chiesa si affrettò a includere nel suo sistema demonologico, riconvertendo i loro luoghi di culto.

Come risultato, le leggende dalle tinte animistiche riuscirono a mala pena a sopravvivere nelle opere letterarie, come nel caso dell'attribuzione del bosco all'epoca intemporale di Maricastaña. Nel corso dei secoli il tempo della montagna era stato quello della belluinità. Tuttavia degli spiragli si ritrovano ne *El coloquio de los perros* di Cervantes, nella parte in cui il laureato Peralta, ascoltando la storia dell'alfiere Campuzano riguardante i cani parlanti dice: «è tornato il tempo di Maricastaña, quando parlavano le zucche, e quello di Esopo, quando il gallo discorreva con la volpe, e gli animali in genere tra di loro»[9].

Nella stessa corrente delle «sopravvivenze» si trovano anche le connessioni tra i templi di Venere e le cappelle di Maria, o tra la Magna Mater e le Vergini Nere, che sarebbero dovute essere mantenute distinte al fine di non alimentare una sovrapposizione mimetica e sistematica di divinità pagane e immagini religiose. Ciononostante, quel che non appare casuale è che le manifestazioni mariane avvengano nei pressi di un albero, di una fonte o di una grotta. Le credenze relative alla nascita ginecomorfica dei minerali suppone l'assimilazione di miniere, grotte e caverne con l'utero della Terra Madre. I

---

[8] Per quanto riguarda l'eremitismo occidentale, si possono utilmente consultare i contributi contenuti in *L'eremitismo in Occidente nei secoli XI e XII. Atti della Settimana Internazionale di Studio (Mendola, 1962)*, Milano, Vita e pensiero, 1965.

[9] M. DE CERVANTES, *El coloquio de los perros*, Madrid, Libros de autor, 1993, p. 26. Allusioni all'animismo del tempo di Maricastaña si trovano in J. CARO BAROJA, *Los pueblos de España*, Madrid, Istmo, 1975, II, p. 105.

concetti di *Terra Mater* e di *Petra Genitrix* rimarranno nella mentalità di alcuni gruppi sociali, come i minatori e i boscaioli, a dispetto dell'acculturazione cristiana. Ciò nonostante, quando l'alchimista lavora alla ricerca della sua eterna opera, la prima cosa che fa è collocare le sostanze in un recipiente di mercurio che prende il nome di «Bagno Maria», definito da John Pordage come «il luogo, la *matrix* e il centro in cui la tinta divina fluisce come la sua fonte e la sua origine» e da Paracelso come «il *regressus ad uterum*, per cui il rientrare nella propria madre rappresenta la *prima materia*, la *massa confusa*, l'*abyssus*, per poter raggiungere l'eternità»[10]. La Vergine Madre, in quanto *fons vitae*, non poteva risplendere in luoghi che non fossero grotte e sorgenti, e queste ultime formavano parte indissolubile dell'ambiente montano.

In relazione a ciò, inoltre, i minerali erano stimati in relazione alle loro virtù, che si facevano a loro volta derivare dalla relazione con la posizione degli astri. Così si esprime, per esempio, Alfonso X il Savio: «La proprietà detenuta [dalla magnetite] di attrarre il ferro dipende dalla virtù ricevuta da queste stelle, e quando la mediana di queste sale all'orizzonte, procedendo da oriente, la pietra riceverà una forza maggiore e una maggiore virtù in tutte le opere che abbiamo detto»[11]. Di conseguenza, le pietre erano classificate in accordo con i segni zodiacali e con le case astrali, come esigevano il movimento celeste e l'armonia dell'universo. Questa dipendenza divina permetterà che l'uso di una farmacopea basata sull'utilizzo terapeutico delle pietre per curare le malattie, nonché l'acquisto di «pietre della Croce» da parte dei pellegrini, non siano condannati dall'ortodossia ecclesiastica, bensì viste come magia positiva, che non intaccava i pilastri della religione. Lo stesso medico e mago Paracelso diede alle stampe, nel 1534, un trattato in cui mette in relazione medicina e astrologia, e definisce l'uomo come «microcosmo» inserito all'interno del Grande Ordine Superiore o «macrocosmo», il che permette di de-

---

[10] M. ELIADE, *Herreros y alquimistas*, Madrid, Alianza, 1974, pp. 136-138. Si vedano anche K. THOMAS, *Religion and the Decline of Magic*, Londra, Weidenfeld and Nicolson, 1971; J.-C. SCHMITT, *La herejía del Santo Lebrel*, Barcellona, Muchnik, 1984; R. MANSELLI, *Il soprannaturale e la religione popolare nel Medioevo*, Roma, Studium, 1985.

[11] Citazione in N. GUGLIELMI, *Marginalidad en la Edad Media*, cit., p. 86, n. 255.

durre la terapia da applicare al paziente a partire da una metodica osservazione razionale della natura [12].

L'atteggiamento nei confronti della montagna cominciò a cambiare con gli umanisti – come già abbiamo ricordato riportando la quasi paradigmatica ascesa di Petrarca al Mont Ventoux – i quali intrecciano legami amichevoli con la natura e sperimentano, davanti a lei, reazioni estetiche e sentimentali che lasciano già presagire la sensibilità moderna.

La stessa spiegazione finalistica dei classici risorgerà con la filosofia cristiana, in cui è la Divina Provvidenza a includere le montagne tra i benefici della creazione della Terra poiché, a parte la loro bellezza intrinseca, trattengono i venti e instradano l'acqua, evitando così le inondazioni. Senza dubbio, tra i teologi sorgeranno discrepanze sul fatto che tutte le montagne fossero state create il terzo giorno della Genesi, o se alcune fossero precedenti e altre successive al riordino geofisico portato con sé dal Diluvio Universale.

A partire dal XVI secolo verranno gettate le basi teoriche e scientifiche dell'orogenesi, vale a dire il motivo per cui vennero costruite le montagne e la spiegazione delle sue cause e della loro natura. Sarà Leonardo da Vinci, con cui si inaugureranno le scalate e le misurazioni attraverso studi elaborati, a coniare l'immagine delle montagne come «scheletro della Terra», esponendo per primo le idee di erosione, sedimentazione e stratigrafia. Inoltre, sarà il primo a optare per l'origine marina dei fossili, in contrapposizione con la teoria che attribuiva quest'origine al diluvio o al capriccio della natura. Questa percezione sperimentale del paesaggio montuoso andrà di pari passo con l'apprezzamento estetico, incluso quello degli stessi protagonisti, come si può vedere nell'enigmatica *La tempesta* di Giorgione, in cui la natura spoglia viene illuminata da un lampo, o nella leonardesca *Ginevra de Benci*, il cui ritratto si trova in primo piano rispetto allo *sfumato* del fiume e del bosco, che si trovano più lontani.

Nonostante questi pur importanti precedenti, e tornando nuovamente all'analisi geografica, padre della geologia moderna verrà considerato il danese Niels Steensen, che lavorò a Firenze sotto il mecenate Ferdinando II, che sperimentò empiricamente le proprie idee

---

[12] PARACELSO, *De las enfermedades de las montañas y de otras enfermedades semejantes, 1533-1534*, Barcellona, Biblioteca Esotérica, 1982.

sulla formazione dei monti nel paesaggio toscano, formulando l'idea della superposizione degli strati e della successione delle pieghe. Contemporaneamente, René Descartes teorizzerà la formazione del globo terrestre partendo dall'idea del fuoco centrale, abbozzata da Athanasius Kircher nella sua opera *Mundus subterraneus* e da Christopher Scheiner nel suo trattato *Rosa Ursina*, secondo la quale le vette si sarebbero generate in seguito all'adattamento della corteccia terrestre al suo nucleo igneo interno che, raffreddandosi, si sarebbe contratto e sarebbe diminuito di volume.

In pieno Illuminismo, si sviluppa una concezione vitalistica, che presuppone una continuità tra il mondo minerale e la natura organica, e che porta a un'ingegnosa comparazione della Terra con un grande animale, di cui le montagne costituirebbero lo scheletro, l'acqua il sangue che circola nelle sue vene, mentre le maree marcherebbero il ritmo della respirazione e il fuoco centrale costituirebbe il cuore che regge il tutto[13].

Senza dubbio, prima che la *silva* montuosa muti il suo carattere mostruoso per quello di «tempio della natura», il che avviene nel momento in cui i romantici, mentre riscoprono il paesaggio lo fanno anche con la foresta all'interno dello stesso concetto culturale, nel campo delle rappresentazioni si era già acceduti al bosco attraverso la caccia. Dalla ricreazione oziosa dell'aristocrazia alla risorsa complementare delle dissestate economie campagnole, l'attività venatoria è stata via via associata, dagli europei, allo spazio incolto della montagna[14]. I segni della caccia, come le orme, gli odori e i latrati, sono sta-

---

[13] Queste pietre miliari nella formulazione dell'origine dei monti sono state tratte da M. DE TERÁN, *Del mythos al logos*, cit., pp. 41-49.

[14] Circa l'aspetto erotico della caccia si vedano le polemiche affermazioni di J. ZULAIKA, *Caza, símbolo, eros*, Madrid, Nerea, 1992, pp. 144-145: «La locura de la caza pertenece al hombre. Y esa erótica de la caza sugiere y propone un modelo muy arcáico de la erótica masculina en el que también la mujer se convierte en objetivo huizido y codiciado que hay que abatir y apresar como si de un animal salvaje se tratara. La percepción y el deseo del hombre cazador pueden crear una imagen erotizada del objetivo de caza, en una estructura de relación similar, tanto con los animales como con las personas». Le Amazzoni femministe assumeranno questo antropologo e cacciatore come bersaglio del loro arco. Quanto alle miniature che danno conto delle regole della caccia, la classe di animali e il modo di montare a cavallo secondo la natura del terreno, si può consultare utilmente il *Libro de la Montería del Rey de Castilla Alfonso XI*, Madrid, Editora de Patrimonio Nacional, 1987.

ti plasmati nell'immaginario collettivo come vincolati al fascino emanato dalla foresta. Così, per esempio, le miniature che illustrano i *Libros de montería* riproducono in dettaglio armi e approvvigionamento tipici dell'arte venatoria, nonché le specie a cui si applicano; *La caccia nel bosco* di Paolo Uccello, oltre a costituire un geniale modello di prospettiva in cui la composizione generale guida la vista verso il punto di fuga situato nel cuore del bosco, mostra i colori dell'azione attraverso il rosso dei vestiti dei cacciatori e del sangue che risplende in mezzo all'oscurità della notte; i *Cacciatori nella neve* di Pieter Brueghel situano l'esercizio venatorio nella quotidianità di un villaggio e nel rigore dell'inverno; al contrario, in *Ascanio che uccide il cervo di Silvia* di Claude Lorraine, la tensione dell'arco del cacciatore e lo sguardo del cervo rivolto alla freccia preludevano alla perdita dell'equilibrio all'interno di una natura eccelsa.

Agli albori del XIX secolo ha origine la nascita della scienza geologica, che permetterà agli europei di vedere la Terra e di leggerne la storia, divenendo una moda la descrizione della montagna nella letteratura e nella pittura. All'interno dei circoli eruditi si svilupparono dibattiti accalorati: prima tra nettunisti, partigiani dell'acqua quale origine primigenia di tutto quanto esista sulla terra, e plutonisti, difensori dell'origine ignea dei vulcani e delle montagne; in seguito tra quiescenti e mobilisti e, all'interno di queste due ultime categorie, tra catastrofisti, evoluzionisti e attualisti. Ma, più che queste teorie presto abbandonate e comunque superate, quel che qui interessa è l'interpretazione della storia geologica a partire dal pensiero ispirato dall'opera di Charles Darwin, con la quale viene accelerato il divorzio tra scienza e religione. Di fronte all'ipotesi creazionista, che considerava la creazione come un fenomeno verticale, come una genesi emanata da Dio, a partire dalla pubblicazione de *L'origine della specie* ci troviamo di fronte la corrente geologica, che interpretava la storia della Terra come una continua metamorfosi, in cui le cose si evolvevano da sole.

Nell'occhio del ciclone di questa controversia si situerà il paesaggio montuoso, le cui caratteristiche – pieghe, rilievi, minerali, le «pietre figurate» e i «geroglifici del tempo» costituiti dai fossili – diedero alla luce un'estetica geologica, in cui il gusto del momento rifiutava i principi classici di simmetria, proporzione e contenimento. La retorica romantica sulle prominenze e sulle cime sarà un misto di ammirazione ed orrore.

Nonostante l'armonia che le veniva riconosciuta dalle leggi scientifiche, la montagna conserverà un alone di mistero, che riuscì a plasmare su tela, combinando spirito romantico e un singolare ingegno, Caspar David Friedrich. Ci troviamo di fronte al simbolismo della montagna come esperienza morale, come ci rivela Lily Litvak in *El tiempo de los trenes*:

> Realtà solida ancorata a terra, e senza dubbio legata al cielo, vissuta da vicino, l'intimità dell'alpinista che la possiede nel corso dell'ascesa, dal punto di vista simbolico poteva apparire come una manifestazione del titanismo umano. Vista da lontano, dalla valle, rimaneva, per il suo carattere etereo ed inaccessibile, come ideale di purezza e perfezione. In entrambi i casi era il Sinai il luogo in cui l'artista-profeta, in momenti privilegiati, si elevava al cosiddetto divino, per poi discendere tra gli uomini e consegnare loro il suo messaggio di verità e di bellezza [15].

Ma, alla fine di questo risveglio del Vecchio Mondo nei confronti della bellezza della montagna, aspettava la rovina ecologica della stessa. Le depredazioni operate da cave e miniere, ferrovie e deforestazioni, l'inquinamento delle acque e dell'aria arrecate dalla rivoluzione industriale, fanno in modo che la nostalgia iniziale, a causa del degrado ambientale, lasci il posto alla protesta sociale ed etica di fronte agli abusi operati dalla civiltà contemporanea. A questo punto si può concludere che la percezione della montagna acquisterà, per l'uomo europeo, una verticalità che non abbandonerà mai, ora nella sua ascesa verso la divinità celeste, ora elevandosi su sé stesso nell'immanente affanno di superarsi che fa da complemento alla condizione umana.

Per quanto riguarda il *trekking* all'interno della *silva*, nell'ambiente montuoso il viandante e il pastore transumante canalizzeranno il traffico delle persone e delle greggi, definendo i loro itinerari esclusivi tra boschi e terre coltivate. Le vie percorribili in carrozza o a cavallo e quelle attraversate dal bestiame si presenteranno, dunque, come un patrimonio viario intrinseco alla cultura agro-pastorale comune alle popolazioni montanare. Il tracciato di questi sentieri pa-

---

15 L. LITVAK, *Encuentro con el Génesis. El paisaje de montaña*, in *El tiempo de los trenes. El paisaje español en el arte y la literatura del realismo (1849-1918)*, Barcellona, El Serbal, 1993, p. 42.

storali fu generato sulla base delle vie aperte spontaneamente dagli stessi animali alla ricerca di luoghi in cui abbeverarsi e pascolare. Ciò comporta la concezione della strada, e quindi della via del bestiame, come un fatto naturale trasformato in artificiale dalla tecnica di una cultura superiore. A partire da questo stadio si avrà una sovrapposizione, un riutilizzo e un'intersezione di rotte antiche, di strade romane, di gole pastorali, di vie di comunicazione percorribili in carrozza o a cavallo, di strade e di ferrovie.

Da ultimo, il deserto identificato con il bosco dagli abitanti delle regioni centro-europee e mediterranee, sarà sostituito, nei paesi nordici, dalle steppe e dalle montagne ghiacciate, ovvero quel che abbiamo finito per chiamare l'oscurità delle terre glaciali che vanno dal Settentrione alla Siberia. L'opera classica che svelerà agli occidentali queste regioni ignote sarà la *Historia de gentibus septentrionalibus* di Olaus Magnus, all'epoca arcivescovo di Uppsala, che, oltre a descrivere le caratteristiche dei luoghi e gli usi delle popolazioni, le guerre, i riti e i costumi, gli animali e le miniere, ci parla anche della mirabile natura di alcuni monti.

Il tempo artico scandito da orologi d'ombra, eclissati da obelischi ombrosi e da segni silvestri, sarà ripreso da Antonio de Torquemada nel suo *Jardín de flores curiosas*, in cui alle note antropologiche seguono quelle sulle forze strane e magiche, o alle nozioni faunistiche e botaniche la notazione su una possibile collocazione del Paradiso in un qualche posto della Moscovita[16]. In questa peregrinazione che inizia nelle terre e nelle isole nordiche, la natura è considerata come «maggiordomo del vero Dio» e, benché l'operato dell'uomo non possa competere con essa, può però aiutare a realizzarla e a presentarci montagne meno ostili e orrende.

In quel momento era già di dominio pubblico l'immagine stereotipata del Settentrione come regno dei ghiacci e delle ombre, al punto che nella letteratura del «Siglo de Oro» spagnolo si usa la voce *Noruega* (Norvegia) come sinonimo di oscurità, dovuto alla lunga du-

---

[16] O. MAGNUS, *Historia de las gentes septentrionales*, Madrid, Tecnos, 1989 (a cura di D. TERÁN FIERRO); A. DE TORQUEMADA, *Jardín de flores curiosas*, San Sebastián, Roger, 2000. Si veda anche J. CARO BAROJA, *Jardín de flores raras*, cit., pp. 127 e segg.

rata delle notti e degli inverni artici. La Scandinavia e l'Artico saranno, per gli occidentali, spazi ombrosi, da cui arrivavano, come illustri messaggeri, i falchi più apprezzati per la caccia. Da ciò dipende anche il fatto che l'iconografia del Nord risenta di un certo sfasamento nel popolamento e nella colonizzazione, che contrasta con il vecchio continente. Per questo le incisioni che ornavano l'opera di Olaus Magnus, eseguite dallo stampatore Cristoforo Plantin, saranno per un secolo e mezzo, insieme ad altre fonti isolate, le sole immagini delle terre glaciali finché, nel secolo dei Lumi, faranno la loro comparsa le prime panoramiche urbane, le immagini pre-romantiche di castelli, laghi e montagne contenute nei *Voyages pittoresques*, fino al moltiplicarsi delle belle litografie ottocentesche raffiguranti boschi e mari [17]. Parallelamente, naviganti ed esploratori di diversi paesi e condizione iniziano una sfrenata corsa verso i poli, cercando di trovare il passaggio a Nord-est o quell'emisfero australe che i greci chiamarono Antictona, divenendo protagonisti di varie odissee all'inseguimento delle vette del mondo [18]. Nel frattempo, la politica dell'assolutismo illuminato attuata da Pietro il Grande e da Caterina II darà impulso alle spedizioni verso le steppe e i mari siberiani, col fine di sfruttarne le ricchezze naturali, di creare un laboratorio finalizzato a ulteriori ricerche e di imporre il proprio controllo su punti strategici che contribuiranno a delimitare le frontiere della Grande Russia. Si tratta di un avanzamento delle frontiere operato da pionieri simile a quello che, qualche decade più tardi, realizzeranno gli abitanti anglosassoni degli Stati Uniti con la loro marcia verso il lontano e leggendario Far West.

In tutte queste cronache artiche, la lucentezza delle imprese in ambienti in cui, a causa del fenomeno della rifrazione, il cielo moltiplica il sole, sarà offuscata da morti drammatiche, gelide penurie e venti gelati che tagliano e congelano nel bel mezzo di un inferno di ghiacci.

---

[17] L'evoluzione iconografica può essere seguita in M. HIRN, *Finland framställt i teckningar*, Helsingfors, Svenska Litteratursallskapet i Finland, 1988; utile può risultare anche R. KNAPAS e P. KOISTINEN, *Historiallisia kuvia. Suomi vahassa grafiikassa*, Helsinki, SKS, 1993. Ringrazio l'amica finlandese Ursula Ojanen per avermi dato la possibilità di accedere a questi materiali.

[18] P. HERRMANN, *Grandes exploraciones geográficas. Asia, Australia y regiones polares*, Barcellona, Labor, 1982; B. IMBERT, *El gran desafío de los Polos*, Madrid, Aguilar, 1990.

Nel Settentrione dell'età contemporanea, in cui la tradizione protestante creerà l'impronta di una visione religiosa dominata dal destino individuale, si avrà una concezione del mondo in cui il sentimento della natura trascenderà i comportamenti etici ed estetici e in cui si abbraccerà l'idea dei «paesaggi nazionali»[19].

Il paesaggio montano ci fa supporre che sia un oggetto di contemplazione, di diletto naturale davanti l'artificiosità urbana di cui siamo schiavi, permeabile al dispiegamento di alcune capacità sensoriali che sperimentiamo sempre più atrofizzate. La città disabitata ispira degrado, ma la montagna solitaria possiede una maestosa e assente grandezza primigenia.

L'udito, nella foresta di boschi e monti, evoca le note selvagge della cetra di Orfeo, la solitudine sonora di mistici e naturalisti, le Muse che ispirarono armonia e ritmo a scrittori e compositori. In questo senso, i riferimenti musicali alla montagna saranno maggiormente vincolati al testo o al libretto su cui si basano le opere che non alla strumentazione delle *pièces*. Così, per esempio, i due adattamenti musicali più famosi del *Sogno di una notte di mezza estate* di Shakespeare, in cui è ricreata l'ambientazione misteriosa e magica di un bosco notturno, sono *The Fairy Queen* di Henry Purcell nel XVII secolo e la sinfonia omonima composta nel XIX secolo da Felix Mendelsshon. Certamente, l'opera *La regina delle fate* è considerata dai musicologi una semi-opera, dal momento che ci troviamo di fronte a una musica incidentale, basata sulle scene dell'opera teatrale e che non occupa l'intera rappresentazione.

Anche nel Barocco è possibile trovare diverse opere che trattano il tema mitologico di Dafne trasformata in albero, tra le quali è noto che fu fortemente elogiata l'ormai scomparsa unica opera di Schütz, la prima di questo genere scritta in tedesco. Anche nel racconto popolare *Pierino e il lupo*, musicato da Sergej Prokofëv, il bosco gioca un importante ruolo scenografico.

Per quanto riguarda il gusto montano, questo vedrà contrapporsi le squisitezze dei privilegiati, che usano la foresta come una mensa

---

[19] Si vedano al riguardo le opere *National Landscapes*, Helsinki, Ministry of the Environment Finland, 1993; D. LUCIANI e L. LATINI (a cura di), *Scandinavia. Luoghi, figure, gesti di una civiltà del paesaggio*, Treviso, Fondazione Benetton Studio Ricerche, 1998.

propensa all'abbondanza, alla povertà reale dell'ambiente. In questo senso, alcuni dipinti rallegreranno i palati idealisti dei committenti, come nel caso de *Il banchetto degli dèi* di Giovanni Bellini, in cui le divinità classiche gustano i loro cibi e le loro bevande nel bel mezzo di una luminosa radura, o in quello del *Bacco e Arianna* di Tiziano, in cui il colpo di fulmine tra i due protagonisti ha luogo tra la vegetazione e tra simboli che alludono al vino. Allo stesso modo, inoltre, alcuni testi descriveranno il banchetto campestre, a volte in maniera eccessiva, come quando François Rabelais si addentra nella descrizione dei grandi prati e dei fitti boschi.

Ma questo diletto élitista, a metà tra apollineo e dionisiaco, e la sua risposta pantagruelica contrastano con gli scenari agresti e desolati dei monti, in cui le abitazioni sono disperse e le risorse scarse. Sul piano della realtà storica, la montagna obbliga i suoi abitanti a essere autosufficienti, a vivere di quello che producono, benché né il suolo, né il clima siano a ciò propizi; a imprimere alla vita materiale l'austero sigillo di quanti vivono sulla soglia della sopravvivenza. Benché, dunque, non facile, la vita di montagna risulta però possibile. E con i suoi campi terrazzati e il suo bestiame transumante, con i suoi nidi d'ape e i suoi alberi da frutta più o meno silvestri, con la sua cacciagione e i suoi nevai produttori di «frigoriferi pre-industriali» a uso delle città, i montanari riusciranno a guidare le loro civiltà arcaiche, con poche alterazioni, fino ai giorni nostri.

L'olfatto dispiegherà nella *silva* tutte le sue virtù, facendo respirare ossigeno puro attraverso quelli che, ben presto, verranno considerati come i polmoni verdi del pianeta, dilettandosi con gli aromi silvestri delle bacche e degli umili fiori. Dai denti di leone delle valli alle campanelle dei pendii, dall'erba fresca dei prati alla stella alpina che spunta tra la neve, le piante montane abbandoneranno il loro significato simbolico, con cui erano state cristianizzate o demonizzate, e cominceranno a essere rivalutate nell'arte botanica man mano che andrà risvegliandosi l'interesse per la natura.

Ancora una volta saranno i pittori e gli scrittori gli artefici di questa incorporazione estetica all'interno della cultura europea. In questo modo, Albrecht Dührer, che nella *Teoria delle proporzioni* sosteneva che «la vita nella natura ci insegna la verità delle cose», sarà il primo a riprodurre vegetali e animali del bosco, come il cervo o la lepre, con una tecnica e una esattezza di particolari tale che testimoniano di un nuovo desiderio di fedeltà alla natura[20].

Per quel che riguarda i generi letterari, la prosa degli scrittori che operano nel momento in cui comincia a risvegliarsi l'amore per la montagna percepirà il suo lato tragico e misterioso insieme con l'intensità della sua bellezza. Sarà però la poesia a condividere maggiori dosi di spiritualità e di grandezza con l'ambiente montano, e al tempo stesso sarà quest'ultimo a propiziare stati d'animo lirici.

Il tatto risentirà nuovamente della stilizzazione precedente, con l'identificazione tra la selva topografica e quella amorosa, tra il bosco popolato da fiere selvagge e la società abitata da uomini feroci. In questo modo, ricercando tra le immagini pittoriche maggiormente ricorrenti della stessa, abbonderà il simbolismo sessuale: il Correggio, nel *Giove e Antiope*, richiama alla carnalità nel bel mezzo di un ambiente edenico; Dosso Dossi, in *Circe e i suoi amanti in un paesaggio*, presenta gli uomini trasformati in animali ritraendo una dea sensuale; Pieter Paul Rubens, in *Diana cacciatrice* e *Mercurio e Argo*, raffigura l'esuberante dama davanti a paesaggi dalla lussuriosa vegetazione. Senza dubbio, tutto questo artificio cortigiano non aveva nessuna relazione con il rispetto che castellani e borghesi avevano nei confronti della foresta che circondava le loro fortezze e le loro città, rinchiudendo nelle loro sicure alcove i capricci carnali che venivano riconosciuti alle divinità del mondo incolto. Nella montagna la sessualità risentirà della stessa rudezza dell'ambiente, portando con sé i segni dell'endogamia e del ferreo controllo sociale a quelle comunità tanto proclivi a rimanere chiuse, per cui qualsiasi comportamento estemporaneo troverà una valvola di sfogo nel baccanale e nel sabba. Il deserto della foresta sarà lo scenario perfetto, anche da un punto di vista emotivo, per la sempiterna lotta tra il demonio e la carne.

Infine, chiudiamo questo capitolo sulla selva con la sopravvivenza della mentalità montanara, con il sillogismo dei valori ereditati attraverso la salvaguardia di questo paesaggio spiritualizzato e misterioso.

Il bosco è un luogo in cui ci si perde. Il bosco è un luogo in cui ci si incontra. Il bosco è un luogo in cui ci si perde per incontrarsi.

---

[20] J. BERGER, *Dürher*, Colonia, Taschen, 1994.

CONCLUSIONE

Viviamo in un'epoca di riproduzioni. La maggior parte del nostro mondo visuale non l'abbiamo vista con i nostri occhi, o meglio, l'abbiamo vista con i nostri occhi ma non nel luogo esatto in cui ebbe luogo. Siamo tele-vedenti, tele-udenti, tele-sapienti. Non è necessario essere usciti da questa piccola città [...] per sapere come ulula il Monsone sull'Himalaya o qual è l'aspetto del mare a mille metri di profondità. Oggi, chiunque può saperlo [...] Non significa nulla aver visto pescispada, o aver amato una mulatta: tutto ciò potrebbe realizzarsi in una *matinée* di film documentari.

(Lo scultore Stiller nel romanzo *Homo faber* di MAX FRISCH)

Le immagini, e i paesaggi sono per loro stessa natura affini a questo tipo di rappresentazioni, sono un elemento indissolubile dell'armamentario culturale dell'umanità. L'evoluzione della storia si manifesta, oltre che in molti altri aspetti, sotto forma di moltiplicazione iconografica. Possedere e monopolizzare l'immagine permetteva alla classe dirigente di celebrare i riti religiosi e di detenere illegalmente il potere politico. Da qui discende che il lungo arco cronologico che va dalle pitture rupestri, riservate allo sguardo iniziatico dello sciamano, all'incisione rinascimentale, che permetterà di copiare stampe e motivi e di divulgarli tra settori ogni volta più ampi di popolazione, culminerà con quella che siamo ormai soliti considerare una sorta di «rivoluzione iconografica». Questo turbine che avvolge il linguaggio visuale e la sfera dell'immaginario, senza essere intaccato dalla valanga informatica e audio-visuale in cui è immerso l'*homo videns* attuale, può essere circoscritto cronologicamente nel periodo compreso, grosso modo, tra il 1850 e il 1875.

Nell'Europa moderna aveva avuto luogo un processo di addensamento iconografico sempre più accelerato. I fattori che concorsero in questo processo vennero sovrapponendosi in un breve arco di tempo, e furono: le nuove tecniche di incisione, la grafia politica di volantini e foglietti, l'incipiente giornalismo illustrato, l'applicazione della meccanica alle arti, le immagini cinetiche create dalla lanterna magica e dalla fantasmagoria. Ma, soprattutto, la democratizzazione del ritratto dovuta allo sviluppo del dagherrotipo, la traduzione mimetica dell'immagine del mondo per mezzo della fotografia e la razionalizzazione dello spazio e il mutamento della prospettiva dovuto alla ferrovia, elementi attraverso i quali si ottiene una percezione istantanea di enormi dimensioni, sono altrettante pietre miliari in questa propagazione iconografica sconosciuta nelle epoche precedenti al «realismo» ottocentesco[1].

Senza entrare nel merito delle discussioni teoriche circa le relazioni tra quantità e qualità delle immagini, quel che è certo è che queste smisero progressivamente di essere un privilegio dei gruppi sociali dominanti, un attributo esclusivo del potere. E, quel che più importa ai fini del nostro discorso, la società nel suo insieme sperimentò il passaggio da una percezione pre-industriale del paesaggio a un'altra contemporanea. Questo fenomeno della «mondializzazione», che ebbe luogo sul finire del secolo, tanto forte nella sua enunciazione poiché legato all'idea borghese del progresso illimitato, prende il nome di «rivoluzione mediatica nel villaggio globale», e con essa salutiamo il millennio.

Senza dubbio, l'arco cronologico di questo cambiamento nella percezione dell'ambiente circostante è molto più ampio della nostra modesta «rivoluzione iconografica» della metà del XIX secolo, e parimenti è più graduale rispetto alla baraonda cibernetica che ci disorienta continuamente, inglobando categorie culturali che vanno dal proto-umanesimo bassomedievale al romanticismo, al realismo e a tutta la sfilza dei vari «-ismi» e avanguardie che si sono succeduti nel cammino verso il post-moderno.

Prendiamo come esempio di questo cambiamento un *tòpos* letterario considerato nel corso della «lunga durata»: quel *locus amoenus* che fu complice testimone degli amori tra Callisto e Melibea. In quel-

---

[1] L'evoluzione della tecnica e dei supporti iconografici può essere seguita in J.A. RAMÍREZ, *Medios de masas e historia del arte*, Madrid, Cátedra, 1976.

lo che doveva essere l'ultimo incontro amoroso tra i protagonisti de *La Celestina*, la dama riceve il suo nobile amante nel giardino della casa paterna, il cuore estetico del patrimonio mercantile curato come se si trattasse di un tesoro dal borghese Pleberio, che per la figlia aveva «edificato torri, piantato alberi e fabbricato navi», e la suddetta declama una messinscena di uno schietto chiaroscuro:

> Tutto, in questo giardino, gode della tua venuta. Guarda la luna quanto chiaramente ci si mostra; guarda le nubi come fuggono. Ascolta l'acqua corrente di questa fontana, che soave mormorio e zampillio produce tra le fresche erbe. Ascolta gli alti cipressi, come si scambiano un segno di pace tra di loro i rami per intercessione di un mite vento che li muove. Guarda le loro quiete ombre, quanto sono scure e propizie per nascondere il nostro piacere [2].

Senza dubbio, tra le evocazioni limpide e depurate che Azorín traccia nel suo volume *Castilla*, nel capitolo intitolato *Las Nubes*, il giardino della casa avita in cui dimorano dei redivivi Melibea e Callisto, e in cui si poserà il sempiterno falco dopo che un cavaliere avrà intrattenuto dolci colloqui amorosi con la donzella della casa, Alisa, si è trasformato in un quadro pieno di sfumature coloriste.

In questo modo, pur dividendo uno stesso *hortus deliciarum*, i due autori divergono nella dualità notte-giorno, con la conseguente mutevole luminosità della luce sugli oggetti, dell'ascolto di rumori e silenzi – la solitudine sonora e i suoni del silenzio – della tavolozza di aromi e colori dei fiori; in breve, si differenziano nel discorso narrativo e nell'impronta dell'impressione. Non è altro che l'anello di congiunzione tra il tempo e l'estetica nel periodo compreso fra il Rinascimento e l'impressionismo, pari a quanto registratosi con il passaggio dal cinema muto a quello sonoro, dal bianco e nero al technicolor. È così che il «piccolo filosofo» della «Generazione del '98» si mostra pieno dello spirito contemporaneo, attraverso il paesaggismo letterario e pittorico, di questo risveglio del gusto per la campagna, le montagne, i fiumi, i giardini, sempre più apprezzati man mano che le città sono andate ampliandosi e le comunicazioni

---

2 F. DE ROJAS, *La Celestina*, Madrid, Cátedra, 1977, p. 281. Si veda anche il lamento del padre, p. 294.

migliorando quanto a comodità e velocità. In questo senso, José Martínez Ruíz incarna l'intellettuale del nostro secolo, che gode dei piaceri della natura scrollandosi di dosso la paura per lo spazio incolto, cosciente di inaugurare la recente «scoperta del paesaggio», come evidenziato dal prologo de *El paisaje de España visto por los españoles* [3].

A partire da questa prevalenza nel paesaggio dell'*ergon* a danno del *parergon*, del «paese» a danno del «lontano», gli scrittori contemporanei sono a conoscenza del debito paesaggista che hanno nei confronti del Romanticismo. Così, i tempi verbali del paesaggio e i mutamenti dello sguardo rivolto allo stesso si ritrovano nella sofferenza melanconica tracciata con precisione da Julio Llamazares ne *El río del olvido*:

> Il paesaggio è memoria. Ma al di là dei suoi limiti, il paesaggio mantiene le impronte del passato, ricostruisce ricordi, proietta nello sguardo le ombre di un temo passato che esiste soltanto come riflesso di sé stesso nella memoria del viaggiatore, di colui che, semplicemente, segue fedelmente questo paesaggio [4].

Quando, però, l'uomo europeo supera definitivamente l'orrore che provava per la natura e si avvia a colonizzarla? Come umanizza uno spazio sconosciuto e sconcertante che aveva fuggito per secoli? Dove prende coscienza di questo nuovo atteggiamento verso quanto lo circonda e si pone all'avanguardia nella definizione delle nuove regole del gioco? Perché, nelle società borghesi che si sviluppano a ritmo vertiginoso sospinte dalle diverse fasi dell'industrializzazione, emerge il paesaggio?

Le risposte a questi interrogativi sono tante quanti sono gli autori e le scuole. Ma a comune denominatore vi è la rivoluzione industriale come detonatore del cambiamento. Il termine appare molto presto nella storiografia. Lo usa, per la prima volta, il socialista Louis-Auguste Blanqui nel 1837 e due decenni dopo viene adottato da Friedrich Engels nella sua opera *La situazione della classe ope-*

---

[3] Azorín, *El paisaje de España visto por los españoles*, in *Obras selectas*, Madrid, Espasa-Calpe, Austral Summa, 1998.

[4] J. Llamazares, *El río del olvido*, Barcellona, Seix Barral, 1990, p. 7.

raia in Inghilterra. Mentre però i teorici socialisti gli attribuiscono connotazioni negative, partendo dalla convinzione che abbia generato soltanto disgrazie sociali come il pauperismo e la degradazione delle condizioni di vita del proletariato, gli autori liberali ne mettono in risalto l'aspetto strettamente tecnico, facendo riferimento alle invenzioni e agli avanzamenti che ebbero luogo nei diversi settori produttivi.

Alcuni dei territori che facevano parte del Regno Unito di Gran Bretagna nel XVIII secolo diedero il via alla prima ondata dell'industrializzazione. Il passaggio al modello demografico moderno e il conseguente aumento della popolazione, che sottintendono anche una maggiore offerta di manodopera a basso costo e un incremento della domanda potenziale; l'introduzione di nuovi metodi di coltura e la trasformazione delle relazioni sociali nelle campagne; l'accumulazione del capitale da parte della ricca borghesia, dovuto in gran parte al commercio internazionale di spezie e schiavi, quale premessa per finanziare la meccanizzazione delle fabbriche; le innovazioni tecniche e, soprattutto, la macchina a vapore; i nuovi mezzi di trasporto e il miglioramento delle vie di comunicazione: sono tutti fattori rivoluzionari relazionati fra di loro. Dietro alla Gran Bretagna si porranno la Francia che, superato il processo rivoluzionario e l'esperienza napoleonica, troverà in famiglie di banchieri, come i Pereyre e i Rothschild, la fonte dei capitali per il decollo, e la Germania, che legherà il sistema doganale del *Deutscher Zollverein* al processo di unificazione nazionale, con Bismarck che riuscirà a convincere gli *Junkers*, ovvero i grandi proprietari terrieri, a investire i loro profitti nel settore carbonifero e nell'industria pesante. Infine, nella seconda metà del XIX secolo la seconda ondata di industrializzazione toccherà l'Italia e la Spagna per quanto riguarda l'area mediterranea, nonché l'impero austro-ungarico e la Russia, e sarà caratterizzata dall'uso su larga scala dell'energia elettrica, dal motore a combustione lenta, dalle comunicazioni telegrafiche e telefoniche e dal crescente ruolo giocato dal petrolio, anche se a prezzo di una loro dipendenza da capitali stranieri, da una maggiore lentezza che le trasforma in aree dipendenti dall'egemonico Occidente atlantico e di grandi disuguaglianze regionali ereditate dal XX secolo, cui è chiamata a trovare una soluzione quell'Unione Europea ancora in costruzione[5].

Come risultato, la nuova dialettica intavolata tra l'uomo e il paesaggio viene inaugurata in quei paesi che per primi vissero il processo rivoluzionario, la cui borghesia finanziaria e industriale calpestava orgogliosa le difficoltà di natura geografica con le sue poderose macchine e con le opere pubbliche, nello stesso momento in cui le veniva causata l'insonnia dalla crescita delle «cinture rosse» intorno agli eleganti quartieri urbani e dalla lotta di classe tra gli imprenditori e le nascenti organizzazioni operaie e contadine. Accanto al dialogo in corso tra il sistema economico di antico regime e quello capitalistico se ne imponeva anche uno, anch'esso rivoluzionario, tra l'uomo e la natura.

Per Keith Thomas il desiderio di un ambiente addomesticato con sapienza e amicizia, in cui l'essere umano e l'ambiente incontravano una nuova reciprocità, nacque in quell'Inghilterra che si stava trasformando nella prima nazione industrializzata. Le classi superiori, che beneficiavano della ricchezza produttiva, cominciarono ad abbozzare una nuova conciliazione con la natura. Per far ciò bisognò superare quei fondamenti teologici che proclamavano la superiorità dell'uomo nella gerarchia morale della creazione, in quanto creatura prediletta di Dio e punto centrale del disegno divino. Tanto nel Paradiso, in cui ad Adamo venne concesso il dominio su tutti gli esseri viventi, come dopo il Diluvio Universale, in cui viene restaurata l'autorità dell'uomo sul mondo animale, i predicatori dell'epoca Tudor e di quella Stuart rafforzarono questo discorso biblico con la teoria antropocentrica[6].

Senza dubbio negli scrittori e negli artisti del Settecento, sensibilizzati dai danni provocati dall'industrializzazione e dal turismo, si

---

[5] Una sintesi si trova in P. García Martín, *La Revolución Industrial*, in «Cuadernos Historia 16», Madrid, luglio 1991, 257, che presenta un repertorio bibliografico all'interno del quale indichiamo le opere di E.P. Thompson, *La formación de la clase obrera en Inglaterra*, Barcellona, Crítica, 1983; M. Berg, *La era de las manufacturas. 1700-1820*, Barcellona, Crítica, 1987.

[6] K. Thomas, *L'uomo e la natura. Dallo sfruttamento all'estetica dell'ambiente, 1500-1800*, Torino, Einaudi, 1994, pp. 9-54.

annida un nuovo modo di sentire che considera ingiusta la vigente classificazione del mondo naturale. Il mito di una nuova Arcadia si concretizzerà nella passione per le residenze di campagna, per i parchi e i giardini, per i fiori e le piante esotiche, per i fiumi e i laghi, per gli animali da compagnia e per quelli selvatici ingabbiati negli zoo, per la venerazione nei riguardi dei cani e dei cavalli, per il *birdwatching* e il culto dei boschi, tutti elementi trasformati in motivi letterari e generi pittorici. Ma questi scrittori e artisti moderni non potevano dar vita a un nuovo modello estetico del paesaggio industriale ideale. Da ciò deriva la parodia per cui l'educazione nei principi di questi esteti e le attuazioni spaziali saranno a carico di quegli uomini d'alta finanza che tanto deploravano.

Quando questa svolta radicale nella concezione del *landscape* cominciò a farsi largo nella mentalità collettiva, sorse e venne affrontata una serie di dilemmi concordi con la nuova sensibilità imperante: predominio della campagna, con le sue tradizioni ancestrali, o della città in quanto sede del sapere e della raffinatezza? Difesa delle coltivazioni in quanto segnali di civilizzazione o della natura selvaggia, che suscitava innocenza ed emozioni romantiche? Conquista dell'habitat selvatico, con le sue erbe diaboliche e i suoi folletti, o conservazione dell'equilibrio naturale e delle sue specie animali e vegetali? Infine, la dialettica principale: mangiare la carne o avere pietà per gli altri esseri viventi? Questi dilemmi di rabbiosa attualità saranno ripresi dagli intellettuali eredi della *gentry* moderna, che lamenteranno l'erosione dell'ambiente rurale mettendo in risalto l'importanza del paesaggio naturale per la vita spirituale dell'uomo.

Da parte sua, Nicholas Green situa la nuova percezione del paesaggio nella Francia del periodo compreso tra la Restaurazione e il Secondo Impero, ma sulla base di due prospettive sociologiche distinte. Da un lato, entrambe queste esplosioni nazionalistiche di tendenza conservatrice e antimetropolitana hanno luogo in Bretagna e Vandea, regioni rurali e tradizionaliste. Tra l'indipendentismo e il realismo, la sua eredità culturale radicata nella terra mescolerà storia, geografia ed economia, dando vita a una «retorica del pittoresco». Dall'altro lato, nella Parigi urbana e moderna, la tradizione estetica del naturalismo di Jean-Jacques Rousseau si fonderà con il neonato «spettacolo di consumo», nelle parole del nostro autore «a way of seeing in which novelty, entertainment and consumption were all implicated»[7]. Tra gli elementi di questa cultura dello spettacolo si possono annoverare i teatri, i caffè, le palestre, le passeggiate lungo i *boulevards* con vestiti alla moda, le innovazioni urbanistiche – lampioni a gas, pavimentazione, arredi urbani... – e le vetrine. La massima espressione di queste ultime sarà la *arcade* o galleria, passeggiata coperta con vetrine allineate che, essendo piene di specchi risvegliano sentimenti di erotismo, sensualità e narcisismo. Anche il diorama con le sue trasparenze e il prassinoscopio con i suoi disegni animati riportano all'interno della cornice urbana lo spettacolo della natura e del paesaggio, riproducendo terremoti, vulcani, tormente eccetera. In questo momento ci troviamo davanti a una cultura socialmente ristretta, della quale sono partecipi soltanto determinati gruppi sociali – aristocratici progressisti, industriali, speculatori e professionisti liberali – mentre ne rimangono esclusi i poli estremi rappresentati dalla nobiltà reazionaria e dalle classi inferiori. Come risultato, la nuova percezione del *paysage* si collega con queste forme culturali sotto forma di immagini, con guide e annunci che offrono la natura come uno spettacolo consumistico, seguendo in questo la codificazione del paesaggio-spettacolo.

Il riflesso letterario e artistico di questa attitudine contemporanea consiste nello stile o movimento del «realismo». Derivato dal vocabolo francese *réalisme*, esso si diffonde negli anni Cinquanta dell'Ottocento, in concomitanza con la pubblicazione di *Madame Bovary* e il successivo processo intentato contro Gustave Flaubert. Ma le dissidenze pittoriche cominciarono un po' prima, tra i paesaggisti inglesi del calibro di Joseph William Turner, John Constable, Edward Hawke Locker, Richard Parker Bonington. Il loro testimone verrà raccolto dai membri della scuola di Barbizon, che dipingevano *en plein air* sul limitare del parco di Fontainebleu. Nelle belle arti, nella filosofia e nella scienza si impone la ricerca empirica della realtà, per interpretare successivamente i risultati di questa osservazione alla lu-

---

[7] N. GREEN, *Looking at the Landscape: Class Formation and the Visual*, in E. HIRSCH e M. O'HANLON (a cura di), *The Anthropology of Landscape. Perspectives on Place and Space*, Oxford, Oxford University Press, 1995, pp. 39 e segg.

ce della ragione [8]. Anche tra i pittori spagnoli si diffuse il sentire tipico del paesaggista moderno, che pretendeva di elevare l'arte all'altezza di una scienza del bello, sulla cui base sorsero cattedre pubbliche e private di «paesaggio». Ma, soprattutto, si può constatare l'acquisizione del concetto paesaggista e la riproduzione di una natura in cui respira l'anima borghese, rinchiusa all'interno del recinto urbano. In questi termini si svolgerà il discorso di Nicolás Gato de Lema tenuto al momento del suo ingresso, avvenuto nel 1859, nella Real Academia de las Tres Nobles Artes de San Fernando:

> La società moderna contribuisce con deciso impegno a dare impulso a questo movimento [allo sfruttamento dello spettacolo della natura]. Il gusto per la decorazione delle stanze con temi paesaggistici, sia con affreschi che con la tempera, con tele di grandi o piccole dimensioni, cresce ogni giorno fino al punto che a malapena se ne potrà trovare una decorata in modo regolare, in cui il *paesaggio* non ne prenda il posto [9].

Nello stesso momento in cui si affermava l'estetica realista, cominciavano anche a risuonare, però, delle note nostalgiche nei confronti del vecchio mondo e delle lodi per il risveglio di una civiltà che avrebbe contribuito all'unificazione degli stili di vita, degli uomini e delle nazioni. La sinfonia di questa nuova era industriale sarà rappresentata dalla ferrovia. Nel 1804 l'ingegnere inglese Richard Trevithick brevettò un'invenzione che conteneva in sé gli elementi fondamentali della teoria del treno; nel 1829 George Stephenson costruì la prima locomotiva moderna – che, battezzata «Il Razzo», farebbe sorridere i padri dell'attuale grande velocità – con la quale si aprirà, cinque anni dopo, la prima linea Liverpool-Manchester, a partire dalla quale la rete ferroviaria inizierà a estendersi a macchia d'olio in tutta Europa, assorbendo capitali e favorendo le speculazioni affari-

---

[8] E.H. GOMBRICH, *Art and Illusion: A Study in the Psychology of Pictorial Representation*, New York, Bollingen Foundation, 1961. Le incisioni di E.H. Locker possono essere consultate in *Paisajes de España. Entre lo pintoresco y lo sublime*, Barcellona, El Serbal, 1998.

[9] *De la pintura de paisaje en nuestros días. Discurso de don Nicolás Gato de Lema, leído en la Junta Pública de 4 de diciembre de 1859...* Madrid, Imprenta de Manuel Tello, 1872; riedito a Valencia, París-Valencia, 1996, p. 110.

stiche. La metafora preferita del tempo metterà in comparazione il treno con un proiettile sparato contro il paesaggio.

La ferrovia, con il graduale annullamento dello spazio e del tempo, si trasformò nell'acceleratore della rivoluzione industriale, nella principale innovazione ottocentesca e nel simbolo del progresso. Il trasporto ferroviario sarà concepito, fin dagli albori, come un'unità meccanicistica, dove si trovano in relazione fra di loro la locomotiva mossa dalla forza motrice del vapore e la superficie su cui avviene lo spostamento, la cui armonizzazione si ottiene quando il perfezionamento delle fonti energetiche si combina con quello della strada ferrata. In questo modo trovano applicazione le leggi newtoniane, secondo le quali la funzione della macchina è quella di superare gli ostacoli naturali. Con l'esaurimento delle risorse forestali e l'impiego del carbone minerale si conseguì quello che Werner Sombart ha qualificato come «emancipazione dai condizionamenti della natura organica» [10].

Tra i luoghi comuni più diffusi riguardanti il cavallo di ferro vi è quello dell'annullamento dello spazio e del tempo. Senza dubbio, quel che in realtà vede la luce è una nuova coscienza relativa alle cosiddette coordinate vitali, nel momento in cui si ha la sensazione che le città di provincia si prolunghino nella capitale attraverso le stazioni e, nello stesso momento, la reciproca impressione che queste ultime siano l'atrio attraverso cui accedere alle regioni, il che comporta un doppio processo di riduzione e ampliamento spazio-temporale. Inoltre, il viaggio in treno si collega con quella cultura del divertimento di cui abbiamo parlato poco sopra: i passeggeri acquistano un biglietto per un unico tragitto, come chi acquista un biglietto d'ingresso per assistere alla rappresentazione di un'opera teatrale, si accomodano in un posto di una qualche classe e il paesaggio di cui entrano in possesso si trasforma in uno spettacolo.

A questo punto, è opportuno non dimenticare la metafora che vede la società per classi propria dell'età contemporanea come un treno, in cui la motrice tira carrozze di diverse categorie: le confortevoli berline o diligenze di prima classe, divise in scompartimenti, gli *char-à-bancs* di seconda e i vagoni aperti di terza, in cui trovano po-

---

[10] W. SOMBART, *Der moderne Kapitalismus*, Monaco e Lipsia, Duncker & Humblot, 1919-1927, II, pp. 215 e segg.

sto passeggeri e merci. Il cambio di fortuna monetaria permetterà il cambiamento del proprio *status* sociale, così come la tabella tariffaria troverà, per ciascun passeggero, il posto adeguato, benché tutti dividano lo stesso veicolo economico e lo stesso mezzo di trasporto: ci troviamo davanti all'incontro tra il sistema capitalista e il suo *alter ego*, la ferrovia. Le distinte percezioni sensoriali fanno il paio, in questo modo, con altrettante percezioni sociali.

Questa nuova organizzazione dell'ambiente, legata all'influenza esercitata dal treno, fece in modo che anche l'architettura utilizzasse come nuovi materiali il cemento e il ferro, insieme al vetro, presenti nelle stazioni, esempi di «palazzi dell'industria», nei grandi magazzini e negli edifici disegnati in occasione delle esposizioni universali. Le forme architettoniche tradizionali furono messe da parte, lasciando il posto a soluzioni innovative per sfruttare l'illuminazione artificiale recentemente scoperta, per ottenere quello «spazio chiaro» in cui anche la luce naturale doveva sembrare artificiale.

La percezione del paesaggio sperimenterà una modifica radicale con lo sviluppo della ferrovia. Lo spazio si razionalizza e umanizza per mezzo del tessuto viario e dell'apertura di tunnel e la costruzione di ponti e viadotti di ferro, che sancivano il trionfo, in campo ingegneristico, dell'estetica della funzionalità. La regolarità meccanica delle rotaie senza fine, mediante la prova visuale o fotografica, permise di verificare empiricamente la prospettiva geometrica, nel momento in cui esse parevano unirsi nel punto di fuga dell'orizzonte.

L'introduzione del treno nello spazio dava luogo, dunque, a una doppia percezione: quella della ferrovia vista da fuori e quella del paesaggio visto da dentro. La prima implicava che, a causa della velocità e del movimento, la distanza focale dello spettatore dovesse muoversi allo stesso ritmo della macchina e, così come avveniva per gli oggetti osservati dal finestrino, le immagini dovessero essere lette a prima vista, con la conseguente diminuzione del tempo della percezione che ogni individuo dedica all'osservazione. In questo senso, è ben noto l'aneddoto relativo a quanto avvenne durante la prima visione aperta al pubblico dell'invenzione che, il 25 marzo 1895, i fratelli Lumière avevano registrato all'ufficio brevetti con il nome di *cinématographe*, visione che ebbe luogo nel Salone Indiano del Grand Café de Paris e durante la quale, alla proiezione del film *L'arrivée du train en gare*, un buon numero di spettatori si alzò spaventato dal suo posto, credendo che la locomotiva che si avvicinava veloce sullo schermo li avrebbe investiti da un momento all'altro.

La seconda percezione del paesaggio esperita dall'interno dello scompartimento portò alla nascita del viaggio panoramico. A partire dalla conquista dei cieli per mezzo dei primi palloni e l'affermazione della moda degli spettacoli ottici, gli europei fecero proprio il concetto di «panorama», una versione del quale, contenuto in una cassa o in un edificio *ad hoc*, si concretizzò nei «panorami» o «viste stereoscopiche», che offrivano uno spettacolo magnifico e una profondità senza limiti. Soltanto il macchinista aveva la possibilità di guardare in avanti, ovvero di mantenere quella percezione frontale che era propria dei mezzi di trasporto tradizionale, mentre i passeggeri vedevano passare inquadrature di un paesaggio volatile incorniciate nei finestrini, vivendo le stesse sensazioni evocate dal cinematografo e dalle vignette, collegate le une alle altre, dei fumetti. Tutto ciò trasformò il treno nel detonatore della trasformazione dello «spazio paesaggistico», in cui il viaggiatore collegava un luogo con l'altro, accumulando spazi parziali, in «spazio geografico», in cui invece si sistematizza lo spazio totale intermedio saltando dal punto di partenza a quello d'arrivo[11].

Oltre a ciò, la moltiplicazione iconografica che accompagnò questa conversione del paesaggio in dato geografico suscitò comportamenti contrastanti, come è messo in evidenza da Lily Litvak:

> A questa valutazione paesaggistica [favorevole alla ricchezza delle immagini] si opponeva la posizione contraria, in cui la velocità del viaggio del treno, ed il relativo isolamento del viaggiatore all'interno dello scompartimento, era vista come causa dell'eliminazione di relazioni comunicative tra uomo e natura [[12]].

Cambiarono, parimenti, anche gli usi e i costumi relativi al viaggio. Da quando l'aristocrazia e la borghesia illuminata del XVIII secolo iniziarono il *Grand Tour*, in diligenza o in barca, i passeggeri

---

[11] E. Straus, *Vom Sinn der Sinne*, Berlino, s.e., 1956, p. 319.

[12] L. Litvak, *El tiempo de los trenes. El paisaje español en el arte y la literatura del realismo (1849-1918)*, Barcellona, El Serbal, 1993, p. 209.

formavano una comitiva di persone che conversavano, scambiandosi in questo modo esperienze e apprezzamenti relativi al paesaggio, dal momento che la lunga durata dei tragitti permetteva di tessere rapporti di affetto e intimità condivisi. Al contrario, i viaggiatori che occuperanno, di lì a poco, gli scompartimenti delle carrozze in cui, a ogni stazione, vi è sempre qualcuno che sale o scende, troveranno nella lettura un succedaneo della comunicazione, e saranno soltanto le persone che si conoscono a parlare fra di loro, mentre la dispersione apportata dalla percezione di un numero di oggetti e di persone più elevato contribuisce a diluire l'attenzione degli individui. Ben presto vengono aperte nelle stazioni librerie ferroviarie, con la lettura durante il viaggio che diventa un attributo borghese dei posti privilegiati, mentre nei vagoni occupati dalle classi sociali più basse si evoca ancora la cultura popolare e orale dell'antico modo di viaggiare.

Infine, il carattere d'avventura riconosciuto alla ferrovia proveniva dal presentimento del disastro, dalla paura per l'incidente o per l'assalto dei fuorilegge, con la differenza che le catastrofi naturali attaccavano l'uomo dall'esterno, mentre le mancanze dovute alla tecnologia o alla sicurezza lo facevano dal di dentro. Questi incidenti, che da un punto di vista medico raggiungono il culmine con la diagnosi di *shock* e traumi nervosi, diedero il via a tutto un dibattito circa le patologie relative al viaggio in treno. Dalle malattie «professionali» di macchinisti e fuochisti, esposti a posizioni obbligate e ad elevate temperature, al malessere e alla fatica dei viaggiatori dovuti alla velocità e alle vibrazioni, tutti questi «mali industriali» denunciati in congressi e trattati si diluiranno progressivamente tra i pregiudizi e l'adattamento di medici e pazienti, senza però scomparire del tutto, com'è il caso della credenza comune secondo cui con l'accelerazione «gli oggetti spariscono come per incanto» fino a far perdere la testa, «per cui è opportuno fissare [lo sguardo] in lontananza o, per meglio dire, non fissarlo affatto»; argomenti, questi, che ricorrono a ogni salto qualitativo sperimentato nel campo dell'alta velocità.

Alla fine del viaggio vi era l'ingresso nel cuore della città, che avveniva attraverso quegli archi di trionfo che erano le stazioni, i palazzi del progresso più rappresentativi dell'era industriale; microcosmi come la piazza o il mercato centrale in cui trovava riparo tutto l'andirivieni rumoroso di una società in movimento. Queste gioie architettoniche richiedevano una sistematizzazione dello spazio – ingressi, sale d'attesa, biglietterie, vie, servizi, commissariati e via dicendo – e diventeranno presto lo specchio in cui si riflette la prosperità delle grandi città europee[13]. *La stazione di Saint-Lazare* di Claude Monet risvegliava al tempo stesso la curiosità del pittore e l'orgoglio civico parigino.

Il nuovo paesaggio generato dall'impatto dell'industrializzazione e della ferrovia sarà «verificato», ovvero elevato alla categoria di verità, dalla fotografia. Con origini remote nella camera oscura, il fenomeno ricevette una maggiore precisazione da parte di Antoine Plateau quando presentò, nel 1829, una memoria circa la persistenza delle impressioni retinarie, secondo il quale le immagini in movimento registrate dalla retina rimangono nel cervello per una decina di secondi. Le ricerche e le eliografie di Joseph Niepce – la cui prima fotografia, realizzata nel 1826-1827, ritraeva uno scorcio paesaggistico del suo podere di Le Gras – e le relazioni pubbliche del suo socio Louis Daguerre, culminano nel 1839 con la proclamazione, da parte del deputato François Arago, davanti alle Accademie di Scienze e Belle Arti, della nascita ufficiale della fotografia, la scoperta più importante per la storia dell'arte realizzata negli ultimi secoli.

Ma più che la sua evoluzione, dal dagherrotipo al calotipo su carta, o più che la sua influenza sulle correnti pittoriche del realismo e dell'impressionismo, interessa la circostanza che la fotografia comportò una diffusione universale dell'immagine istantanea in cui trovavano posto i nuovi codici cinematografici del mondo contemporaneo. E benché in un primo momento proliferassero i ritratti – il basso costo e la fedeltà del risultato all'originale introdussero una componente egalitaria che permetteva di decorare le case delle distinte classi sociali con immagini che ritraevano familiari e amici – ben presto i modelli si estesero a comprendere i paesaggi, in particolare

---

[13] W. SCHIVELSBUSCH, *Storia dei viaggi in ferrovia*, Torino, Einaudi, 1988, pp. 185-191; L. LITVAK, *El tiempo de los trenes...*, cit., pp. 217 e segg. Il fascino azoriniano per le stazioni ferroviarie si riflette nel repertorio di testi di M.C. RAND, *Castilla en Azorín*, in «Revista de Occidente», Madrid, 1956. La funzione di specchio della modernità e di indice della crescita urbanistica propria delle stazioni è stato ereditato, al giorno d'oggi, dagli aeroporti.

quelli urbani, al cui interno, infine, si aprirà il cammino della storia al volto delle masse. La «aurora rossa» barojiana troverà le sue prime foto nel registro degli episodi rivoluzionari della Comune di Parigi.

L'aumento della produzione iconografica si combinerà con l'accumulazione, nel senso che non soltanto sarà prodotto un numero sempre maggiore di immagini per abitante, bensì quelle precedenti verranno conservate nei musei, nelle biblioteche e negli album di famiglia, arricchendo in questo modo il paesaggio della coscienza collettiva [14].

Nello stesso momento in cui l'istantanea grafica confluirà in quella cinetica, la percezione orizzontale dello spazio farà lo stesso con quella verticale, mentre il parabrezza dell'automobile e la cabina di pilotaggio dell'aereo non le sottrarranno né lateralità né profondità. I rivoluzionari ingegni tecnici e gli incipienti generi cinematografici sfrutteranno a pieno queste possibilità. I primi, classici, pezzi dei fratelli Lumière, i cosiddetti film-minuto del 1895 – *La sortie des usines Lumière*, *Baignade en mer*, *L'arroseur arrosé*, *Le photographe* eccetera – impregnati di naturalismo e prospettive lineari vengono sostituiti dal mondo magico di Georges Méliès, in particolare dal suo delirante *Le voyage dans la lune*, in cui si trovano le prime immagini in movimento del nostro satellite. A parte gli aspetti tecnici e scientifici propri della scienza-finzione coltivata da Jules Verne, si può rinvenire una certa somiglianza formale con quelli che saranno i viaggi spaziali della realtà, come avviene per il mezzo di trasporto, per il riconoscimento e gli onori resi agli astronauti e, soprattutto, per la visione della Terra da Selene.

È paradossale che molti telespettatori abbiano «riscoperto» il paesaggio vedendo le gare ciclistiche in televisione, con notevoli differenze rispetto al punto di vista rinascimentale, dal momento che il paesaggio stesso viene contemplato attraverso lo schermo e, a volte, dalla proiezione zenitale delle camere che riprendono dagli elicotteri,

---

[14] J.A. Keim, *Historia de la fotografía*, Barcellona, Oikos-Tau, 1971; J.A. Ramírez, *Medios de masas e historia del arte*, cit., pp. 64 e segg.; E.L. Carbó, *Paisaje y fotografía: naturaleza y territorio*, in *El paisaje. Arte y naturaleza*, Huesca, Diputación Provincial, 1996, pp. 24-54; soprattutto, però, si veda la fondamentale opera di M.-L. Sougez, *Historia de la fotografía*, Madrid, Cuadernos de Arte, Cátedra, 1981, che ringrazio per avermi consentito l'accesso a fonti primarie di particolare valore.

il che torna utile per confermare il passaggio, nel corso della storia moderna, dalla percezione orizzontale a quella verticale. Quello che però risulta innegabile è che, seppur per coincidenza, le ascese al Mont Ventoux di Francesco Petrarca nel 1336 e di Miguel Indurain nel 1995, nel primo caso per evocare Laura, nel secondo per mantenere la *leadership* del Tour de France, causarono nell'uomo europeo uno sguardo pieno di ammirazione nei confronti del paesaggio.

Allo stesso modo, tramite la rivoluzione dei mezzi di trasporto e la moltiplicazione iconografica di cui si è appena terminato di parlare, si modificherà anche la percezione dei viaggi e delle loro circostanze. Alla metà del secolo i viaggi avevano due caratteri fondamentali: il *travel* dei mercanti, dei burocrati e dei diplomatici finalizzato alla conclusione di un affare o di un'alleanza, e il *tour* dell'intellettuale, dell'artista o del «turista» per percorrere e conoscere un paese, una cultura e un popolo. Entro questa dicotomia, tra lo spostamento professionale e quello amatoriale, tra l'obbligo e la devozione, i viaggiatori fecero presto loro quella nuova invenzione costituita dalla fotografia su carta, e imposero questo modo di vedere per la sua facilità e per la rapidità d'esecuzione. Nella letteratura di viaggio sorse la necessità di documentare le parole con le immagini. Il genere della cartolina illustrata, che riportava paesaggi in scala, si trasformò nel mezzo di comunicazione di massa più appropriato alla conoscenza del mondo, almeno fino all'arrivo della televisione.

Questi elementi entrarono a far parte, in un irrefrenabile processo di addensamento visuale, delle guide turistiche. Così, all'interno del tradizionale genere dei pellegrinaggi in Terra Santa, è possibile trovare la *Baedekers's Jerusalem and Surroundings* del 1876 che, oltre a includere le reti viarie, la sintesi storico-artistica e gli indirizzi utili – hotel, ristoranti, banche, consolati, uffici postali, studi medici eccetera – traccia anche una panoramica della Città Santa, con piante della città e incisioni raffiguranti i luoghi e i monumenti più importanti della regione, e anche raccomandazioni circa negozi in cui è possibile trovare cartoline e materiale fotografico [15]. Alcuni decenni più tardi, nel 1909, la *Guide du Nil au Joudain par le Sinaï et Pétra. Sur les traces d'Israël* di padre Bernabé Meistermann annunciava una

---

[15] *Baedekers's Jerusalem and Surroundings*, Londra, Karl Baedeker, 1876.

grande ostentazione grafica, comprendendo «9 Cartes en couleurs, 13 Plans de villes et de monuments dans le texte et hors texte, et 72 Vues photographiques». Inoltre, l'informazione cominciava a essere esaustiva non soltanto perché alla descrizione dei luoghi si accompagnavano considerazioni di natura geografica, demografica e amministrativa, ma anche perché queste erano precedute da un piano di viaggio che includeva raccomandazioni circa l'equipaggiamento, le misure igieniche, l'alimentazione, il vocabolario, le tariffe e le distanze, i passaporti e i visti, e finanche un modello di contratto che si poteva sottoscrivere con le guide locali, i *dragomanni* [16].

Le «escursioni nei paesi civilizzati» si riferivano alla diffusione della cultura dell'ozio a settori sempre più ampi ed economicamente modesti della popolazione. L'aristocrazia e la ricca borghesia europee avevano scoperto i piaceri del bagno di mare: prima il «mare freddo» dell'Atlantico nelle estati di Bretagna, Normandia, Cantabria o dei Paesi Baschi; in seguito il «mare caldo» del Mediterraneo negli inverni della Riviera francese e italiana. Alberghi e casinò, lungomari e stazioni termali, porti e ippodromi, giardini e impianti sportivi, finirono per caratterizzare il paesaggio così come andava di moda tra i ceti privilegiati – che nelle altre stazioni godevano delle uscite *à la campagne*, sia perché possedevano residenze di campagna, sia visitando angoli arcadici, facilitati dal fatto di possedere cavalli e carrozze. Con l'infittirsi della rete ferroviaria, però, i villaggi idilliaci, le stazioni termali e le spiagge mondane si trovarono a poche ore di distanza dalla metropoli, divenendo accessibili anche alle classi medie e, col trascorrere del tempo, perfino al proletariato, che cominciò a includere anche le ferie e la riduzione della giornata lavorativa tra le rivendicazioni sindacali. Un cittadino parigino o londinese poteva andare e tornare da questi luoghi da poco posti in contatto con la metropoli, al tempo stesso paradisi terrestri di riposo e divago, per un giorno di festa e senza bisogno di pernottarvi. Gli abitanti delle

---

[16] Père B. Meistermann, *Guide du Nil au Joudain par le Sinaï et Pétra. Sur les traces d'Israël*, Parigi, Alphonse Picard et Fils Éditeurs, 1909. Questo gioiello bibliografico, arricchito da deliziose piante a colori e da evocative fotografie in bianco e nero, è stato acquistato a poco nella Libreria Francescana di Gerusalemme, dove sono finiti alcuni originali dopo aver dormito, per un secolo, il sonno dei giusti.

grandi città cominciarono ad adeguarsi e fece la sua comparsa una prima industria del tempo libero. I pittori impressionisti diverranno i *leaders* di questi piacevoli paesaggi della vita moderna. In questo contesto ozioso, dominato dai valori borghesi, il mondo era presentato come un'eterna domenica.

Tutto ciò lasciava presagire uno sfruttamento massiccio dell'ambiente che, a causa della sua erosione, svilupperà dei comportamenti difensivi per la propria salvaguardia. Il grande pubblico cominciò a «scoprire» altri paesaggi, diversi da quello quotidiano, a partire dal momento in cui fecero la loro comparsa le ferie retribuite, accettando di pagare per contemplare luoghi di particolare interesse. Per questo, insieme all'osservazione del paesaggio e delle sue bellezze, sorse anche la necessità di proteggerli, con la conseguente moltiplicazione di associazioni volte alla salvaguardia e con la delimitazione di aree dall'elevato valore ecologico. La pubblicità sfruttò l'occasione e alcuni prodotti divennero paradigmatici delle rispettive regioni nelle campagne promozionali. Anche lo Stato, infine, non rimarrà alieno a questa corrente, creando ministeri o agenzie dell'ambiente ed emanando una legislazione sulla protezione giuridica dei parchi naturali [17].

Con l'attuale invasione delle immagini e il regime di finzione totale che si è imposto nel pianeta, il paesaggio ha risentito della soppressione delle frontiere tra realtà e immaginazione, posto che viaggiare non significa più, quasi per nessuno, scoprire qualcosa di nuovo, bensì tornare a vedere la foto raffigurata nel foglietto pubblicitario. Per non parlare poi dello spazio informatizzato e digitalizzato generato dall'asettico e sproporzionato paesaggio virtuale.

Ma prima di arrivare a questa conclusione, il processo di costruzione del paesaggio nella cultura europea culminerà con l'impressio-

---

[17] La spersonalizzazione del paesaggio ameno, con i suoi riferimenti letterari e pittorici, è oggetto di attenzione in J.-R. PITTE, *Histoire du paysage français*, Parigi, Tallandier, 1983, II, pp. 112-157, il quale si domanda se non ci siamo incamminati in direzione di un paesaggio troppo banalizzato; e in J. CUETO, *Paisaje único europeo*, in «El País Semanal», Madrid, 23 agosto 1998, 1143, in cui reclama contro la conversione dello scenario naturale in un bene scarso e la sua perversione mediante una sorta di imposta panoramica, il che ha fatto in modo che se prima gli autori cercavano paesaggi, ora sono i paesaggi a cercare degli autori.

nismo, pietra miliare estetica nella storia della luce e in quella dell'ombra. Gli artisti che, nel 1874, inaugurarono la prima esposizione del gruppo negli studi del fotografo Nadar, sul Boulevard des Capucines, condividevano l'aspirazione a riprodurre il mondo così come si vede, a plasmare l'impressione visuale in accordo con i cambiamenti che avvenivano nell'ambiente, a trasformare la luce nel vero protagonista della pittura. Si trattava di percepire un motivo in un momento e di riportare l'impressione dell'occhio sulla tela mediante l'*instantanéité* e, pertanto, non si trattava di riprodurre il paesaggio, bensì l'impressione che questo suscita. In breve, assistiamo alla scomposizione del paesaggio nel corso del processo creativo, affinché sia lo spettatore a ricomporlo mediante le leggi ottiche che operano nella retina. E nel tentativo di conseguire l'esatta osservazione della prospettiva cromatica, nell'impegno posto nella differenziazione di toni e sfumature, gli impressionisti percorrono, con i loro cavalletti, regioni che godono di una diversa luminosità, fino all'esasperazione del passeggero, come nota Claude Monet a proposito della sua permanenza in Costa Azzurra:

> Mi trovo qui in un Paese da fiaba, non so da dove cominciare a guardare, tutto è eccezionalmente bello e desidero dipingere tutto [...] Questo paesaggio è, per me, qualcosa di completamente nuovo che devo studiare, che devo conoscere; ed è difficilissimo sapere dove posso andare e cosa posso fare, avrei bisogno di diamanti e pietre preziose sulla tavolozza [18].

Anche l'ombra, però, viene riconsiderata, non più come il contrario della luce, bensì come parte integrante di questa. L'ombra verrà considerata come il prolungamento di qualcosa che si trova al di fuori della cornice, nel mondo reale. Il che sta a testimoniare di

---

[18] L'analisi delle diverse tappe e dei vari soggiorni nell'opera di questo maestro può essere seguita in *Monet. Catálogo de la exposición en el Museo Español de Arte Contemporáneo*, Madrid, Ministerio de Cultura, 1986. La corrente pittorica dell'impressionismo è stata studiata, tra gli altri, da H. PLATTE, *La pintura impresionista. La magia del color*, Barcellona, Daimon, 1963; J. REWALD, *Historia del impresionismo*, Barcellona, Seix Barral, 1972; I.F. WALTHER, *El impresionismo*, Colonia, Taschen, 1997. I giudizi critici dei contemporanei si trovano in G. SOLANA (a cura di), *El impresionismo: la visión original. Antología de la crítica de arte (1867-1895)*, Madrid, Siruela, 1997.

una nuova concezione dei confini dell'immagine e delle sue funzioni, per due ragioni:

Primo, perché l'ombra non è solo un «frammento», ma anche un «ambasciatore» della realtà all'interno del quadro. Secondo, e ciò è più complicato perché si riferisce a uno degli attributi essenziali dell'ombra, nella natura qualsiasi ombra corrisponde ad un momento preciso del giorno. La sola ombra – nello spazio del quadro – è anche l'immagine di una temporalità ambivalente, di un tempo che si proietta nell'immagine [19].

Come esempi di questa falsificazione dell'ombra operata dagli impressionisti si possono citare *Le Pont des Arts* di Pierre-Auguste Renoir e la fotografia *L'ombra di Monet nello stagno delle ninfee*, in cui questo autoritratto tardivo del maestro rivela la sua nuova concezione estetica dell'immagine attraverso quello che egli chiama «paesaggi d'acqua e di riflessi».

Tra quell'insieme di «-ismi» pittorici che si succederanno con l'arrivo del XX secolo, i precursori della Nuova Musica stabiliscono un dialogo fecondo con le immagini impressioniste, creando un proprio linguaggio dotato di un delicato lirismo al fine di descrivere, attraverso la musica, i paesaggi. Claude Debussy cercò di ritrarre il surrealismo spirituale delle impressioni naturali percepite attraverso i sensi; che dire, ad esempio, dei suoi *Préludes* in forma di poemi sonori, capaci di generare momenti d'estasi, nei quali la modernità dell'armonia si rafforza attraverso una prodigiosa carica sensuale e colorista, al punto da essere riuscito a entrare a far parte del repertorio classico della letteratura per piano? Etichettato come *debussyste* farà carriera anche André Caplet, a cui il maestro aveva affidato una parte dell'orchestrazione del *Martyre de Saint Sébastien*, ma che rivendicherà la libertà dell'artista nelle sue opere più significative.

Parallelamente, sul piano del pensiero, vengono formulate proposte ideologiche dai solidi pilastri razionali e dal profondo significato sociale, invitando il soggetto a dar vita al suo dialogo con il pae-

---

19 V.I. STOICHITA, *Breve historia de la sombra*, Madrid, Siruela, 1997, pp. 108 e segg.

saggio. A cavallo tra la geografia e l'anarchismo, Piotr Kropotkin ed Elisée Reclus smettono di considerare l'uomo come un semplice abitante del paesaggio, facendogli assumere coscienza del suo ruolo di agente attivo e storico che ha la facoltà di trasformare l'ambiente. Entrambi cercano di rendere compatibile il credo nello scientismo universalista e, quindi, nell'esistenza di regole naturali dalla portata globale che incidono sulle azioni umane, con la convinzione che la libertà individuale appare come fattore primordiale dei processi sociali. Ma, mentre il principe russo pone l'accento sul principio di solidarietà, per cui nell'evoluzione risulta predominante la legge del mutuo soccorso rispetto a quella della lotta di tutti contro tutti, l'autore francese prospetta un accordo delle relazioni tra natura e umanità basato sull'idea della progressiva armonizzazione liberatrice, le cui leggi sono la lotta di classe, la ricerca dell'equilibrio e la sovrana decisionalità dell'individuo[20].

Infine, il contributo del paesaggio alla costruzione della vista moderna acquista, per noi, un'importanza particolare, incidendo sul fenomeno rigeneratore dell'identità spagnola che fa la sua comparsa con la «Generazione del '98». L'immagine culturale del territorio spagnolo seguirà gli stessi passi, nella costruzione del paesaggio, di quelli seguiti dal resto d'Europa, ma mostrerà una propria cronologia e propri ideali, fino a giungere alla percezione estetica e al substrato morale con cui ci è stata tramandata. A partire dalla creazione, a opera di Carlos de Haes, della cattedra di Paesaggio nella Escuela de Bellas Artes, nel 1844, parallela al risveglio dell'interesse scientifico nei riguardi della conoscenza della geografia spagnola, fino a quando i maestri escursionisti della Institución Libre de Enseñanza diedero vita alla loro pedagogia naturalista, nel 1876, il paesaggismo verrà configurato, nell'opera di scrittori e pittori, come lo strumento per ricomporre l'immagine della Spagna.

---

[20] Si veda al riguardo J. GÓMEZ MENDOZA, J. MUÑOZ JIMÉNEZ e N. ORTEGA CANTERO, *El pensamiento geográfico*, Madrid, Alianza, 1988, pp. 42-48 e 217-226. Da ultimo, J.C. RUBIO ARAGONÉS, *La Música del tren. Dos siglos de creación musical al compás del ferrocarril*, Madrid, INECO, 1999, un originale libro che trasforma il treno – veicolo che consente il contatto e lo scambio interculturale e metafora del progresso – in protagonista dello sviluppo dei generi musicali.

Le visioni letterarie si baseranno sull'idea di reciprocità tra paesaggio e cultura. Questa preoccupazione intellettuale si può ritrovare nell'opera di Miguel de Unamuno, di Antonio Machado, di Pío Baroja, nonché, evidenziando la percezione selettiva e la regionalizzazione, in José Ortega y Gasset. Tali autori ci hanno lasciato come eredità la differenza tra territorio e paesaggio, tra la percezione pratica e la concezione estetica e morale, così come il carattere benefattore della relazione tra l'uomo e l'ambiente[21].

Il genere pittorico paesaggistico servì come stimolo rigenerante davanti alla supposta perdita di coscienza nazionale legata a quella, territoriale, di Cuba e delle Filippine, di modo che tanto il nazionalismo spagnolo, che andava sempre più mitizzando la Castiglia, quanto i regionalismi periferici, contribuirono a frammentare l'immagine del paese[22]. Inoltre, in contrapposizione al *tòpos* de «La España negra», coltivato dentro e fuori delle frontiere spagnole, si fece largo un paesaggismo luminoso che proietterà una visione più ottimista verso l'avvenire[23]. A partire da questo momento, durante il passaggio al XX secolo, si vivrà un meraviglioso periodo creativo in cui conviveranno stili di luce e d'ombra tanto differenti, come sono quelli di Santiago Rusiñol, Joaquín Sorolla, Ignacio Zuloaga, nonché quello dei maestri della pittura del giardino, che non fu soltanto un genere particolare all'interno

---

[21] E. Martínez de Pisón, *Imagen del paisaje. La Generación del 98 y Ortega y Gasset*, Madrid, Obra Social de Caja Madrid, 1988.

[22] A tal proposito si vedano M. del Cármen Pena, *Pintura del paisaje e ideología. La generación del 98*, Madrid, Taurus, 1998; *Centro y periferia en la modernización de la pintura española (1876-1918). Catálogo de la exposición*, Madrid, Ministerio de Cultura, 1993; J. Tusell, *El paisaje como símbolo de la identidad nacional en la España contemporánea*, in *Los paisajes del Prado*, Madrid, Nerea, 1993, pp. 351-366.

[23] F. Calvo Serraller, *Paisaje de luz y muerte. La pintura española del 98*, Barcellona, Tusquets, 1998. L'impatto della rivoluzione industriale in Spagna si rifletterà anche nella pittura paesaggistica come, per esempio, nella *Vista de la ciudad de Fraga* del 1850, opera di Jenaro Pérez Villamil, che riproduce l'inaugurazione di un ponte di ferro, nel quadro *De San Fernando a Cádiz* del 1874, di Tomás Fedriani, con un treno che esce dal tunnel per entrare nella lingua di terra che unisce la campagna alla capitale; o, ancora, in *El viaducto de Ormáiztegui*, dipinto nel 1898 da Darío de Regoyos y Valdés, che simbolizza la visione cinetica di una ferrovia che si inserisce nella campagna. Si veda, al proposito, il catalogo dell'esposizione *Pintura española de la era industrial. 1800-1900*, Madrid, Fundación Arte y Tecnología y Telefónica, 1998.

della categoria del paesaggismo, ma fu anche il tema preferito del simbolismo, che predicava la bellezza come idea superiore della realtà[24].

Alla fine di questo discorso sul XIX secolo, in cui si è vista la proliferazione delle immagini e il trionfo del paesaggio, insisteremo sulla vitalità del fenomeno. Il paesaggio si sviluppa, cambia la propria natura, si muove nella storia, si mescola, si fonde e si trasforma. Le mutazioni del paesaggio sono appena percepibili dall'occhio umano a causa della quotidianità del contatto. Dunque, il tempo e le sue stagioni, l'uomo e i suoi agenti lavorano in silenzio, modellano ed erodono, fino a modificare i riferimenti culturali e i segni identitari degli spazi.

Senza dubbio, si continua a sperimentare la sinestesia che ci estasia nella nostra permanente luna di miele con il paesaggio, che tanto bene fu definita da Charles Baudelaire come *correspondance* in *Les fleurs du mal*. I colori del paesaggio, le tinte degli spazi lontani e le sfumature dei paesi, non saranno altro che le tessere di un mosaico o i motivi di un *gabbeh*, il tappeto persiano i cui disegni non si ripetono mai, le cui impressioni non riusciremo mai a percepire allo stesso modo. Gli odori evocheranno fragranze passate, aromi della memoria. I suoni ci avvolgeranno come ricordi edenici. La luce ci svelerà, nella camera oscura della nostra mente, campi di papaveri, portali di cattedrali su cui leggono, come su libri aperti, i semplici e gli umili.

Dopo la rivoluzione iconografica dei sensi, ora sembra che non vi siano spazi vuoti sulla mappa, isole utopiche in cui poter coltivare il desiderio di un Giardino delle Delizie. Forse qualcosa del consiglio agostiniano di guardare al nostro paesaggio interno, che tanto confuse Petrarca sulla vetta del Mont Ventoux, ha tormentato l'uomo nel corso dei secoli. E le cicatrici che sono provocate dal passare del tempo non solo spronano la coscienza a liberarsi del peso del peccato originale, ma stracciano anche le idee di laicità e libertà. «La morte si sconta vivendo», ci confessa complice Giuseppe Ungaretti, dopo essersi fatto una bara di freschezza con il mare.

---

[24] Si consultino, al riguardo, i cataloghi delle esposizioni *Santiago Rusiñol (1861-1931)*, Madrid, Museo de Arte Moderno de Cataluña e Fundación Cultural Mapfre Vida, 1998; *Sorolla-Zuloaga. Dos visiones para un cambio de siglo*, Madrid, Fundación Cultural Mapfre Vida, 1998; *Jardines de España (1870-1936)*, Madrid, Fundación Cultural Mapfre Vida, 1999, che contiene articoli di Lily Litvak, Josep Laplana, Florencio de Santa-Ana, Cármen de Añón e Francesc Fontbona.

EPILOGO

[...] luce in forma di fiume
rifulgente di luci, tra rive
tinte di ammirabile primavera.

(Dante Alighieri, *Paradiso*)

Es capítulo notable, sottolinea nell'enunciato di uno dei suoi paragrafi l'autore di un'opera intitolata *Examen de ingenios*, anticipando al lettore una volontà di attenzione e un proposito di emendamento. Si tratta di una chiamata all'azione del soggetto quietista che facciamo nostra, navigando nel marasma di immagini che illumina la Storia, per non naufragare nel tempo né andare alla deriva nello spazio, per non smettere di orientarci nel nostro approdo al porto edenico di questo straordinario discorso circolare sul paesaggio.

Come tutte le altre cose, anche i paesaggi muoiono, anche se perdura sempre la memoria balsamica del Giardino delle Delizie originario e bello. Per questo, si è presa in prestito da Marcel Proust la bussola dell'esistenza «alla ricerca del tempo perduto», per vedere come gli argonauti moderni si trovavano e si riconoscevano nei Paradisi Terrestri che si sono succeduti nel mondo. Da ciò deriva che nelle menti degli avventurieri dell'Eden dell'Europa moderna, nella memoria aromatica del paesaggio ideale prendeva posto la leggenda del monaco irlandese san Brandano del suo pellegrinaggio in un viaggio iniziatico verso il Paradiso. La saga era parte inalienabile della cultura medievale, era contenuta nel repertorio di bardi e giullari, ben copiata in delicati manoscritti illustrati a mano da monaci celti. Per questo risultava naturale, una volta che il giovane messaggero divino avesse addomesticato i draghi e aperto la porta della giusta gloria, il paesaggio primigenio del Giardino delle Delizie.

La descrizione dello scenario edenico contiene una qualità polimorfa, che include elementi dell'Arcadia classica e del Paese della Cuccagna, delle nuove Gerusalemme millenariste in cui vige un primitivo sistema comunista e delle Utopie sociali stampate contro il muro della realtà e dei «paradisi artificiali» decantati dai pulpiti mediatici dell'ordine stabilito, come metafora del paesaggio idilliaco che darebbe all'uomo il piacere della felicità attraverso l'eterna gioventù e l'assenza del dolore, attraverso quella formula alchemica che dà la possibilità, agli dèi imperituri, di annullare gli effetti del passaggio del tempo, anziché fare i conti con le debolezze e le fragilità che lo rendono umano e mortale.

A questo proposito, però, bisogna fare dei distinguo perché, nel Regno di Dio della tradizione giudaico-cristiana, il fedele che vi entra non è altro che una creatura obbediente, mentre nell'Età dell'Oro pagana l'uomo somiglia agli dèi, completamente fatti a sua immagine e somiglianza. Questo sottile posizionarsi dell'uomo nella filiatura dell'Eden e nella confraternita dell'Olimpo comporta una certa discontinuità con la gloria del Padre e una continuità, invece, con il politeismo greco-latino.

In questo modo, inoltre, la topografia del Paradiso presenta sfumature diverse nei testi scritti nelle lingue orientali, cristianizzati mediante inserimenti cristologici, che gli studiosi hanno denominato *Il combattimento di Adamo*. Questa specie di storia della salvezza, nota attraverso traduzioni etiopi, e i cui diversi codici – dal XV al XVIII secolo circa apocrifi antichi – sono stati confrontati e tradotti dall'arabo all'italiano, pone le questioni cruciali della redenzione umana e della resurrezione di Cristo come prefigurazione di quella dei fedeli. Ma capita a proposito per la geografia dell'Eden, ubicato tradizionalmente in Oriente, circondato però da un vasto spazio in cui hanno luogo, sulle montagne o nelle grotte, incontri inaspettati e tentazioni e in cui saranno spinti i primi padri, e tutto l'insieme risulta circondato dall'acqua che racchiude il mondo. L'elemento più innovativo, però, è il lago della purificazione, in cui doveva bagnarsi tutto ciò che aspirava ad entrare nel Giardino:

> Dalla parte nord del mare, invece, c'è un lago la cui acqua è pura, dolce, limpida d'una limpidezza incomparabile. Guardandovi dentro, per la sua limpidezza si vedono tutte le profondità del mondo. Se uno

vi si bagna, acquista la sua purezza e diventa bianco della sua bianchezza, anche se fosse nero. Dio ha fatto questa vasca di sua iniziativa, perché sapeva già cosa sarebbe successo all'uomo da lui creato, che [cioè] sarebbe stato cacciato dal Paradiso a causa della trasgressione. Così pure sapeva come le anime dei giusti, che morranno sulla terra, nell'ultimo giorno riprenderanno i loro corpi, e allora si bagneranno in questa vasca d'acqua e si pentiranno dei loro peccati [1].

Quel che è certo è che molti uomini moderni e contemporanei, confortati dalle caratteristiche del modello edenico, credono di aver trovato il Paradiso in Terra. Alla loro testa troviamo Cristoforo Colombo, che guida l'elenco delle grandi scoperte e dei loro relativi, eroici, protagonisti, ma che ha contagiato, con il suo entusiasmo, i ricettori culturali del Vecchio Mondo.

Dopo un secolo di incontri tra culture diverse nel Nuovo Mondo, si susseguono le opere che si interessano all'ubicazione del Paradiso Terrestre. Quelle europee vanno dalla letteratura apocalittica del *Paradiso voluptatis* alla pseudo-cosmografia del *Tratado de geografía sacra*. Quelle americane trovano il loro apice in *El Paraíso en el Nuevo Mundo* del gesuita Antonio de León Pinelo e nell'esortazione *El pecado original* del parroco creolo Francisco Rodríguez Fernández. Le tesi di Pinelo, basate sui presunti scritti siriani di sant'Efren e di Moyses Bar-Cefas, riprendevano la tesi colombiana dell'America quale Giardino dell'Eden: i quattro fiumi del Paradiso erano il Rio de la Plata, il Rio delle Amazzoni, il Magdalena e l'Orinoco; l'albero del peccato era la passiflora; i vulcani rappresentavano la biblica Spada di Fuoco, e così via. L'opera del parroco sudamericano descriveva le Indie come il Secondo Paradiso e i Re Cattolici di Spagna come i legittimi sovrani dello stesso. In questo modo, i discorsi profetici coincidevano con quelli dei Padri della Chiesa, affermando che il Paradiso «era un luogo corporeo, reale e vero [2].

---

1 A. BATTISTA e B. BAGATTI, *Il combattimento di Adamo*, Gerusalemme, Franciscan Printing Press, 1982, pp. 31-32.

2 L'argomentazione politica di questi autori è analizzata da L. LIONETTI e L.M. OLALLA DE MINGO, *América: el Edén de la Monarquía Católica*, tesi di dottorato inedita discussa presso l'Universidad Autónoma de Madrid nel 1998, che ringrazio per le preziose informazioni. L'analisi è poi ulteriormente approfondita in L.M. OLALLA DE

Questa costante ricerca del Cielo in Terra, che Bernard Denvir definisce «inchiesta sull'innocenza», andò assumendo forme più tangibili man mano che gli europei entrarono in contatto con continenti incontaminati, in cui gli indigeni sembravano favoriti da una natura generosa e mostravano di possedere alcune libertà non limitate da prescrizioni politiche o religiose. Questa tendenza a un Eden accessibile si rafforzò con il romanticismo, attraverso la sua scommessa sulla supremazia della passione rispetto alla ragione, e divulgata dai mezzi di comunicazione di massa che cominciarono a fare la loro comparsa con la rivoluzione industriale, alimentando nuovi codici di evasione contemporaneamente alle stragi derivanti dal progresso e alle disuguaglianze sociali[3].

In questo modo, divenuta popolare la leggenda dei paradisi esotici, alcuni uomini dell'età contemporanea credettero di trovare il loro Eden terreno e privato in regioni e isole primitive, che vennero mitizzate, nella cultura europea, man mano che questa avanguardia di «buoni selvaggi» inviava in madrepatria prove letterarie e artistiche di un *état de bonheur permanent*. La natura materiale della pellicola produsse, a partire da quel momento, immagini differenti, con tutta la gamma di colori che si rintracciano nella tavolozza sensoriale dell'umana condizione, con i punti di fuga che racchiudono le biografie individuali.

Dal negativo escono i viaggi di Vincent Van Gogh e di Paul Gauguin alla ricerca del paesaggio edenico in cui riposare spirito e pittura. In pieno apogeo dell'impressionismo, quando il maestro Claude Monet si ritira nel suo Giardino delle Delizie di Giverny, i nostri amici fuggono da una Parigi che cavalca senza freno verso la *Belle époque*, con cui si inaugurerà il XX secolo.

Van Gogh va in Provenza, attratto dalla forte luce del Midi dipingendo, nel corso della sua breve permanenza triennale, raccolti, girasoli, giardini e oliveti che daranno alla luce i quadri più apprezzati del

MINGO, *El Paraíso y el Decado. Aproximación a la sociedad quiteña del siglo XVII*, tesi di *licenciadura* discussa presso la UAM nel 1999. Per la concezione del Paradiso dell'Ammiraglio si può consultare il classico lavoro di A. MILHOU, *Colón y su mentalidad mesiánica*, in «Cuadernos Colombinos», Valladolid, 1983, 11, pp. 7-475.

[3] B. DENVIR, *Paul Gauguin. La búsqueda del Paraíso. Cartas de Bretaña y de los Mares del Sur*, Barcellona, Odín, 1994, pp. 7-9.

tormentato inquilino della Casa Gialla di Arles. E in un primo momento sembrò che avesse trovato finalmente soddisfazione il suo desiderio di partire, ovvero di viaggiare «verso la terra di toni azzurri e di allegri colori», come emerge da una lettera al fratello Theo, datata 2 giugno 1888 e scritta dal paese mediterraneo di Saintes-Maries-de-la-Mer. I suoi demoni interni, però, fecero in modo che, dopo poco, incontrasse l'inferno della pazzia che lo condusse al suicidio, preceduto dalla crisi in cui ha luogo il tanto famoso quanto tragico episodio in cui il pittore si taglia il lobo di un orecchio, come confessa a Paul Gauguin in una lettera del 22 gennaio 1889. Al ritorno al rumore mondano, dopo la traversata del deserto del sanatorio e della follia, Van Gogh tentò di ritornare sulla semplicità contadina di Auvers-sur-Oise, ma la sua frenesia mentale lo portò a spararsi un colpo con cui irrigò di sangue i campi di grano e il volo di corvi che stava dipingendo, e a lasciarci una drammatica testimonianza di solitudine.

Da parte sua, Paul Gauguin, di ascendenza peruviana e di esperienza marinara, lasciò libero corso alla sua vocazione di giramondo trasferendosi, senza soluzione di continuità, in Bretagna e a Tahiti, non tanto per trovare una pace interiore impossibile da raggiungere nelle grandi metropoli del Vecchio Mondo, quanto per incontrare un'alternativa alla ormai tradizionale vita *bohémienne*, allo stereotipo dell'artista moderno che cominciava a cadere tra le braccia del riconoscimento pubblico e del conformismo. Per questo in un primo momento eluse le complicazioni della civiltà ed elogiò la terra dei mari del Sud. Nel suo epistolario, nei suoi quaderni e nei suoi quadri manterrà sempre un doppio discorso: a Parigi, facendo sfoggio di primitivismo e a Tahiti soffrendo il volto amaro dei «popoli selvaggi». In questo modo, rientrato in Francia per vendere i suoi dipinti, in un'intervista concessa al giornalista Eugène Tardieu, pubblicata nel maggio 1895 sull'«Écho de Paris», alla domanda del perché sarebbe tornato in Oceania, rispose: «Ad un certo momento fui sedotto dalle sue terre vergini e dalle sue genti semplici e primitive. Tornai, e tornerò a farlo. Per creare qualcosa di nuovo è necessario tornare alle fonti, all'infanzia dell'umanità».

Altre esperienze di vita sono quelle degli scrittori Robert Louis Stevenson ed Elizabeth von Arnim, che partendo da luoghi natali agli antipodi l'uno dall'altro, oceanico e mediterraneo, produssero le loro pagine più brillanti.

Il padre de *Lo strano caso del dottor Jekill e di mister Hyde* era nato a Edimburgo, da una famiglia borghese calvinista, la quale non poté impedire che affiorasse la vena liberale e viaggiatrice dell'universitario Stevenson, tanto cagionevole di salute quanto audace. Così, nel suo diario molte pagine sono dedicate al suo soggiorno quasi eremitico nelle isole Ebridi, il suo passaggio per la colonia internazionale di artisti di Barbizon, dove conobbe quella che sarebbe divenuta sua moglie, la pittrice americana Fanny Osbourne, fino a quando, a San Francisco, si imbarcò sulla goletta «El Casco» alla volta degli arcipelaghi del Pacifico meridionale, cercando una volta di più di trovare il clima più salubre per i suoi polmoni malandati. A differenza di altri frustrati naviganti, che si erano arenati nei miraggi corallini, Robert Louis Stevenson trovò la sua *ideal house*, che un giorno avrebbe sognato tra le brume scozzesi, nella sua dimora samoana di Vailima. Lì riuscì a trovare i lussi, tanto agognati, della solitudine e dell'acqua, dal momento che per lui «la natura del paese in cui ci troviamo a vivere è la cosa meno importante; in fin dei conti, all'interno di un giardino possiamo costruire il nostro paese». Per questo, durante questo crepuscolo paradisiaco che durerà quattro anni, il romanziere non smetterà di scrivere preghiere di ringraziamento alla divinità:

> Ti ringraziamo, Signore, per il tempo sereno di questi ultimi giorni e per il volto splendente del tuo sole. Ti ringraziamo per le buone notizie ricevute. Ti ringraziamo per i piaceri di cui abbiamo goduto e per quelli che siamo stati capaci di procurarci. E ora, mentre le nubi si addensano e la pioggia minaccia il bosco e la nostra casa, fa che non ci sentiamo avviliti; che non dimentichiamo il sapore dei passati favori e dei piaceri; e soprattutto che, come la voce dell'uccello che canta sotto la pioggia, la nostra memoria conservi la gratitudine nelle ore buie. Se dovessimo confrontarci con qualche penoso compito, dacci forza col dono del coraggio; se dobbiamo realizzare qualche atto di misericordia, insegnaci a compierlo con dolcezza e pazienza [4].

Benché con un tempo uggioso e con lo sguardo fisso su di un mare agitato, l'autore che si sentiva nel suo ambiente su *L'isola del*

---

[4] R.L. STEVENSON, *La casa ideal y otros textos*, Madrid, Hiperión, 1998, pp. 9-22 e p. 118.

tesoro lasciava naufragare i suoi sensi in un giardino edenico, a proposito del quale «una regola aurea consiglia di coltivarlo seguendo l'olfatto; gli occhi avranno cura di sé stessi. Non si deve dimenticare neanche l'udito: senza uccelli, un giardino è un cortile carcerario». Insomma, il buono di Tusitala fu felice finché la sua inseparabile amante, la tubercolosi, gli consegnò il suo ultimo bacio d'addio e riposò per sempre adagiato nel monte Vaea, di fronte al Pacifico.

L'australiana von Arnim fece il viaggio contrario, e partendo da Sydney approdò nell'Europa atlantica, dove divenne contessa per matrimonio e scrittrice di fama agli inizi del XX secolo. Come ereditato dal *Grand Tour*, cui avevano dato inizio un secolo e mezzo prima l'aristocrazia e la borghesia dell'Europa settentrionale, in fuga dagli inverni inclementi e dalla noia dell'etichetta sociale, il cammino verso il Paradiso conduceva inesorabilmente a un Mediterraneo in cui la primavera era eterna e la natura benigna, come confessano le dame inglesi protagoniste del suo romanzo *Un aprile incantato*, quando contemplano, all'alba, il paesaggio che si scorge dalle stanze e dalla villa di San Salvatore.

Per gli altri, infine, il desiderio del Paradiso delle Delizie non costituirà altro che un divertimento giocoso. Per questo, con un umorismo non esente da critiche nei confronti delle relazioni di coppia, Mark Twain attribuisce all'amanuense Adamo il seguente frammento del suo diario in cui lamenta le novità del caos originale:

> Questo nominare le cose prosegue inesorabile, faccia quel che faccia. Io avevo un nome molto buono per lo Stato, musicale e grazioso: GIARDINO DELL'EDEN. Continuo a chiamarlo così nel mio intimo, ma non in pubblico. La nuova creatura (Eva) dice che è pieno di boschi, rocce e paesaggi, e che non assomiglia in niente a un giardino. Dice che sembra un parco e nient'altro. Per questo lo ha ribattezzato senza consultarmi: PARCO CASCATE DEL NIAGARA. Abbastanza arbitrario, secondo me. Ed ha persino appeso un cartello: NON CALPESTARE IL PRATO. La mia vita non è più tanto piacevole come era solita essere prima.

E benché i dissapori tra la prima coppia di fidanzati della storia terminino con uno sperato *happy end*, nel corso del loro rapporto si presentano i più coloriti luoghi comuni relativi ai generi.

L'udito ha messo in relazione l'idea del Paradiso con la musica classica in virtù delle sue connotazioni idilliche, ma anche perché apportava alla stessa l'astrazione necessaria per descrivere una realtà non empirica.

Nella tradizione europea troviamo tre archetipi paradisiaci: quello del Giardino dell'Eden inteso come genesi da cui sono espulsi i progenitori del genere umano; quello che si trova alla fine di una vita condotta in modo esemplare, archetipo che ha ispirato un gran numero di opere musicali vincolate a temi spirituali e drammatici come la morte, la condanna, la salvazione o il giudizio finale; infine, quello poetico, in cui il vocabolo viene impiegato con finalità stilistiche ed estetiche, anziché trascendentali.

Nel medioevo, la musica comincia a prestare il suo servizio ai testi sacri per cui, già nella liturgia gregoriana, esistono allusioni all'ascesa verso il Paradiso, benché le melodie non presentino uno stretto parallelismo con i testi. Al contrario, nel corso del Rinascimento, molti dei testi latini provenienti dal canto gregoriano verranno musicati in modo polifonico, cosa che si presta a una maggiore implicazione quanto a contenuti e rappresentazione sonora. L'esempio più esplicito è dato dal processionale *In Paradisum*, proprio della liturgia funebre.

I valori moralizzanti del Paradiso si valorizzano nuovamente con l'arrivo dello spirito barocco e controriformista. I nuovi strumenti ideologici saranno costituiti dalla ricerca della teatralità, dai contrasti e dall'importanza della paura usata come strumento di evangelizzazione. L'Eden è utilizzato in quanto antitesi dell'Inferno, come avviene, ad esempio, nella *Ciaccona del Paradiso e dell'Inferno*, una *pièce* con finalità educativa la cui melodia apparteneva al repertorio popolare, cosa che aiutava a che fosse riconosciuta, memorizzata e trasmessa a una popolazione timorosa di Dio. Come buffa variante, da parte protestante, nell'ambito dell'opera barocca tedesca, troviamo nel 1678 nel teatro Gänsemarkt di Amburgo, la prima dell'opera *Adam und Eva* di Johann Thelle, che aveva unito le caratteristiche della messa luterana con la recitazione italiana. La novità non risiede nel canto di temi biblici, bensì nel fatto che questo era fatto da dilettanti borghesi o da personaggi popolari, che mescolavano, nel corso dell'azione, scene grottesche della vita quotidiana che avevano come

protagonisti tavernieri comici, donnacce e servitori, con storie mito-
logiche, di battaglie e di pirati[5].

Il racconto della Genesi in cui si parla della caduta di Adamo ed
Eva offriva interessanti spunti ai librettisti del genere oratorio. In questo modo, Alessandro Scarlatti dà la prima a Venezia, nel 1707, del
suo *Cain overo il primo omicidio*, la cui prima parte si svolge all'interno del Paradiso Terrestre, cui si oppone l'invidia mondana di Caino e
le conseguenze del peccato originale. Alla fine del XVIII secolo e in
pieno classicismo, Joseph Haydn compone il suo più famoso oratorio,
La creazione, la cui base letteraria è costituita dalle sacre scritture, da
alcuni salmi e dal *Paradise Lost* di John Milton. Nonostante le fonti,
l'opera ha chiare connotazioni massoniche, tra le quali l'idea della
creazione come grande opera architettonica di Dio.

Con il Romanticismo, la rappresentazione musicale del Paradiso
acquisterà tinte più drammatiche, divenendo uno scenario in cui si
conferisce ai personaggi tutto il peso argomentativo. Il passaggio dalla moralità ipocrita alla finalità poetica è esemplificato nell'oratorio
di Robert Schumann *Il Paradiso e la Peri*, in cui ricorre il tema della
redenzione, della contrapposizione tra la virtù e il peccato, ma il tutto da una prospettiva piuttosto profana. La stessa idea sarà sviluppata da Richard Wagner nella sua grande opera *Tannhäuser*. Le possibilità melodrammatiche di una ricerca personale erano idonee ai
compositori romantici. Per questo, è d'uopo citare due grandi opere
scritte sulla base del *Faust* di Goethe, ovvero la *Dannazione di Faust*
di Hector Berlioz e il *Faust* di Charles Gounod. In pieno impressionismo, Gabriel Fauré compone il suo famoso *Requiem*, in cui la visione
cattolica della morte è orientata verso la salvazione.

Infine, nella musica popolare attuale, e incorniciato nell'ambito
della corrente denominata *new age*, si possono trovare riferimenti
mistici e serafici in alcuni dei più importanti rappresentanti, come
Enya, Loreena Mackennitt, Serah, Blonker, Secret Garden, per culminare con la proposta lirica e misterica dei Madredeus in *O Paraíso*:

> Há outra entrada no Paraíso
> Mais apertada
> Mais sim senhor

---

[5] K. HONOLKA e altri, *Historia de la música*, Madrid, Edaf, 1983, p. 162.

Foi inventada
Por un anao
E está guardada
Por um dragao.
Eu só conheço
Esse caminho
Do Paraíso [6].

Che sia lo stimolo millenarista caricato di revisioni e incertezze, che sia l'anelito adamitico di una natura non inquinata di fronte all'irrefrenabile degrado della Terra, quel che è certo è che il musicista e il poeta vogliono tornare ad ascoltare il canto del Giardino dell'Eden.

L'olfatto è, nel Giardino dell'Eden giudaico-cristiano, un balsamo che proviene da alberi frondosi e da fiori profumati, annaffiati da fontane d'acqua cristallina, ed è invece profumo nel Paradiso musulmano, le cui donne dalla pelle chiara e bellissime «hanno fasce di muschio e ambra con perle e pietre preziose da cui esala un aroma a tal punto gradevole che, se qualcuno si ammalasse gravemente, dovrebbe bagnarsi con questo profumo»[7]. Forse è per questo che Occidente e Oriente producono due fragranze diverse. Dunque, se il respiro è il principio della vita, se nasciamo inalando e moriamo esalando, ciò vuol dire che l'olfatto è presente in tutti gli elementi del mondo terreno; da ciò deriva il potere evocativo di ricordi associati agli odori, che ci fanno spostare nello spazio e nel tempo verso «i paradisi perduti» dell'infanzia e delle altre età della vita che non potremo più recuperare. Inoltre, nella Genesi, se la parola profumo significa «attraverso il fumo», l'aroma primigenio ci condurrà alla sacra offerta del fuoco, alla consunzione dell'incenso e della mirra, alle fragranze che crediamo di ritrovare nei nostri Paradisi Terrestri.

Ma la vita moderna atrofizzerà i suoni e i colori dell'olfatto, suoni e colori che si ripiegano sempre più sui laboratori e sulle essenze artificiali, nel tentativo di imbottigliare i paesaggi associati

---

[6] MADREDEUS, *O Paraíso*, EMI, 1997, CD 7.243-8 23102 2-8; BLONKER, *The Tree of Life*, Prudence, 1994, CD 398.6105.2; SECRET GARDEN, *Songs from a Secret Garden*, Poligram, 1995, CD 528 230-2.

[7] *Libro de la Escala de Mahoma*, cit., pp. 87-88.

agli aromi delle grotte alchemiche per la microsocietà dei saloni da parrucchiere.

Il gusto era espresso, nel Giardino delle Delizie, dalla feracità dei frutti, con l'eccezione della proibizione riguardante l'Albero della Conoscenza, e dalle sorgenti di acqua e vino di ogni tipo di sapore e colore che si possano immaginare. Ma il pasto dei Primi Padri risultò amaro e richiese tutta una storia dell'alimentazione per raggiungere l'eutrofia dei tempi presenti.

In questo modo, il mangiare porta alla percezione visuale e questa all'analisi razionale e al risveglio del desiderio, come è riportato dal dottor Juan Huarte de San Juan nel suo *Disgresión sobre el árbol vedano del Paraíso*.

La scoperta della *joie de vivre* nell'antica Età dell'Oro sarà messa in versi per primo da Charles Baudelaire e dipinta da Henri Matisse in opere che trovano una loro sintesi nella massima «lusso, calma e voluttuosità», e fanno ciò scendendo nei paradisi infernali dei piaceri proibiti, come nell'*Invito al viaggio*, affrontando la colazione campestre sulla riva del mare con l'inserimento della maestosità del nudo femminile, oppure con la metafora gustativa della carne, impregnando così il paesaggio di sensualità. A dispetto della frattura tra *logos* e *mythos*, della dialettica storica tra pensiero e mito, i nostri primigeni dèi Ares e Afrodite continueranno a concepire Eros nel talamo atemporale e paradisiaco che abbiamo chiamato Giardino d'Amore.

Il tatto, nel Paradiso, passò dalla cosmogonia sacra alla vita materiale. La copiosa sfera immaginativa che ci ha eccitato od oppresso tra questi due stadi, collegata alle lezioni apprese nei successivi modelli dell'*Ars amandi*, traccia un arcobaleno di sinestesia e volizione circa la condizione umana.

All'inizio del nostro cammino temporale fuoriesce, abbagliante e incantatore, *Il Giardino delle Delizie* di Bosch, in cui, nella cornice di una società profondamente confessionale, si fuoriesce dall'ortodossia per affermarla, si mettono in primo piano i vizi per condannarli, si rendono espliciti i piaceri per vietarli. All'estremo della parabola cronologica, l'erotismo del Paradiso è espresso come gioia salubre e vitalità straripante nei dipinti di Marc Chagall. La quintessenza stessa della vita fluisce ne *Le Paradis* in cui, al momento della raccolta della mela, sorridono tutti, dall'angelo al serpente, oppure nel ciclo del *Cantico dei Cantici*, i cui colori intensi, con i suoi amanti che fluttuano sulla Terra Santa e con le sue figure che sfidano la legge di gravità dell'universo chagalliano, trasmettono la gioia di vivere di colui che ha visto la luce e ha palpato la pelle. Perché la sfera mistica si fa carnale senza peccato nel momento in cui l'artista condivide con la sua donna il compimento dell'atto, e scrive il poema d'amore *Pour Vava*:

> Avec toi je suis jeune
> Quand là-bas les arbres menacent
> Et le ciel se fait plus lointain
> Tes yeux me touchent.
> Quand chaque pas se perd dans l'herbe
> Quande chaque pas marche sur les eaux
> Quand les vagues frémissent dans ma tête
> Et quelqu'un des nuages m'appelle.
> Avec toi je suis jeune
> Mes années tombent comme feuilles
> Quelqu'un colore mes tableaux
> Ils brillent près de toi.
> Le sourire sur ton visage
> Plus clair que les nuées
> Le cours où, pensive
> Tu m'attends [8].

In ogni tempo e luogo si continuerà a cercare dei Giardini delle Delizie, fino alla degenerazione della vendita del prodotto paradisiaco che possiamo vedere al giorno d'oggi, quando le aziende turistiche utilizzano il richiamo di spiagge solitarie e di utopie verdi, tanto nelle omeriche isole del Mediterraneo quanto nelle afrodisiache barriere dei Caraibi e dei Mari del Sud.

Fintanto che saremo dei giocattoli nelle mani di Eros e Thanatos, godremo dell'impressione nostalgica del Paradiso Terrestre, ricercando l'Età dell'Innocenza nel *Giardino armonico* e i pomi d'oro nel Giardino delle Esperidi, nonché un diletto passeggero attraverso la percezione dei paesaggi come immagini del Paradiso.

---

[8] *Marc Chagall, 1887-1985*, Nizza, Musée National Message Biblique, Editions de la Réunion des Musées Nationaux, 1998.

finito di stampare
nel 2006
brigati glauco
via isocorte, 15
tel. 010.714535
16164 genova-pontedecimo